面向能源安全的中国油气市场体制机制改革研究丛书

中国家庭能源消费：
现状、挑战与未来

张大永　姬强　李佳珈　著

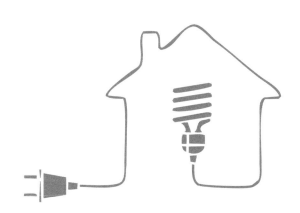

西南财经大学出版社

中国·成都

图书在版编目（CIP）数据

中国家庭能源消费：现状、挑战与未来/张大永,姬强,李佳珈著.—成都:西南财经大学出版社,2023.10

ISBN 978-7-5504-5958-8

Ⅰ.①中…　Ⅱ.①张…②姬…③李…　Ⅲ.①居民—能源消费—研究—中国

Ⅳ.①F426.2

中国国家版本馆 CIP 数据核字（2023）第 195209 号

中国家庭能源消费：现状、挑战与未来

ZHONGGUO JIATING NENGYUAN XIAOFEI:XIANZHUANG、TIAOZHAN YU WEILAI

张大永　姬强　李佳珈　著

策划编辑:孙　婧
责任编辑:孙　婧
助理编辑:陈婷婷
责任校对:李　琼
封面设计:墨创文化
责任印制:朱曼丽

出版发行	西南财经大学出版社(四川省成都市光华村街 55 号)
网　　址	http://cbs.swufe.edu.cn
电子邮件	bookcj@ swufe.edu.cn
邮政编码	610074
电　　话	028-87353785
照　　排	四川胜翔数码印务设计有限公司
印　　刷	四川新财印务有限公司
成品尺寸	170mm×240mm
印　　张	19.75
字　　数	336 千字
版　　次	2023 年 10 月第 1 版
印　　次	2023 年 10 月第 1 次印刷
书　　号	ISBN 978-7-5504-5958-8
定　　价	98.00 元

序

　　近年来，国际局势动荡不安，俄乌冲突、中美贸易摩擦和新冠病毒感染疫情的反复冲击导致国际能源市场不确定性增加，能源价格不断攀升，对能源安全问题提出了严峻挑战。我国政府一直对能源安全问题极为重视，在宏观层面提出了"四个革命、一个合作"的战略思想，即能源消费革命、供给革命、技术革命、体制革命和全方位加强国际合作。在这个思想的指导下，我国的能源市场体系也在不断变革与完善，从体制和市场机制方面共同维护着我国的能源安全。

　　与能源安全同等重要的另外一个迫切的问题是应对气候变化，以实现长期可持续发展。党的二十大报告提出"推动绿色发展，促进人与自然和谐共生"的战略思想，除了提出要发展绿色低碳产业，以及在生产方式上加快绿色转型，更是明确提出了"倡导绿色消费"，推动形成绿色低碳的生活方式，将消费端的转型提升到与生产端同等重要的水平。化石能源的使用是导致气候变化、影响环境改善的重要因素，其相关问题不仅会影响生产端，也同样会影响消费端的绿色转型。

　　我国人口众多、地域辽阔，家庭层面的能源消费总量巨大且存在显著的区域性特征。特别是随着我国经济的高速发展，居民生活水平不断提高，其对能源的需求也在不断攀升，因此产生的环境冲击和能源安全问题不容忽视。需要指出的是，虽然经过多年的努力，我国已经实现了全国范围内的电力覆盖，但是能源贫困问题依旧较为严重。即使能源的可得性问题已经得到解决，但由于价格因素的影响，能源使用的可承受性问题依然存在，对提高全社会福利的影响不容忽视。

这些问题也将家庭层面能源消费的研究提升到了一个新的高度，并且在国内外研究中的关注度也不断提升。然而，受到数据可得性的影响，特别是具有广泛代表性的微观数据的缺失，导致中国家庭能源消费的研究直到近年来才有所突破，但仍然缺乏系统性研究。张大永教授团队的这一著作是其多年来研究积累的成果，也是国家社会科学基金重大项目"面向能源安全的中国油气市场体制机制改革研究"（项目批准号：20&ZD110）的重要阶段性研究成果。该书对家庭能源消费相关问题进行了系统梳理，基于中国家庭金融调查（CHFS）、中国家庭追踪调查（CFPS）等多个具有国家和地区代表性的微观调查数据，深入研究了中国家庭的能源消费特征、能源贫困问题、家庭隐含碳排放以及人口结构等对能源消费的影响。更为重要的是，该书在大量研究的基础上提出了家庭社会责任体系（HSR-4A）的概念，系统地对我国家庭能源消费绿色转型问题进行了总结，并为相关的研究提供了重要的理论指导。

《中国家庭能源消费：现状、挑战与未来》一书内容丰富、深入浅出，既具有科学性，又兼具科普性，对学术界、政府和群众读者都具有重要的参考价值。该书由西南财经大学张大永教授和中国科学院科技战略咨询研究院姬强研究员所领导的能源与气候金融团队合作撰写。该团队是国内相关领域的重要新生力量，其研究成果得到了国内外学术界的广泛关注，多篇相关论文是ESI高被引论文，两位学者也连续多年入选科睿唯安"全球高被引科学家"和 Elsevier"中国高被引学者"名单。

作为中国家庭金融调查（CHFS）的发起者和领导者，我一直秉承着"让中国了解自己，让世界认识中国"的理念，积极推动中国家庭层面微观数据收集和数据库建设。很高兴能够看到我们的数据可以有助于推动我国家庭层面能源消费的研究，也希望该书的出版能够进一步带动国内外学术界对中国家庭能源消费相关问题的关注，并为我国制定保障能源安全和低碳绿色转型政策提供依据和参考。

甘犁

西南财经大学中国家庭金融调查与研究中心

2023 年 6 月

前　言

　　能源是人类社会赖以生存和发展的重要物质基础，能源消费是现代社会能够有序运转的源动力。随着经济的快速发展，中国已成为世界第一大能源消费国，然而能源供应自给率不断下降与人均能源消费远低于发达国家的双重挑战还长期存在。历经数十年的努力，我国家庭层面的能源消费在清洁与可持续使用方面取得了令世界瞩目的成就，但是也同样面临诸多挑战。例如，我国仍有一部分家庭因清洁能源消费偏低或者无法负担高额的能源消费成本而陷入能源贫困危机。与之相反，还有一部分家庭因过度的能源使用和过高的消费水平推高了家庭部门的总碳排放量。与此同时，随着气候变暖加剧和极端天气频发，家庭能源需求不断攀升，加大了能源供给缺口，甚至可能威胁国家能源安全。在人口结构转型、家庭消费模式升级以及能源市场体制机制改革的大背景下，家庭能源消费的差异化特征也愈发明显，这对我国实现家庭绿色消费转型，以及应对全球气候变化提出了巨大挑战。

　　基于上述背景，本书沿着从世界到中国、从宏观到微观的分析脉络，通过对大量微观调查数据、现行能源环境政策和现有文献进行分析与梳理，多维度、多层次地探讨了中国家庭能源消费的现状、特征和未来发展趋势。本书涵盖了家庭能源消费、家庭能源贫困、家庭碳排放以及家庭低碳节能行为等丰富的内容，并在此基础上深刻剖析了人口结构、环境法规、气温冲击、能源价格、生活方式等诸多宏微观因素对家庭能源消费的影响，进一步提出了家庭社会责任体系（HSR-4A），以期为我国家庭部门的清洁能源转型与绿色消费行为方式转变提供来自微观家庭层面的经验证据与政策参考。本书具体章节内容安排如下：

第1章家庭能源消费现状。本章充分探讨了家庭部门能源消费的重要性和影响因素，通过对世界各国家庭能源消费量和家庭部门碳排放量进行比较分析，归纳总结出中国家庭能源消费的现状、特征和发展趋势，并在此基础上提出保障基本能源消费与倡导绿色低碳生活方式在中国家庭能源消费中的重要性。

第2章能源贫困综述。本章对能源贫困领域的大量文献进行了梳理和分析，通过对能源贫困概念的多维性、广泛性、异质性和文化敏感性等特征进行深入探讨，解读能源贫困概念在学术界难以达成共识的深层次原因；同时聚焦中国能源贫困的前沿问题，强调了结合宏观层面的协同合力效应和微观层面的家庭异质性特征进行研究的重要性，以期高效推进能源减贫进程。

第3章人口结构与家庭能源消费。在中国人口老龄化和性别不平衡等人口结构特征下，居民能源消费呈现差异化特征，如何保障日益庞大的能源脆弱性群体的基础能源消费，并发挥女性在节能减排方面的环境溢出效应是本章探讨的核心内容。本章利用家庭微观调查数据分别探讨了人口老龄化和性别不平等对家庭能源消费的差异性影响，并进一步分析了可能的内在影响机制。

第4章和第5章分别从环境规制和气温冲击角度实证检验了气候变化对中国家庭能源消费的影响。其中，第4章从环境规制角度出发，探讨了环境政策对家庭能源消费及其可负担性的影响。研究结果表明，严格的法规虽然有助于宏观层面清洁能源转型目标的达成，但是加大了微观家庭的能源支付困难程度，导致更多家庭陷入能源贫困。因此，能源与环境政策制定者应该在保障居民基本福利的前提下，实施更为合理的能源环保政策。第5章证实了极端天气会促使居民采取气候适应性措施，从而使得家庭能源消费大幅度增长，这一影响在收入较低的家庭和有老人、小孩的家庭更加明显。因此，本章提出气候变化情境下针对脆弱性微观家庭的精准帮扶策略。

第6章能源价格变动与居民福利。本章首先对主要能源的定价机制进行了梳理与分析；其次估算了中国家庭的能源消费价格弹性，并在此基础上通过补偿变动法计算了能源价格上涨对居民造成的福利损失；最后分析了能源价格的福利效应在收入、区域以及城乡维度上存在的差异。

第7章社会意识和生活方式对家庭碳排放的影响。本章首先估算了中国家庭直接和间接的碳排放量，分析了从需求端减少温室气体排放的急迫性；其次，实证分析了社会意识和生活方式对家庭部门减少碳排放起到的重要作用。

第8章和第9章研究了居民节能减排行为和低碳出行行为对能源消费的影响。其中，第8章通过对中国居民六种典型节能措施接受意愿的调查数据进行分析，发现居民生活用能和交通用能具有巨大的减排潜力。本章对居民在安装节能供暖系统、实施供暖关窗行为、购买高能效空调、购买节能燃油汽车、购买电动汽车、使用公共交通方式出行方面的接受意愿进行因素分析，提出了促进中国居民节能的可行措施和有效政策。第9章以共享单车为例，探索了个人、家庭以及城市层面的因素对居民低碳出行行为的影响。本章发现共享单车与其他种类的公共交通之间存在互补效应，而与摩托车和私家车之间存在替代效应。

第10章基于前面的研究，构建了家庭社会责任体系（HSR-4A），包括绿色意识（awareness）、知识获取（acquirement）、绿色行动（action）和社会认可（acknowledgement）四个方面。在 HSR-4A 体系中，培养居民的绿色意识是实现家庭社会责任目标的前提；绿色知识获取是实现家庭社会责任目标的关键要素；绿色行动是实现家庭社会责任目标的途径；社会认可是实现家庭社会责任目标的保障。本章提出系统推进家庭社会责任体系建设，不仅有助于我国家庭部门的清洁能源转型与绿色消费行为方式的转变，也对全世界范围内寻求低碳转型、应对气候危机的行动具有重要的理论和实践价值。

本书是研究团队对近年来相关问题研究成果的一个总结和梳理。其中第 1 章由张大永、姬强和李佳珈完成，第 2 章由张大永和李佳珈完成，第 3 章由薛媛和李佳珈完成；第 4 章由马如飞、邓莅芊、姬强和翟鹏翔完成；第 5 章和第 7 章由张大永和李军完成；第 6 章由张大永和薛媛完成；第 8 章由贾君君和姬强完成；第 9 章由张大永、吴菲和张悦完成；第 10 章由张大永、姬强、郭琨和张悦完成。

本书的写作得到了来自国内外众多专家、学者的大力支持和指导，他们包括但不限于范英教授、张中祥教授、张兴平教授、甘犁教授、王群伟教授、王玉东教授、Shunsuke Managi 教授、苏斌教授等，在此向这些专家、学者表示最诚挚的谢意！

家庭能源消费研究在低碳绿色转型的过程中至关重要，但由于涉及多个学科领域以及受到数据可得性的限制，相关问题还存在巨大的研究空间，且我们的知识范围和学术水平有限，本书仍存在诸多不足之处，恳请广大读者批评指正！

张大永、姬强、李佳珈

2023 年 6 月

目　录

1　家庭能源消费现状 / 1

1.1　世界家庭能源消费现状 / 1

1.2　世界家庭能源消费特征概述及比较分析 / 7

1.3　家庭能源消费的影响因素 / 12

1.4　中国家庭能源消费现状、特征与发展趋势 / 14

　　1.4.1　中国家庭能源消费现状 / 14

　　1.4.2　中国家庭能源消费特征 / 18

　　1.4.3　中国家庭能源消费发展趋势 / 20

1.5　中国家庭能源消费的政策保障 / 23

　　1.5.1　保障基本能源消费 / 23

　　1.5.2　倡导绿色低碳生活方式 / 25

1.6　本章小结 / 26

2　能源贫困综述 / 28

2.1　能源贫困的研究现状 / 28

2.2　能源贫困的概念剖析与衡量方法演变 / 36

　　2.2.1　能源贫困的概念剖析 / 36

　　　2.2.2　能源贫困的衡量方法演变 / 42

　2.3　世界能源贫困研究 / 48

　2.4　中国能源贫困研究 / 53

　　　2.4.1　中国宏观能源贫困研究 / 54

　　　2.4.2　中国微观能源贫困研究 / 56

　　　2.4.3　中国能源贫困问题的挑战及应对 / 58

　2.5　本章小结 / 61

3　人口结构与家庭能源消费 / 62

　3.1　人口结构视角下的家庭能源消费现状 / 62

　3.2　中国人口年龄结构与家庭能源消费 / 64

　　　3.2.1　中国人口年龄结构现状 / 64

　　　3.2.2　中国人口年龄结构的区域差异 / 66

　　　3.2.3　中国人口年龄结构的城乡差异 / 67

　　　3.2.4　老年家庭能源消费特征 / 71

　　　3.2.5　基于家庭能源消费的老龄指标新思考 / 77

　3.3　中国人口性别结构与家庭能源消费 / 80

　　　3.3.1　中国人口性别结构特征及演变 / 80

　　　3.3.2　中国人口性别结构特征对家庭能源消费的影响 / 84

　　　3.3.3　中国家庭能源消费的性别差异 / 86

　3.4　本章小结 / 92

4　环境规制对家庭能源消费的影响 / 94

　4.1　研究背景 / 95

　4.2　研究方法与数据描述 / 100

　　　4.2.1　研究方法 / 100

　　　　4.2.2　数据描述 / 101

　4.3　实证结果 / 103

　　　　4.3.1　单变量差异分析 / 103

　　　　4.3.2　多变量双重差分分析 / 104

　　　　4.3.3　清洁能源获取成本和环境法规对家庭能源贫困的
　　　　　　　　影响 / 106

　4.4　本章小结 / 109

5　气温冲击对家庭能源消费的影响 / 110

　5.1　研究背景 / 110

　5.2　数据处理与模型设定 / 115

　　　　5.2.1　数据来源 / 115

　　　　5.2.2　变量说明 / 115

　　　　5.2.3　模型设定 / 117

　5.3　实证结果 / 120

　　　　5.3.1　基准回归结果 / 120

　　　　5.3.2　异质性分析 / 122

　　　　5.3.3　稳健性分析 / 124

　5.4　本章小结 / 126

6　能源价格变动与居民福利 / 128

　6.1　研究背景 / 128

　6.2　主要能源定价机制的演变历史、现行政策与未来趋势 / 131

　　　　6.2.1　煤炭 / 131

　　　　6.2.2　电力 / 133

　　　　6.2.3　成品油 / 138

　　　6.2.4　天然气 / 142

6.3　家庭能源消费的弹性分析 / 149

　　　6.3.1　家庭消费结构与特征 / 150

　　　6.3.2　消费的收入弹性 / 152

　　　6.3.3　消费的价格弹性 / 154

6.4　能源价格变动的福利效应分析 / 155

　　　6.4.1　福利效应的收入特征 / 156

　　　6.4.2　福利效应的城乡特征 / 157

　　　6.4.3　福利效应的区域特征 / 158

6.5　本章小结 / 159

7　社会意识和生活方式对家庭碳排放的影响 / 161

7.1　研究背景 / 162

7.2　数据处理与模型设定 / 164

　　　7.2.1　数据来源 / 164

　　　7.2.2　变量说明 / 165

　　　7.2.3　模型设定 / 168

7.3　实证结果 / 170

　　　7.3.1　家庭碳排放的构成 / 170

　　　7.3.2　基准回归结果 / 171

　　　7.3.3　异质性分析 / 174

　　　7.3.4　消费者生活方式的影响 / 178

7.4　政策建议 / 181

7.5　本章小结 / 182

8 居民节能减排行为 / 184

8.1 研究背景 / 184

8.2 数据处理与模型设定 / 188

    8.2.1 数据来源 / 188

    8.2.2 变量说明 / 188

    8.2.3 模型设定 / 190

8.3 居民采取节能措施的现状 / 192

8.4 居民对节能措施接受意愿的影响因素分析 / 194

8.5 政策建议 / 200

    8.5.1 改造供暖系统 / 200

    8.5.2 推广节能家电 / 201

    8.5.3 征收燃油税与交通拥堵费 / 202

    8.5.4 新能源汽车优惠政策 / 203

    8.5.5 加强节能宣传 / 203

8.6 本章小结 / 204

9 居民低碳出行行为 / 206

9.1 研究背景 / 206

9.2 数据处理与模型设定 / 212

    9.2.1 数据处理 / 212

    9.2.2 模型设定 / 216

9.3 实证结果 / 217

    9.3.1 基准回归结果 / 217

    9.3.2 异质性分析 / 220

    9.3.3 共享单车与其他通勤方式的关系探讨 / 223

    9.3.4 影响共享单车使用的主要因素 / 224

9.4 政策建议 / 229

9.5 本章小结 / 230

10 家庭消费与社会责任体系构建 / 231

10.1 研究背景 / 231

10.2 家庭社会责任体系的构建 / 235

10.2.1 培养居民绿色意识 / 236

10.2.2 拓宽家庭绿色知识获取渠道 / 238

10.2.3 推动家庭参与绿色行动 / 240

10.2.4 建立社会认可机制 / 242

10.3 本章小结 / 244

参考文献 / 246

1 家庭能源消费现状

　　家庭能源消费在现代化社会中的重要性日益凸显。首先，本章将对世界范围内的家庭能源消费现状进行介绍，以此认识家庭能源消费在世界各国的重要性、时效性及其复杂表现形式，并通过文献梳理比较各国家庭能源消费特征。其次，本章归纳总结了影响家庭能源消费的社会、经济、人口、技术等因素，以深入对家庭能源消费研究的探讨。在此基础上，本章聚焦中国家庭能源消费，通过多角度梳理其现状和特征，并结合国内社会经济发展阶段和国际形势厘清其未来发展趋势。最后，本章从保障基本能源消费与构建绿色低碳生活两个维度提出相关政策建议，以积极推进中国能源消费转型升级，进而为实现中国式现代化提供一些新思路。

1.1　世界家庭能源消费现状

　　能源可以推动经济发展、促进社会进步以及保障人类基本福利，但过量的能源消费也不可避免地加剧了气候变化并导致环境污染，因此能源消费成为当下国际社会广泛关注的焦点（IEA，2022）。一方面，家庭能源消费作为能源消费的主要部门之一，与人类生活的诸多方面息息相关，居民通过能源消费维持生存、开展生活与生产活动，极大地提高和改善了人类生活品质。随着社会经济发展和居民生活水平提升，家庭部门的能源消费逐渐成为能源消费的主要增长点（陆莹莹 等，2008）。国际能源署（International Energy Agency，IEA）数据显示，2020 年世界范围内家庭部门的电力消费占当年总电力消费的 27.59%，仅次于工业用电（41.68%）（IEA，2020）（见图 1-1）。由此可见，家庭部门能源消费的重要性不断凸显。另一方面，随着家庭部门能源消费的重要性不断提升，家庭部门的节能与减排问题也受到更为广泛的关注，并可能会影响能源可持续发展战略大局（丁永霞，2017；丁永霞 等，2020）。随着居民对电力等高品质能源及其设备的多样性需求不断增加，家庭的能源消费行为逐渐由生存型消费转变为发展型消费，导致家庭能源消费产生的碳排放总量逐年增长（魏楚 等，2018），并进一步加速了全球变暖（刘明辉 等，2022）。与 2010 年相比，2020 年俄罗斯、巴基斯坦和中国的家庭能源碳排放增长率分别为 67.54%、53.85% 和 13.42%（IEA，2020）。家庭部门的能源消费亟须开展绿色低碳的科学引导（谢晗进 等，2020）。另外，世界上仍有大量人口无法获取清洁能源。预计到 2030 年，全球仍有 25.2 亿人无法获取清洁能源，其生活用能仍以传统生物质能为主（Verma et al.，2021）。因此，如何实现家庭能源消费结构优化升级与现代清洁能源全面覆盖是家庭能源消费领域研究的关键话题。

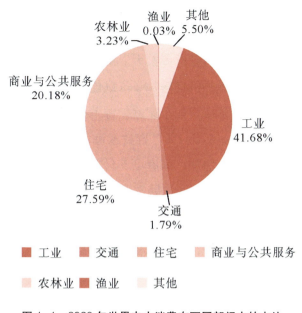

图1-1 2020年世界电力消费在不同部门中的占比

（数据来源：国际能源署 https://www.iea.org/）

近年来，全球极端天气频发、新冠病毒感染疫情（以下简称"疫情"）冲击、俄乌冲突等多重危机给全球能源系统带来了叠加冲击，能源供应不足、能源价格高涨等问题不断涌现，全球能源系统遭受了前所未有的危机，给人类的可持续发展进程带来了巨大挑战，也对家庭部门的能源消费造成了冲击（IEA，2022）。首先，气候变化导致的极端天气频发，使得全球温带和热带气候区居民对制冷设备和能源的需求增加，进一步加剧了温室气体的排放，甚至造成电力供应短缺（丁仲礼，2021；Davis et al.，2015）。由于夏季长时间处于高温天气，与1990年相比，2018年全球制冷需求增长了三倍以上（Bezerra et al.，2021），部分地区居民因无法支付高额能源账单或电力供给不足而无法获取满足基本生存所需的能源。其次，世界各国在应对疫情过程中实行的封控措施，导致在疫情暴发初期全球经济放缓；与2019年相比，2020年第一季度全球能源消费下降了3.8%（Abdeen et al.，2021），但是在此期间，居民室内活动时间延长，家庭能源需求反而在疫情期间大幅增长。一些研究发现，疫情阻碍了全球清洁能源转型和能源效率提升的进程（Ravindra et al.，2021；Carfora et al.，2022；Li，2022），进而造成家庭能源供给缺口进一步扩大。最后，由于地缘政治冲突引发世界能源危机，高涨的能源价格增加了家庭能源消费负担。一方面，俄乌冲突导致油价上涨，直接增加了家庭能源消费成本，大部分国家家庭能源成本增幅为51.1%~176.1%，导致家庭能源可支付能力锐减，同时生活必需品成本也随之增加，家庭可支付能力下降，最终挤兑了家庭能源消费（Guan et al.，2023）。另一方面，俄罗斯对欧洲的天然气出口量大幅削减，同时欧盟承诺将逐渐淘汰从俄罗斯进口天然气的能源供给模式，导致亚欧市场的液化天然气价格飙升。2022年1月至3月，亚洲天然气价格平均上涨近2.6倍（IEA，2022）。能源市场价格上涨最终将导致能源支出增加，进一步挤兑家庭其他类型消费，或者抑制居民的能源消费，使得更多家庭陷入能源贫困危机。

一方面，家庭能源消费是满足人类社会生存、生活和发展的最基本消费类型；另一方面，家庭能源消费所带来的碳排放及环境污染等问题，进一步凸显了该话题的重要性。特别是当今世界正处于百年未有之大变局，各国家庭能源政策分化加剧，不协调问题突出，加速了家庭能源消费行为与结构的巨大转变。为了实现联合国可持续发展目标（SDG7），即确保人人享有可支付的、稳定的、可持续的现代化能源，应与切实提升家庭能源福利水平、及时响应气候行动（SDG13）相协同，通过系统研究家庭能源消费，进而实现家庭能源消费转型升级。

家庭能源消费除具备上述重要性与时效性之外，其在全球范围内还存在较为复杂的表现形式。由于世界各国在社会经济发展、自然资源禀赋与科技水平等方面存在差异，家庭能源消费结构与用能模式在不同国家也各具特色。图1-2展示了2016—2021年世界六大洲人均一次能源[①]的消费量。其中，北美洲、大洋洲与欧洲聚集了社会经济水平相对

———————

① 一次能源，即天然能源，如煤炭、石油、天然气。

较高的国家和地区，其人均一次能源消费量为世界人均一次能源消费量的 1.9 倍及以上，图 1-2 证实了以上三大洲的人均能源消费在疫情暴发初期呈显著下降趋势。相较而言，亚洲、南美洲与非洲的人均一次能源消费量低于世界平均水平。其中，非洲人均一次能源消费量最低，约占世界平均水平的 20%。类似地，在全球不同发展水平的国家中，不同经济体之间的人均一次能源消费量差距也较大。高收入国家的家庭部门能源消费占比较高，例如英国和法国 2020 年的家庭能源消费分别占本国能源总消费的 32% 和 35%。新兴经济体国家的家庭能源消费相对较低，然而增速较快，例如中国和巴西 2020 年的家庭能源消费占比分别为 16% 和 12%（IEA，2020）；与 2019 年相比，两国家庭电力消费增速分别高达 7.13% 和 4.40%。2020 年家庭部门的电力消费增速在加拿大、意大利和法国仅为 1.69%、0.10% 和 0.04（IEA，2020）。低收入国家特别是撒哈拉以南的非洲国家，其人均一次能源消费量处于世界最低水平。

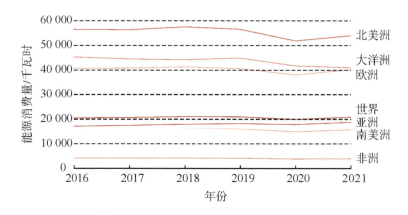

图 1-2 2016—2021 年世界六大洲人均一次能源消费量

（数据来源：英国石油公司世界能源统计评论 https://www.bp.com/；美国能源信息署的国际能源数据 https://www.eia.gov/）

此外，在家庭用能结构上，发达国家以天然气等清洁燃料为主，而发展中国家多以煤炭等传统的污染能源为主。国际能源署数据显示，

2020 年英国、法国家庭部门的煤炭消费量仅占天然气消费量的 0.4%和 0.2%；然而同年印度、南非家庭部门的煤炭消费量却是天然气消费量的 2 倍及以上（IEA，2020）。除社会经济发展决定家庭能源消费的表现形式外，能源禀赋也在居民能源消费水平上发挥了举足轻重的作用，如阿拉伯半岛的居民能源消费水平甚至高于欧洲地区居民，其中一个原因是该地区能源供给充足，家庭部门具备充分能源韧性。因此，发达国家和地区的家庭能源消费需要提倡低碳节能；欠发达国家和地区需要加大力度满足家庭基本生活所需的清洁能源供应，降低能源使用成本，从而促进世界范围内居民的能源公平，缩小能源福利差距。

家庭能源消费水平除了用能源消费量与消费金额衡量，还可以用碳排放量评估。2020 年，全球家庭部门的二氧化碳排放量占全球二氧化碳排放总量的 17%（Yu et al.，2021）。随着城市化进程加快，发展中国家的家庭能源消费逐渐成为二氧化碳排放的主要来源（Balezentis，2020）。因此，能源转型与增加低碳能源消费对降低家庭部门的碳排放量增速有重要作用。图 1-3 展示了 2021 年部分国家人均低碳能源消费量由高到低的排序情况：瑞典、法国和美国等高收入国家的人均低碳能源消费量较高，其中瑞典高达 43 599 千瓦时。相反，印度、巴基斯坦和菲律宾等发展中国家的人均低碳能源消费量处于末端，其中菲律宾人均低碳能源消费量仅为瑞典的 1%。中国人均低碳能源消费量在 2021 年达到 5 308 千瓦时，与低碳能源消费量高的发达国家仍有较大差距。因此，在家庭能源消费基本需求得到满足的基础上，有关部门应着力提高家庭能源消费清洁度，增加对低碳能源的投资力度，有助于降低家庭部门碳排放量，进而助力"碳达峰""碳中和"目标实现。

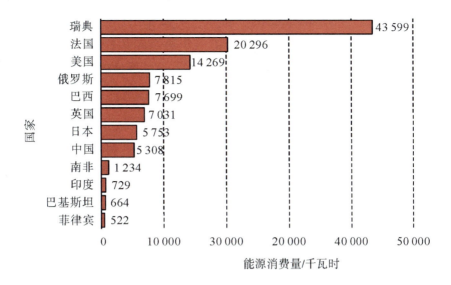

图 1-3　2021 年部分国家人均低碳能源消费量

（数据来源：英国石油公司世界能源统计评论 https://www.bp.com/）

1.2　世界家庭能源消费特征概述及比较分析

　　上述内容介绍了世界范围内的家庭能源消费现状和分布情况，分析了家庭部门能源消费的重要性及其相关碳排放所带来的问题。基于此，本节将进一步归纳总结各国家庭能源消费特征，探讨针对不同地区家庭能源消费的优化升级路径，以期为家庭能源消费相关政策的制定提供新的角度和思路。

　　首先，发达国家的人均能源消费量普遍维持在较高水平，但是彼此之间也存在较大差距。例如，加拿大 2016—2021 年的人均一次能源消费量虽然呈下降趋势，但是该国 2021 年的人均一次能源消费量仍高达 10 万千瓦时，该值是法国、德国、英国等西欧国家同年人均一次能源消费量的 2.5 倍左右（见图 1-4）。美国人均一次能源消费量在近 30 年趋于稳定，但也长期处于较高水平，约占同期加拿大的三分之二。发达国家虽然有完善的基础设施以保障家庭获取清洁能源，但是仍然存在家庭因用能支出占收入比重过高而陷入能源贫困的现象（Charlier et al.，2019）。例如，2004—2013 年，由于日本居民受到能源价格上涨、收入下降的双重冲击，其家庭的能源支付能力显著降低（Okushima，2016）。2021 年 10 月起，为维持家庭基本能源需求，意大利居民使用天然气所产生的费用上升了 31%（陈卫东，2021）。另外，发达国家能源对外依赖度较高，在能源供应的稳定性和持续性方面存在隐患（Romero-Jordán et al.，2022），这也直接导致消费端能源价格上升，居民支付能力下降。例如，2022 年，俄罗斯对欧洲的天然气出口量大幅削减，欧洲的液化天然气需求激增，进而吸引了最初打算将天然气运往其他地区的国家和厂商，最终导致国际市场天然气价格飙升（IEA，2022）。

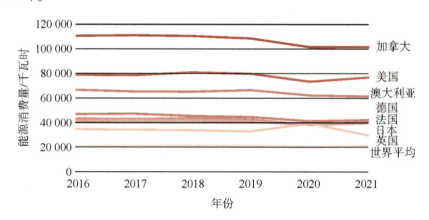

图 1-4　2016—2021 年部分发达国家人均一次能源消费量

（数据来源：英国石油公司世界能源统计评论 https://www.bp.com/；美国能源信息署的国际能源数据 https://www.eia.gov/）

其次，对于大多数发展中国家而言，家庭能源消费同时存在能源可支付能力较弱和清洁能源可获得性较低的问题。发展中国家居民因收入水平不高，难以负担相对昂贵的现代商品能源（魏一鸣 等，2014），特别是在农村偏远地区，居民普遍选择木柴和生物质能这类免费低效的污染能源作为主要能源类型。在清洁能源获取方面，截至 2019 年年底，发展中国家电力覆盖人口占比仍然存在较大的缺口，特别是在撒哈拉以南的非洲、南亚、东南亚以及中南美洲等地区问题比较严重（IEA，2020）。以经济发展水平最低的撒哈拉以南的非洲为例，其电力覆盖率在 2020 年仅为 56%（IEA，2020）。而在金砖五国中，俄罗斯的人均一次能源消费量处于较高水平，该国 2021 年的人均一次能源消费超过 5 万千瓦时；中国、南非 2021 年的人均一次能源消费量虽高于世界平均水平，但仅为同期俄罗斯的一半左右。2016—2021 年，巴西、印度的人均一次能源消费量始终低于世界平均水平（见图 1-5）。

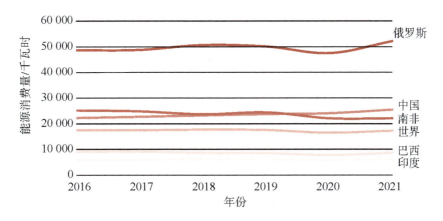

图 1-5　金砖五国的人均一次能源消费量

（数据来源：英国石油公司世界能源统计评论 https://www.bp.com/；美国能源信息署的国际能源数据 https://www.eia.gov/）

在低收入国家，能源脆弱性群体更为庞大且能源保障水平低、能源韧性薄弱。例如在印度，由于能源基础设施较差、能源消费缺乏选择性、能源成本负担较重，居住在农村贫困地区或者偏远地区的边缘性群体普遍无法获得现代清洁能源（Pelz et al.，2021）；在肯尼亚，贫穷家庭采用小型自助供水系统，但这些供水系统往往不能满足家庭用水需求（Jacobson et al.，2007）；在加纳，妇女承担所有家务活动的家庭，由于缺少现代化的能源与烹饪厨具，妇女长期受到室内空气污染所带来的负面影响（Sievert et al., 2020）。同时，在俄乌冲突引发的能源危机中，低收入国家承担了更高的能源负担，这些国家的脆弱性群体更易陷入能源贫困甚至绝对贫困（Guan et al., 2023）。

家庭部门能源消费所产生的二氧化碳排放，是导致全球变暖的重要因素之一（Liu et al., 2021）。首先，从图 1-6 可以看出，2019—2020 年英国、日本、加拿大等发达国家的家庭部门碳排放总量相比中国和美国较低，但这是人口因素造成的。有研究指出，日本老龄家庭人均碳排放量相比于其他家庭结构的人均碳排放量较高，特别是随着冬季气温的下降，这类家庭取暖需求增长，进而导致家庭碳排放量增加。因此，Long 等（2019）提出应及时采取多项减排措施，以降低老龄化社会所导致的家庭碳排放量持续增高的风险。

其次，在新兴经济体中，例如中国家庭部门的碳排放量在当下处于较高水平，是因为中国对传统化石能源的依赖度较高且人口基数较大（Liu et al., 2021）。英国石油公司（BPp·l·c，以下简称 BP）的数据显示，2018 年中国化石燃料消费占一次能源消费总量的 58.25%；相比之下，可再生能源仅占 4.38%（BP, 2019）。随着城市化水平的快速发展，中国城市人口从 2000 年的 4.59 亿人增加到 2019 年的 7.71 亿人，城市家庭的碳排放量预计将持续增加（Yu et al., 2021）。城市化进程加快也是导致南非碳排放量增加的主要原因之一，南非作为撒哈拉以南非洲地区全球化程度最高、城市化进程最快、碳排放量密集度最高的经济体，在经济发展过程中需要及时缓解碳排放造成的环境压力。

最后，从图 1-6 中可以看出，2019—2020 年欠发达国家的家庭碳排放量仍处于较低水平，大多数非洲国家的生物燃料使用量在其能源消费中占比最高，甚至在一些撒哈拉以南非洲国家，该占比高达 97%（Kgathi et al., 1995）。研究表明，低收入国家特别是撒哈拉以南的非洲国家，亟须增加太阳能、风能等可再生能源的使用，以减少使用污染能源过程中二氧化碳等有害气体的排放，降低家庭成员的患病风险

（Hanif，2018）。

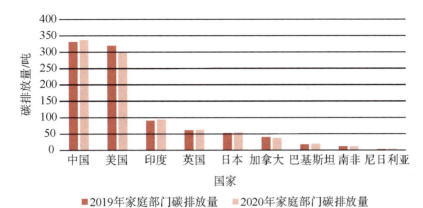

图 1-6　2019—2020 年部分国家家庭部门碳排放量

（数据来源：国际能源署 https://www.iea.org/）

　　综上所述，从能源消费量来看，高收入国家的人均家庭能源消费水平远超其他国家，新兴经济体国家的家庭能源消费量呈现持续快速上升趋势，低收入国家的家庭能源消费量仍然长期处于较低水平。从能源消费类型来看，高收入国家的家庭能源消费以清洁能源为主，但存在人均能源消费量较大、能源使用成本较高以及能源消费难以支付的问题。低收入国家的家庭能源消费在诸多方面的问题更加严峻，除面临与高收入国家类似的问题外，低收入国家的清洁能源覆盖率偏低，能源脆弱性和边缘性群体庞大，且由于基础设施薄弱、供需矛盾突出，其能源稳定性较差，家庭部门能源韧性薄弱。从能源消费的碳排放量来看，大部分高收入国家居民的碳排放总量仍然较高，家庭能源消费需要进一步节能减排。另外，新兴经济体国家的经济快速发展，家庭能源消费所产生的碳排放量也随之增加，因此更需要加大清洁能源的普及力度，以实现气候行动目标。低收入国家尤其是撒哈拉以南的非洲国家，亟须尽快减少居民对传统生物质燃料的高度依赖，以避免大量排放和污染对居民身心健康产生巨大的危害。

1.3　家庭能源消费的影响因素

基于上述对各国家庭能源消费概况和特征的介绍，本节将进一步归纳总结家庭能源消费的影响因素，相关研究的梳理有助于加深对家庭能源消费及其行为的认识。通过文献梳理与总结，家庭能源消费及其行为主要受家庭收入、人口结构、科学技术、意识观念、外部环境等经济社会因素的影响。

当前已有大量研究证实家庭收入对家庭能源消费产生了直接的正向影响（陆莹莹 等，2008；Hasan et al.，2017；Cong et al.，2022；de Abreu et al.，2021）。家庭收入与家庭直接和间接能源消费均具有显著正相关关系，刘业炜（2019）通过研究家庭能源消费的时空差异特性，发现家庭收入水平是致使家庭能源消费在同一区域内部存在显著差异的主要因素之一。因此，面对家庭能源消费问题时，有关部门应将提高家庭收入放在首位，以为家庭能源消费提供资金保障。

家庭收入决定了家庭能源消费的水平和结构，而家庭人口结构、家庭成员性别以及受教育程度等社会因素深刻影响了家庭能源消费形态。首先，人口老龄化与家庭规模缩小化对人均生活用能的增加具有显著正向影响（秦翊 等，2013；沈可 等，2018）。随着社会人口结构加速向老龄化发展，代际差异的社会影响会逐渐显现，并影响家庭能源消费（Han et al.，2019）。代际差异是指年轻一代与老一代人之间的差异，又称代沟，不同的社会背景塑造了各代人不同的消费观，进而影响家庭能源消费。以意大利为例，经历了战争的一代人和"婴儿潮"一代有截然不同的能源消费观，前者更注重能源供给的稳定性和安全性，后者则更注重能源质量（Bardazzi et al.，2017）。其次，家庭能源消费行为具有显著的性别差异。研究表明，居住在城市的女性的能源使用行为更为低碳与合理（孙岩 等，2013）；在农村地区，女性对于促进农户逐步减少对薪柴等污染能源的依赖有显著的推动作用（郑风田 等，2010）。Li 等（2019）也发现，性别平等有助于家庭能源消费行为绿色低碳化。最后，家庭成员的受教育程度是影响家庭能源消费决策的重要变量（Uhunamure et al.，2017）。Mills 和 Schleich（2012）研究指出，受教育程度越高的人越倾向于使用高能效设备；高学历与高收入、高知识储备挂钩，因此，受教育程度更高的人群更倾向于选择清洁的能源种类与高能效的能源设备。

除上述影响因素外，科学技术的研发与创新推动了家庭能源消费的可持续发展，绿色建筑能降低家庭能源消费量，进而减少家庭碳排放量。Yu 等（2021）研究发现，居住在绿色建筑可以减少 73.675 千克标准煤的制冷消耗和 482.095 千克的碳排放，因此采用高能效的先进建筑材料和建筑结构能降低家庭能源消费量，提升能源使用效率。综上可知，随着高科技的发展，能源效率得到提高，有效减少了能源消费量及碳排放量。

绿色环保意识是家庭绿色消费的内在驱动力，因此家庭能源消费行为还受消费者意识的影响。2015 年在阿里零售平台上，绿色消费者超过 6 500 万人，绿色消费者在意识上兼具经济价值与环境价值，有助于缓解家庭能源消费所带来的碳减排压力（王兆华 等，2022）。当绿色低碳意识得到普及，居民会主动增加清洁能源的使用。因此，倡导家庭主动使用清洁低碳的可再生能源，可以有效降低中国家庭能源消费对生态环境的不利影响（Liu et al.，2021）。但在培养居民绿色消费意识的同时，也需要注意城乡之间应实行差异化战略。与农村相比，人口规模和能源消费强度对城市家庭部门碳排放影响的边际效应更大（计志英 等，2016）。因此，有关部门要因时因地制定相关政策，以给予家庭能源消费科学引导，从而推动家庭能源消费转型。

在差异化的社会经济、外部环境基础上，再叠加国际局势的影响，不同地区家庭能源消费行为迥异。从长期来看，外部环境的影响增加了能源供需的不稳定性，Zhang 等（2022）通过对中国极端温度与居民用电的关系进行研究，结果表明，平均温度超过 32℃ 的天数每增加一天，电力消耗就会增加 8.9%。从中期来看，疫情导致约 67% 的家庭改变了能源消费行为模式，家庭减少了能源消费支出，以保证现有收入能满足整体消费所需（李柳颖 等，2020）。但随着疫情政策的放开，也可能产生能源消费反弹。从短期来看，地缘政治加剧了能源供需失衡，能源价格高涨，且中美贸易摩擦、俄乌冲突等使得能源供需矛盾更为凸显。

综上所述，在经济因素对家庭能源消费起决定性作用的同时，社会因素由于其复杂性与差异性，也对家庭能源消费具有至关重要的影响。从经济角度出发，家庭收入与家庭能源消费呈正相关关系；从社会角度出发，人口结构、科学技术、意识观念、外部环境等因素对家庭能源消费施加了关键影响，进而形成了国家或地区特有的家庭能源消费特征。

1.4　中国家庭能源消费现状、特征与发展趋势

1.4.1　中国家庭能源消费现状

随着中国社会经济的飞速发展，中国能源消费需求日益增大，逐步成为世界第一大能源消费国。如图 1-7 所示，2000—2021 年中国的能源消费总量呈上升趋势，并于 2021 年达到 52.4 亿吨标准煤，居世界第一位（BP，2022）。其中，家庭部门已成为中国第二大能源消费部门。2020 年家庭部门的能源消费量在工业部门的能源消费量之后，占全国能源消费总量的 12.9%（见图 1-8）。随着家庭能源消费量的增长，中国正面临新时代下日益严峻的能源困难与挑战。

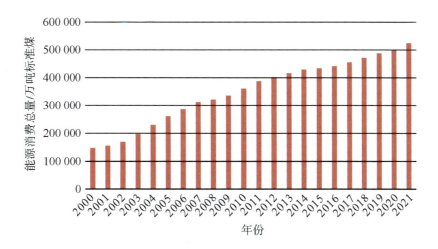

图 1-7　2000—2021 年中国能源消费总量

（数据来源：中国统计年鉴 2001—2022 年）

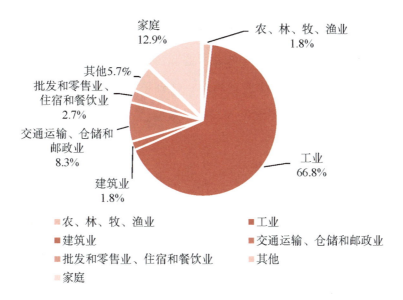

图 1-8　2020 年中国各部门能源消费占比

（数据来源：《中国能源统计年鉴 2021》）

　　在中国能源需求增加的背景下，能源储备不足、能源供需矛盾凸显、能源结构有待优化升级等一系列问题亟待解决。首先，中国的能源生产与储备仍难以满足其日益增长的能源需求。（Zhao et al.，2013）。此外，当前中国的能源自给率虽维持在82%左右，但对外部资源的依赖度仍然较高，尤其是油气的对外依存度逐年上升（姬强 等，2022）。其次，随着中国城市化与工业化进程持续推进，中国社会向老龄化方向发展，家庭能源消费需求将进一步增长，中国家庭层面的能源供需矛盾预期将进一步加剧。最后，中国经济增长所需能源类型仍以煤炭为主，能源结构亟须向清洁化、低碳化、现代化转型。2018年煤炭占中国一次能源消费的60%，其产生的细颗粒物（PM2.5）污染和碳排放量分别占全国总量的50%和70%。因此，中国要在保证能源安全的前提下，有效推进能源转型，而将转型目标落实在家庭层面，促进家庭能源消费转型仍存在一定的困难与挑战。

近年来，中国家庭能源消费所产生的碳排放量占比出现逐渐扩大的趋势，为中国实现气候目标带来了难题。由图1-9可知，与美国、欧盟国家的人均碳排放量总体呈逐年下降趋势相反，中国人均碳排放量在2000—2021年反而呈持续增长态势，特别是在2009年以后，中国人均碳排放量已经超过欧盟国家人均碳排放量。

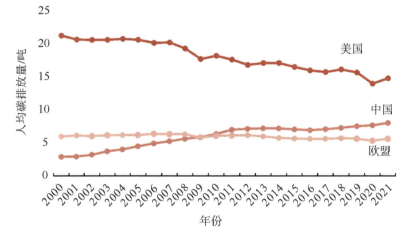

图1-9 2000—2021年美国、中国与欧盟的人均碳排放量

（数据来源：https://ourworldindata.org/）

为了实现"双碳"目标，推进家庭能源消费结构的转型升级，缓解生态环境压力，中国从能源结构、能源类型等方面做出了系列改变。在能源结构方面，中国家庭能源消费结构逐渐向清洁化、低碳化、现代化转型。如图 1-10 所示，2010—2020 年我国煤炭使用量的增速逐渐放缓，而天然气使用量的增速显著提升。在能源类型方面，中国的可再生能源开始进入大规模发展阶段，其中装机容量和工业技术都取得了显著成就。世界上大约三分之二的太阳能电池板和近一半的风力涡轮机由中国提供，中国已经成为可再生能源技术的主要生产国和出口国。2008—2017 年，中国太阳能、风能和水力发电装机容量的年均增长率分别为 135.3%、34.6% 和 7.1%，发电体系朝着清洁化方向转变（Liu，2019）。

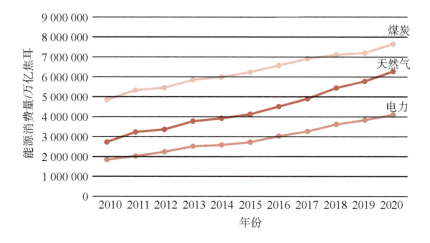

图 1-10　2010—2020 年中国家庭能源消费结构

（数据来源：美国能源信息署的国际能源数据 https://www.eia.gov/）

综上所述，随着中国经济社会的快速发展，家庭能源消费需求日益增加，家庭能源消费已成中国能源消费的重要组成部分。然而，中国能源储备较低、能源供需矛盾凸显、能源消费结构有待优化升级等问题给中国家庭能源消费转型带来了一定的困难与挑战。因此，中国应加大对储备技术的研发创新，有效缓解能源供需矛盾，并加大对可再生能源等清洁能源的普及与投资力度，才能更好地推进家庭能源消费转型升级，从而有效提高能源的可持续发展能力。

1.4.2 中国家庭能源消费特征

因受社会经济发展不均衡、城乡二元结构以及地理人文环境等因素的影响，中国家庭能源消费存在显著的区域差异、城乡差异和空间差异。与世界其他国家相比，中国家庭能源消费模式亦有其独特之处，本节将对此展开进一步分析。

中国家庭能源消费存在显著的地域异质性。由于中国具有复杂的自然地理和社会经济特征，不同省份间的自然禀赋、经济发展水平及文化传统不同，决定了家庭能源消费在不同地区之间存在较大差异。家庭能源消费的区域差异主要表现在中国中、东、西部及南、北方地区家庭之间。其中，中、东、西部地区的家庭能源消费差异主要由社会经济发展水平和居民收入水平差异所致；东部和中部地区的经济发展水平高于西部地区，因此具有相对较高的家庭能源消费量；东部地区经济发展水平最高，家庭能源消费已逐渐由使用传统能源向使用现代高效能源的方向转变。受家庭能源消费量差异的影响，家庭部门碳排放的空间分布也呈现明显的地域特征，高碳排放主要集中在东、中部地区，西部地区的碳排放量较低（计志英 等，2016），家庭碳排放与地区发展水平空间差异相吻合。南方和北方地区家庭能源消费的差异主要体现在气候方面。北方因冬季天气寒冷，居民对冬季取暖设备与集中供暖的需求比较大，因此会产生更高的家庭能源消费；北方农村家庭每年平均消费 1 311 千克标准煤，比南方农村家庭（958 千克标准煤）多 37%。此外，收入对北方地区能源消费支出的弹性系数影响略小于南方地区，表明南方地区家庭收入变化对能源消费支出的敏感性更强（刘业炜，2019）。

中国家庭能源消费存在显著的城乡二元差异。近十几年来，中国经济飞速发展带来的城市化和工业化深刻影响了中国的家庭能源消费模式，城乡家庭能源消费行为差异显著。从能源消费量来看，由于电器设备与产品多样性和能源相关服务的可得性不同，大城市家庭人均能源需求相比于其他地区较高。Zheng 等（2014）通过收集分析中国 26 个省份的 1 450 份家庭样本，测算出 2012 年一个典型城市家庭的能源消费量为 1 503 千克标准煤，是同期农村家庭的能源消费量的 1.4 倍。从家庭用能设施来看，虽然城市居民拥有能源高效的家庭设施，但城市家庭的能源使用效率显著低于农村家庭。农村地区受收入限制，高效能源设备和清洁能源供给的缺乏成为能源减贫的关键阻碍之一（Casillas et al.，2010）。从能源消费结构来看，城市家庭能源消费主要依靠天然气、电力，而在农村生物质能占主导地位（61.4%），其次是煤炭（15.1%）和电力（10.7%）（Wu et al.，2018）。随着社会经济的发展和农村基础设施的改善，农村液化气和电力的消费量在 1985 年和 2013 年的年均增长率分别为 20.9%与 13.1%，逐渐向清洁化、低碳化方向转变。

中国人均家庭能源消费量低于世界发达国家水平，但所使用的能源类型与大部分发达国家相似，正在向清洁化、现代化方向转型。考虑到中国的特殊国情，即家庭规模缩小以及老龄化进程加快对中国家庭能源消费及其行为的影响逐步显现，人口结构变化将成为中国家庭能源消费量增长的最关键驱动因素之一。中国家庭消费电力、天然气等现代清洁能源，与其他发展中国家居民依赖生物质能等低级能源的消费结构有本质上的区别。当前清洁能源供暖已经在中国北方地区全面推行（Zhang et al.，2021）。2008—2017 年，中国太阳能、风能和水力发电装机容量的年均增长率分别为 135.3%，34.6%和 7.1%，可再生能源发电量为 6.35 亿千瓦时，占 2017 年电力装机容量总发电量的 35.7%；其中风电装机容量占 9.2%，太阳能装机容量占 7.3%。截至 2021 年年底，中国可再生能源总发电量达到 2 453 亿千瓦时，其中风能为 565 亿千瓦时，太阳能为 327 亿千瓦时，总量比欧盟多了约 34.9%（BP，2022）。

中国家庭的能源消费特点除消费量、消费结构与其他国家不同外，还具有其自身发展过程中的特有现象。其中，老龄化进程加快是影响中国家庭能源消费的重要因素之一。新中国成立以来人口飞速扩张，经计划生育政策调控后家庭规模逐渐缩小，同时削弱了家庭能源消费的规模效应，导致人均生活用能增加；2017年开始，我国生育率断崖式下跌，即便国家陆续推出了二胎、三胎政策，生育率在二胎政策放开伊始有所增加，但近几年总体趋势仍是有减无增。此外，中国正快速迈入老龄化社会，被视作老龄化最快的国家之一，未来中国老年人口的大幅增长亦将导致家庭能源消费模式的转变。因此，在可持续发展理念的指导下，提前部署针对老龄化社会的能源消费保障政策具有必要性（Han et al.，2019）。

1.4.3 中国家庭能源消费发展趋势

基于上述对中国家庭能源消费现状及特征的分析，本节进一步对中国家庭能源消费的发展趋势进行展望，主要从经济增长模式、社会、政策以及外部冲击等多方面进行阐述。

经过多年的快速发展，我国经济已由高速增长阶段转向高质量发展阶段。因此，在家庭能源消费方面，我们也需要强调高质量的路径选择，即不仅要提高家庭能源消费水平，还要有效促进家庭能源消费向清洁化、低碳化和现代化发展。一方面，中国经济增长逐渐由粗放型向集约型转变，家庭能源消费模式也从生存型能源消费逐渐转为发展型能源消费，进而过渡为享受型能源消费。在此过程中，居民更多地选择清洁能源，并不断升级和丰富高效的用能设备，这不仅能改善居民生活质量，还有助于改善居民的身心健康，特别是改善女性健康状况（Li et al.，2022）。另一方面，随着更多居民能源消费得到满足，可能出现能源消费的回弹效应，导致电力供给紧缺和碳排放量持续增加。为了缓解生态环境压力，实施低碳经济的发展模式、推进家庭能源消费转型升级是实现中国能源可持续发展的必经之路。在我国家庭能源消费转型的过程中，应以市场驱动为核心、以政策驱动为助推、以创新驱动为引领、以行为驱动为补充（范英 等，2021）。因此，未来我国家庭能源消费在上述经济增长模式下的良性发展趋势可能有以下四方面：第一，电力供给市场将更加灵活，应更好地激发电力市场需求响应的潜在效益，以优化能源消费结构、提高智能用电水平；第二，碳交易市场相关政策体系将更为完善，应构建家庭部门碳排放交易市场，利用市场机制控制和减少温室气体排放，推动经济发展方式向绿色低碳转型；第三，通过对电化学储能等节能技术进行研发创新，有效提高能源使用效率；第四，在各行各业加大对绿色理念的宣传，结合市场机制对家庭绿色低碳消费进行引导，树立绿色意识与理念。

随着社会的发展，中国已经出现人口老龄化、生育率逐年下降甚至出生人口自然负增长的问题，加之年轻一代生活和消费观念的转变，独居人口规模逐渐扩大、代际间消费习惯迥异，这些社会现象直接影响了中国家庭能源消费的未来趋势。首先，中国被视为老龄化最快的国家之一，未来老年人口比例将大幅提升。如图 1-11 所示，2018—2022 年我国 60 岁及以上人口比重快速增加，五年间增加了个 1.95 个百分点。其次，中国结婚率、生育率持续下降。有研究表明，中国 2020 年生育率仅为 1.3，低于世界大部分发达国家，例如美国（1.64）和日本（1.34）（马瑞丽 等，2023）。生活观念的改变、生育率的下降将直接导致家庭规模的进一步缩小，2021 年我国独居家庭超过 1.25 亿户，占比超过 25%。特别是在中国各大城市中，青年独居现象愈发普遍，且在未来仍有持续增长态势（邢海燕 等，2022）。最后，随着社会的不断变化，不同年代家庭所经历的事件和特定社会背景塑造了不同代际的家庭能源消费偏好与行为习惯；老年人经历过计划经济时代和物质匮乏年代，能源消费行为普遍更加保守和节约，年轻一代的成长环境物资相对充盈，能源消费更为注重舒适和质量。有研究表明，十几年后代际因素对家庭能源消费的影响将超过家庭规模，成为继老龄化之后影响家庭能源消费的第二大人口因素（Han et al., 2019）。因此，未来针对老年人口进行家庭能源消费设施设备的更新换代、普及能源消费的重要性将成为趋势。同时，引导青年一代合理使用能源，反对过度消耗能源也是促进中国能源消费结构优化转型的重要手段,在此情景下,家庭用能设施将得到优化,同时家庭碳排放也将得到一定程度的控制。

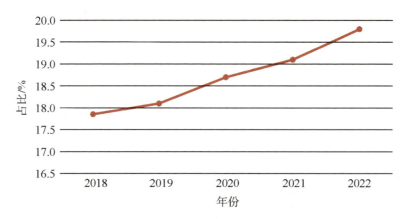

图 1-11 2018—2022 年中国 60 岁及以上人口比重

(数据来源:国家统计局)

　　为了应对全球气候变化,遵循《巴黎协定》,我国提出了"双碳"目标和"绿水青山就是金山银山"的发展理念。为了实现"双碳"目标,中国政府发布了一系列能源发展政策,明确了处理好能源安全与能源转型关系的重要性,并强调应在保证能源供给稳定的同时提高能源效率,推进能源供应链安全稳定高效发展。《"十四五"现代能源体系规划》强调,在"双碳"目标的政策引导下,能源保障预期更加安全有力,能源储备体系将更加完善,能源自主供给能力进一步增强;能源转型成效将更为显著,预计到 2025 年非化石能源发电量比重达到 39%左右,家庭用电更为绿色低碳;能源供给逐步智能高效,特别是电力市场的建设更为灵活,居民基本用电需求得到更好的保障;能源系统效率大幅提高,预计到 2025 年,灵活调节电源占比达到 24%左右,电力需求侧响应能力达到最大用电负荷的 3%~5%;能源产业逐步融合,促进新能源汽车与电网能量互动、与可再生能源高效协同,居民绿色出行的成本更为低廉。

　　从国际环境来看,全球变暖、极端气候频发加剧了能源供给的不稳定性，疫情对家庭能源供给和清洁能源转型产生了持续冲击，地缘政治冲突进一步缩减了能源进口规模，如何在复杂多变的外部环境中保障家庭能源消费安全，是未来中国家庭能源消费关注的重点。首先，未来中国的家庭能源消费应重点关注风能、太阳能等可再生能源的供给与储存问题，特别是长周期储能技术应得到更多重视。有研究表明，全球储能市场在 2030 年前将以 33% 的年均复合速率增长。其次，面对地缘政治冲突产生的进口挤压，未来中国经济应更注重内需拉动，逐步增加能源自给率，同时减少对化石能源的依赖，多种能源互补协调利用，保障能源安全。

1.5 中国家庭能源消费的政策保障

中国式现代化将朝着实现人民对美好生活的向往的目标发展。中国要想从能源消费领域出发增进民生福祉及提高人民生活品质，则需基于家庭能源消费的现状、特征和发展趋势，一方面亟须全方位满足低收入群体和能源脆弱人群的基本能源需求，增强其应对能源贫困风险的内生发展动力；另一方面还应将绿色低碳消费理念嵌入能源清洁低碳转型发展的战略思想，将提高农村清洁能源普及率、减少污染能源的使用频率作为首要目标，强化城镇高耗能家庭对绿色、可持续的良好生活方式的认知，让绿色低碳生活方式贯穿家庭日常的"衣食住行"。

1.5.1 保障基本能源消费

保障家庭能源消费是提高人民幸福感，促进经济社会可持续发展的重要手段。一方面，政府应增强对居民的技能培训，多方面、多角度提升家庭的经济水平，同时为家庭能源消费结构的优化升级提供专项资金支持，通过提供基础资金保障来增强居民能源消费的可负担能力。另一方面，政府需要合理调配区域资源，实现资源的优化配置，及时满足家庭能源需求，同时建立家庭能源应急保障系统以应对极端天气等对家庭能源消费的冲击。

首先，中国政府应继续把发展经济放在首位，只有不断增强家庭收入水平，加大人力资本积累，才能从根本上保障家庭能源消费。相关研究表明，中国当前有五分之一城镇家庭的能源消费仅仅保障了基本生存层面（傅佳莎 等，2022）。经济较发达的地区和高收入群体有更广泛的能源选择面，而偏远落后地区和低收入群体因基础设施薄弱、收入较低、清洁能源价格较高等因素的制约，能源升级的难度较大（吴施美等，2022）。因此，政府在未来应注重对城乡家庭能源消费平等的保障，同时重点关注城镇的能源脆弱群体，通过制定更有针对性的能源消费保障措施，提升家庭用能福利并改善能源脆弱群体的能源消费结构（傅佳莎 等，2022）。此外，政府还要强化农村能源基础设施建设的重要地位，因地制宜地推进太阳能、生物质能等可再生能源在农村生产生活中的清洁高效利用；调动投资主体的积极性，推动风力发电、光伏发电等乡村清洁能源建设工程实现高质量发展；不断强化城乡基本公共服务均等化以实现"农村基本具备现代生活条件"的目标，在能源领域增进民生福祉及提高人民生活品质。

其次，家庭能源消费需求在全球气候变暖的趋势下受到影响，相比于低温天气，高温天气对家庭能源需求的冲击更为明显。在夏季，中国家庭部门制冷度日数是电力消耗的重要驱动因素，其对电力消费的影响占比为 23%~25%；然而在冬季，采暖度日数对电力消费不会造成显著的影响（刘明辉 等，2022）。因此，居民需要提高对高温天气的预见性以增强应对力，寻求除电网供电降温之外的替代方案，如通过家用分布式光伏发电弥补电力短缺，或者通过谷峰电价配合储能设备，共同应对夏季突发性停电；同时，政府应对居民使用分布式新能源持续给予政策支持，并大力推广储能技术的研发生产及运用。

总体上来说，政策制定者应加强效率瞄准，制定差别化财政和能源政策，将原本用于推动高收入人群和经济发展水平较高地区能源转型的财政资金转移到贫困地区和低收入人群上来，实现财政资金向低收入人群和落后地区的倾斜（吴施美 等，2022）。同时，有关部门也要确保贫困家庭的优质能源有得用并且用得起，帮助贫困家庭摆脱能源短缺和能源劣质的现状，进而补齐居民能源转型的短板，使有限的财政资金实现效用最大化，以此实现双赢的局面。

1.5.2 倡导绿色低碳生活方式

中国作为世界上第一大能源生产国和消费国，加快形成绿色发展方式和生活方式，推进建设社会主义生态文明刻不容缓（张连委，2021）。从城乡融合发展角度来说，政府需要因地制宜地推动能源转型，保障城镇家庭能源消费的稳定高效性和提高农村家庭能源消费的清洁普及率，完善对绿色节能家电、节能低碳产品等消费品的补贴激励和技术保障，实现城乡家庭能源消费平等。从发挥主观能动性角度来说，政府应积极贯彻创新、协调、绿色、开放、共享的新发展理念，科学解读和宣传"绿色低碳"，提高居民的节能减排意识，促使居民在日常生活中增加对绿色低碳产品的使用频率，并以实际行动支持和参与节能减排工作。

具体而言，一方面，政府应以保障民生为导向，因地制宜地推动城乡用能转型。对于农村而言，政府需要推动农村炊事和取暖的现代化、清洁化，这不仅关乎环境问题，还与人民生活福利水平密切相关。因此，政府要因地制宜地推动各类生物质能的市场化和规模化利用，加快生物质能产业体系建设，如通过发展生物质热电联产，增加对乡村薪柴、秸秆等生物质能源的收购，降低农村居民获取电力等清洁能源的成本等（谢伦裕 等，2019）。此外，燃料价格补贴仍是推进能源转型的重要动力，政府应及时创新价格机制设计，推进技术升级，通过加强能源标识项目的推广来提高用能设备的运行效率（吴施美 等，2022）。对于城市来说，城市家庭需要积极响应节能减排政策，发挥主观能动性以增强家电实际节能效果，并向绿色低碳的发展型能源消费过渡，如继续推动"领跑者"制度以鼓励节能家电的研发与创新，并促进智能家居产业布局与家庭节能减排工作相结合，提升家电产品的实际节能技术水平（杨梓嫣，2019）。

另一方面，政府应积极宣传节能理念，丰富绿色生活方式，鼓励居民使用高效清洁能源；注重以家庭、社区、工作环境为背景的不同形式的宣传活动，倡导文明、健康、新型、共享的消费观念，把节约能源这项内容纳入基础教育、职业教育、高等教育和技术培训体系（谢伦裕等，2019）。同时，政府应从道德、舆论、网络环境等方面对家庭节能环保意识与行为进行引导，强化居民对于节能家电的关注与对能源问题的思考，以此形成良好的社会节能风气（于世旺 等，2020）。同时，政府可以通过强化公共交通的经济、安全等优势，从根本上增强公众乘坐公交出行的意愿，并进一步鼓励居民乘共享单车出行（陈坚 等，2020）。

中国在切实保障家庭能源消费水平的同时，也需要提倡节能减排，因时因地科学制定家庭能源政策，并采取更有力度的政策和措施，积极引导和培养居民形成绿色节能意识，力争实现"双碳"目标。

1.6 本章小结

首先，本章对世界范围内的家庭能源消费现状进行了概述与比较分析，并对家庭能源消费的影响因素进行了文献梳理；其次，本章对中国家庭能源消费的现状、特征以及未来发展趋势进行了系统总结；最后，基于上述分析，本章从不同维度对中国家庭能源消费相关政策的制定提供了思路与建议。

本章的具体结论如下：高收入国家应该重点解决家庭能源消费成本的问题，同时提升能源效率，减少能源浪费，继而减少家庭碳排放量，提高可持续发展能力；新兴经济体国家需要兼顾生态效益与经济效益，在满足家庭发展型能源消费需求的同时，加大推进清洁能源的普及力度，有效控制家庭碳排放增速，缓解生态环境压力；低收入国家除亟须提高家庭能源消费可支付性之外，还需重点解决清洁能源的全民普及问题，尤其要保障脆弱群体的基本能源消费，同时应加大可再生能源的投入力度，增强能源供给系统的韧性。

本章通过数据分析和文献梳理，发现中国家庭部门的能源消费水平不断提升，且在新时代下具备以下特征：国内能源储备不足、能源供需矛盾凸显、能源结构有待优化升级，以上问题在气候恶化、疫情冲击、俄乌冲突等外部环境因素的影响下更为复杂和严峻。同时，随着中国社会呈现老龄化发展趋势，家庭能源消费需求将稳步增长，能源供需矛盾日益凸显，因此政府亟须因时因地制定家庭能源消费的相关政策，以保障基本家庭能源消费的同时使其可持续发展。一方面，中国亟须保障低收入家庭和能源脆弱性家庭的基本清洁能源消费，从资金补贴、技能培训、完善能源基础设施建设等多个方面增强这类群体应对能源贫困风险的能力。另一方面，政府还应引导居民生活方式绿色低碳化，普及绿色清洁能源，促进家电智能化与低碳化，同时强化居民对绿色低碳、可持续生活方式的认知。

2 能源贫困综述

当家庭能源消费远低于当地平均水平、无法负担基础能源消费或被迫选择并使用污染能源时，该家庭则会出现较大的能源贫困风险。特别是在后疫情时代以及俄乌战争引发能源价格上涨和全球经济发展滞后等问题的背景下，世界上出现更多人口因无法支付或者获取清洁、稳定能源而陷入能源贫困甚至绝对贫困。因此，本章主要讨论家庭能源消费过程中可能出现的能源贫困问题。首先，系统分析了能源贫困研究领域最近二十多年发表的文献，充分了解了该研究领域的发展历程和前沿方向。其次，对能源贫困的概念和衡量方法进行了深入分析。最后，从世界范围内的能源贫困研究聚焦到中国的能源贫困研究，从宏观层面的能源贫困研究过渡到微观层面的能源贫困研究，并结合世界局势和中国国情对后扶贫时代中国能源贫困特有问题进行解析。本章旨在从学术研究和实践两方面提出研究能源贫困问题的重要性和严峻性，以期引发社会各界和政策制定者对能源贫困问题特别是中国能源贫困问题的重视。

2.1 能源贫困的研究现状

当社会在发展过程中无法满足家庭能源可获得性和能源可负担性等方面的基本能源需求时，即陷入能源贫困（Shahzad et al.，2022）。

联合国于 2000 年制定的千年发展目标中，第七个可持续发展目标是"确保人人获得负担得起、可靠和可持续的现代能源"，这一目标进一步推动了学术界和政府对能源贫困问题的认识、探索及应对。诸多文献和报告已从不同角度对能源贫困问题进行了探究。本章通过 WOS 数据库检索与能源贫困相关的文献，并采用文献分析技术，如共现网络分析与可视化（VOSviewer）对发表于 1990—2022 年的论著进行梳理。

图 2-1 展示了 WOS 数据库中与"能源贫困"主题相关的出版物数量和被引频次的增长情况。1990—2022 年，与"能源贫困"主题相关的出版物累计达到 5 408 篇，平均每篇被引率为 28.64 次。图 2-1 显示能源贫困相关领域的研究成果从 2007 年开始持续增多，特别是在近五年，与能源贫困相关的研究热度维持在一个较高水平。其中，2021 年该研究领域的出版物数量和被引频次达到近 30 年的顶峰，分别高达 775 篇和 33 313 次。同时，本章对与"家庭能源贫困"主题相关的出版物数量和被引频次也进行了分析，如图 2-2 所示，1990—2022 年，相关主题出版物累计达到 2 203 篇，平均每篇被引率为 25.53 次，可见对微观家庭能源贫困的研究是能源贫困研究领域的重要组成部分。从图 2-2 可以看出，以"家庭能源贫困"为主题的出版物数量与被引频次的增长情况与以"能源贫困"为主题的增长趋势大体趋同，值得注意的是，能源贫困领域的研究从 2011 年开始聚焦到微观家庭层面。

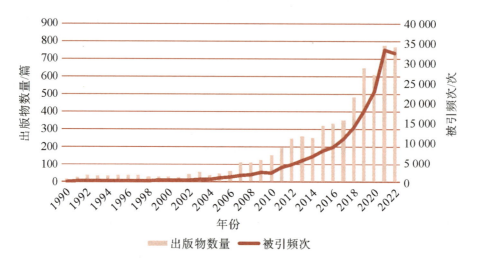

图 2-1 1990—2022 年以"能源贫困"为关键词的出版物数量与被引频次增长趋势

（数据来源：Web of Science 数据库）

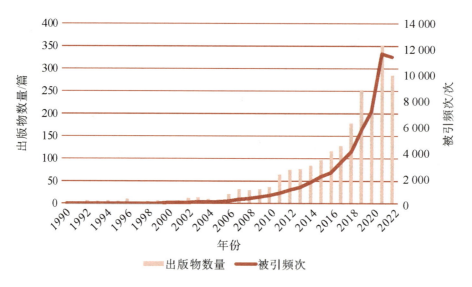

图 2-2 1990—2022 年以"家庭能源贫困"为关键词的出版物数量与被引频次增长趋势

（数据来源：Web of Science 数据库）

图 2-3 展示了 1990—2022 年发表能源贫困研究领域文章数量排名前十的期刊的发文情况，其中，*Energy Policy* 是发表能源贫困相关成果

数量最多的期刊，累计多达 400 篇，其次是 *Energy Research & Social Science*，发表在该期刊上的能源贫困相关文章有247篇。

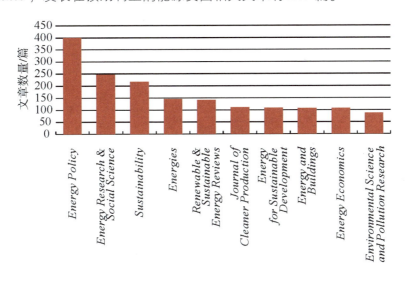

图 2-3 1990—2022 年发表"能源贫困"相关主题成果数量

排名前十的期刊的发文数量

（数据来源：Web of Science 数据库）

随后，本章采用VOSviewer 技术对WOS 数据库中与关键词"能源贫困"相关的核心文献进行关键词共现网络、作者合作网络和国家合作关系网络分析。图 2-4 展示了关键词共现网络图谱，该图谱主要用于理解文献中关键词出现的频次及其之间的关联程度，并且展现了该领域近五年的前沿研究方向。如图 2-4 所示，能源贫困（982）、能源消费（475）、能源效率（275）、燃料贫困（269）和家庭（251）等关键词出现的频率较高，并且疫情、空气污染、可持续发展、收入不平等、碳排放等关键词是能源贫困研究领域的热点研究话题。由此可见，能源贫困的相关研究与各领域热点话题的交叉融合不断得以深化，为持续分析和研判新形势下的能源贫困问题提供了有力支撑。另外，如图 2-5 所示，微观家庭作为能源贫困的研究对象之一，在近年来受到越来越多的关注。微观家庭与能源贫困、能源消费、燃料贫困、能源转型和能源正义等关键词密切相关，并且研究成果的年限主要集中在近五年内，由此证实家庭能源消费与能源贫困之间存在密切联系，且微观层面的能源贫困研究已逐渐成为能源贫困领域的研究前沿和热点话题。

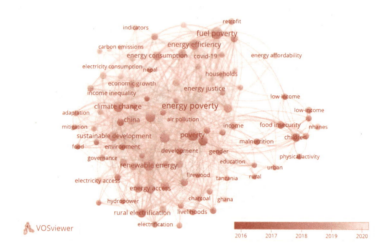

图 2-4　以"能源贫困"为主题的核心文献关键词共现网络图谱

注：该图系作者根据 Web of Science 数据库中与能源减贫相关的 5 408 篇文章的标题、摘要进行共词分析的 VOSviewer 示意图，下同。

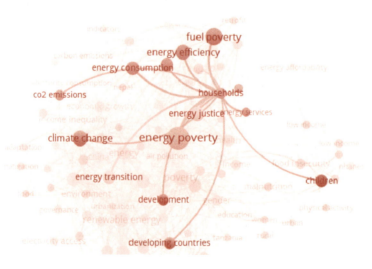

图 2-5　以"家庭能源贫困"为主题的核心文献关键词共现网络图谱

图 2-6 展示了能源贫困研究领域的作者合作网络图谱，该图谱反映了作者之间的联系和他们的协作模式。本章选择发表文献为 9 篇及以上的作者进入图谱，并用不同序号表示相关作者的协作集群。其中，集群①中的作者主要以城市或地域的气候变化为研究切入口，探究能源贫困的缓解策略（Huertas et al.，2020；Pérez-Fargallo et al.，2018）；集群②中的作者主攻能源脆弱性问题，并利用综合分析或指数评估等方法实证研究导致地区或家庭能源贫困的因素（Papada et al.，2019；Castaño-Rosa et al.，2021）；集群③中的作者从政治和政策视角出发，通过借鉴真实案例的方式探讨突破能源贫困的途径（Bouzarovski et al.，2012；Simcock et al.，2021）；集群④中的作者介绍了能源正义与能源贫困之间的关系，着重对未来能源的发展和转型进行了系列研究（Fuller et al.，2016）。基于对作者合作网络图谱的相关分析，本书发现与能源贫困相关的研究队伍逐渐壮大，越来越多的研究者通过实证分析，继而开展政策设计的研究范式，以期实现能源缓贫。

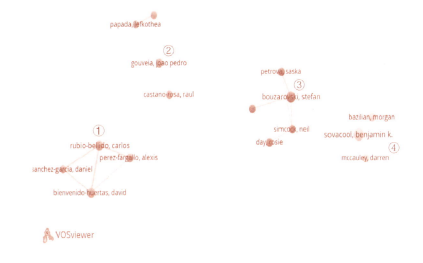

图 2-6 以"能源贫困"为主题的作者合作网络图谱

除了分析文献关键词和相关作者，本书还对世界各国的合作关系网络进行了描绘，如图 2-7 所示。在国家、地区合作关系网络图谱中，来自美国的作者与其他国家作者的合作次数最多（145 次），随后是英国（100 次）、中国（92 次）和澳大利亚（84 次）。英国是能源贫困研究的发源地（Bradshaw et al., 1983），而中国是近年来能源贫困领域研究者频繁聚集的国家，中国能源贫困问题越来越多地受到世界范围内研究者的关注。

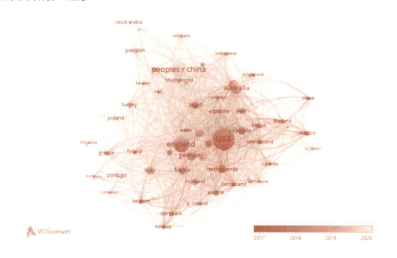

图 2-7　以"能源贫困"为主题的国家或地区合作关系网络图谱

在图 2-8 中，密度圈越大，代表该国或地区与能源贫困主题相关的出版物以及研究成果数量越多。由图 2-8 可知，与能源贫困主题相关的出版物数量最多的是美国（1 458 篇），其次是英国（771 篇）和中国（704 篇）。由图 2-7 与图 2-8 可知，大多数能源贫困研究领域的学者都来自高收入国家或地区的研究机构，且新兴经济体国家如中国的相关研究也在突飞猛进，而其他低收入国家的研究机构及学者还相对分散，影响力也相对较小。值得注意的是，现有文献表明最严峻的能源贫困更多存在于广大发展中国家，除清洁能源获取、能源账单支付等问题外，能源技术落后、能源消费意识薄弱等新难题也开始出现（Castaño-Rosa et al., 2021；Wang et al., 2022）。以能源贫困为主题的研究仍主要集中在发达国家，低收入国家的能源贫困研究成果及相关领域的资深学者仍相对欠缺，因此，广大欠发达国家在探寻能源贫困问题及相关突破策略时，无疑将面临更大的挑战。与此同时，发达国家也在气候变化、国际能源经济体构建等背景下面临新型能源贫困问题（Li，2022），因此，发达国家的能源贫困研究也应开启新视角。

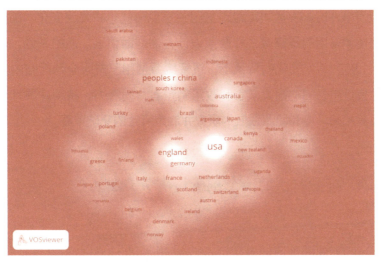

图 2-8　以"能源贫困"为主题的国家或地区合作关系网络密度图

通过对过去三十余年出版的与能源贫困相关的文献进行技术分析，本书证实了能源贫困已成为当下社会和学术界的热点和前沿话题，并且与能源贫困相关的研究在近年来进一步聚焦于微观家庭和中国。一方面，能源作为维持生计和提高生活水平的重要物质基础，家庭层面的能源需求愈发引起政府和学术界重视。另一方面，能源是经济发展的命脉，消除能源贫困是确保社会稳定发展的重要政治任务之一。因此，无论从微观经济体还是宏观经济体视角，能源贫困所产生的负面结果最终都会对家庭能源消费和居民生活质量造成负面影响。中国作为新兴经济体国家，在实现居民电力全覆盖的基础上，人均用电量还是低于高收入国家。由此可见，中国的能源贫困问题与许多发达国家和发展中国家不同（IEA，2020），且由于贫富差距、社会规范和资源禀赋等方面的差异，中国家庭能源消费的选择和决策存在异质性（Lin et al.，2020）。因此，充分认识并解决能源贫困问题是中国当下面临的巨大挑战。

值得注意的是，广大低收入国家的能源贫困问题凸显，相关研究机构需要加大力度培养该领域的研究学者。而发达国家和地区的学者在能源贫困领域的研究较多且相对成熟，在面对世界范围内政策、经济和卫生等方面的突发事件时，发达国家能源贫困的表现形式也将发生变化。因此，发达国家能源贫困的研究范式和政策设计也需与时俱进。总的来说，在后疫情时代和应对气候变化的背景下，缓解能源贫困已成为全球面临的共同挑战，需要世界各国的相关学者和政策制定者共同努力，持续开展针对能源贫困及其相关环境和能源领域的研究并制定有效的突破策略。

2.2　能源贫困的概念剖析与衡量方法演变

2.2.1　能源贫困的概念剖析

本节介绍了能源贫困概念的诞生及其发展历程。本节以文献梳理的方式归纳了能源贫困的多维性、广泛性、异质性和文化敏感性特征（见图2-9），以此回答能源贫困概念在学术界难以达成共识的深层次原因。

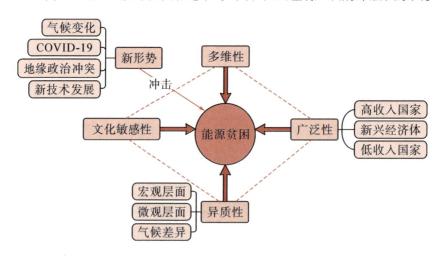

图2-9　能源贫困的概念框架

不断完善的现代能源服务是社会可持续发展的基础（王卓宇，2015），当社会缺乏充足、可负担的能源及其相关服务时，将出现能源贫困。众所周知，贫困是人类发展和获取福利过程中的首要障碍，消除贫困一直是世界各国社会发展的关键目标。联合国开发计划署在《世界能源评估：能源和可持续发展的挑战》报告中强调了能源与贫困之间的密切关系（UNDP，2000），并于2002年在世界可持续发展峰会（WSSD）上明确了能源脱贫与千年发展目标之间的联系，同时还强调获得可靠的、可负担的能源服务有利于消灭贫穷。之后，联合国提出的可持续发展目标（SDGs）致力于消除能源贫困，以"确保人人获得负担得起、可靠和可持续的现代能源"（UN，2015）。由此可见，消除能源贫困问题已成为世界各国的重要目标之一。

通过上述对能源贫困研究历史脉络的分析，本书总结了该领域三十多年的学术发展，发现在全球气候变暖、极端天气频发、地缘政治冲突以及疫情暴发的背景下，该领域的研究与多个社会、经济与环境等热点问题联系紧密，并受到学术界、各国政府和国际组织（如联合国、国际能源署、世界卫生组织、世界银行等）的高度关注。由于能源贫困是贫困的一种表现形式，且具有复杂性与多样性等特征，因此受到能源价格（Okushima，2016）、政策（Choudhuri et al.，2020）、经济和金融水平（Dong et al.，2022；Lee et al.，2022）、教育程度（Apergis et al.，2022）以及其他社会规范等因素（Chaudhry et al.，2021）的影响，同时也易引致诸如经济、健康、环境等多重负面效应（解垩，2021）。例如，在微观层面，众多研究表明能源贫困会造成室内空气污染，将直接损害家庭成员的生活质量，并且严重影响其身体健康和心理健康（Li et al.，2023b）；在宏观层面，能源是消除贫困的重要因素，而能源贫困进一步阻碍了现代社会的发展（Acharya et al.，2019）。因此，在世界范围内，普遍认同解决能源贫困问题是当下全世界实现可持续发展目标的重要且紧急的议题。

然而，当前就能源贫困的概念而言，学术界还没有对此达成共识。

国际社会通常将能源贫困定义为无法获取电力或使用清洁燃料的群体，以及无法享用现代能源服务的状况（王卓宇，2015）。能源贫困最早由Lewis（1982）提出，即依赖于传统生物质能或者固体燃料进行炊事和取暖的行为被视为能源贫困。Boardman（1991）最早对能源贫困进行了量化研究，并将为维持适宜室内温度所消耗的能源成本超出家庭总收入10%的家庭划为能源贫困家庭。该指标逐渐发展为英国衡量能源贫困的官方标准，并广泛运用于世界各国对能源贫困的评估。

随着社会经济发展和能源需求多样化，原来单一的能源贫困概念所衍生的指标评价无法应对当下复杂的能源问题。因此，现有研究开始逐渐推行多维能源贫困概念，以更好地挖掘能源贫困的多维本质。Nuss-baumer等（2012）率先提出多维能源贫困的概念，将多维能源贫困定义为无法获得用以维持人类可持续发展和社会繁荣的清洁能源，并在Alkire和Foster（2010）提出的"双界线法"的基础上构建了宏观层面的多维能源贫困指数（MEPI）。Day等（2016）则将多维能源贫困定义为无法获得负担得起、可靠和安全的能源服务，继而无法满足人类自身的基本生存和发展需求。Njiru和Letema（2018）认同能源贫困是一个多维概念，包括热量摄入、预期寿命、住房质量等方面的贫困。由此可见，从多维度视角探讨能源贫困问题具有相对全面性和精准性。

能源贫困概念在学术界并未达成共识，其原因除能源贫困具有典型多维度特征以外，还有大量研究证实能源贫困问题本身具有复杂性，其具体还表现出广泛性、异质性和文化敏感性等特征。能源贫困的广泛性体现在：截至2021年年底，全球约有7.7亿人无法获得电力，超过25亿人无法获得清洁的烹饪设施，其中每年有约250万人过早死亡与烹饪燃烧导致家庭空气污染有关（IEA，2022b）。能源贫困发生率较高的地区主要集中在撒哈拉以南的非洲和南美洲的低收入国家（World Bank，2021）。这些国家的能源贫困主要体现为以下两方面特征：在宏观层面，能源依赖进口程度高、缺乏发电能力、输配电设施老旧、偏远地区供电成本高、制度不健全等；在微观层面，缺乏清洁能源负担能力、缺乏使用清洁能源的常识、未能获得政府相关能源扶贫补贴（World Bank，2017）。然而，发达国家的能源贫困现状也不容乐观，在美国，大约 30% 的家庭存在能源贫困问题（USEA，2019）；在欧洲，有 3 400 多万人口无法负担适宜室内温度所需的供暖和制冷费用。欧洲每年因使用固体燃料炉造成室内空气污染而导致的死亡人数高达数百万（Apergis et al.，2022）。

　　能源贫困的异质性在宏观层面体现为，能源贫困在不同经济体、不同地域中的表现形式不尽相同，并以此衍生出能源贫困概念在不同经济体之间的差异。能源贫困是发达国家和发展中国家共同面临的问题，但有大量研究表明在发达国家内部，能源贫困更多表现为"燃料贫困"，其核心问题是无法负担基础燃料消费（Teller-Elsberg et al.，2016；Zhang et al.，2019；Lin et al.，2020）。总体上，高收入国家面临的能源贫困风险相对较低，收入水平是影响某类群体是否陷入能源贫困的关键因素。Healy（2003）的研究表明，冬季气温较高的希腊和意大利等南欧国家的人口死亡率高于德国和北欧国家，例如芬兰。其原因在于北欧的经济发展水平更高，政府和居民都有更高的经济能力支付能源供暖费用，以满足居民室内取暖需求；相反，一些南欧国家虽然冬季气候相对温暖，但由于经济水平与北欧国家相比较低，其面对突如其来的降温，没有足够经济实力支付用于抵御寒冷的能源消费，从而无法避免能源贫困引发的生命危机。由于近年来受疫情的冲击，发达国家居民的能源可支付能力下降，其中美国和欧盟国家的能源可支付能力降幅最大，分别达到了 9% 和 11%（IEA，2020）。值得注意的是，发达国家虽然已经具备相对完善的能源基础设施，但是忽略了能源贫困问题。Kodousková 和 Lehotský（2021）研究发现，政府在能源贫困的治理方面并没有出台相关政策措施；Bednar 和 Reames（2020）指出，由于美国缺乏官方对本国能源贫困问题的认定，美国居民的高额能源账单问题长期无法得到有效改善。

　　相比于高收入国家，新兴经济体国家的工业化和城市化进程迅速，然而经济飞速发展导致能源贫困的成因更为错综复杂。例如中国在2015年实施精准扶贫政策以来，在收入方面的减贫成效显著，然而有约50%的中国家庭出现了隐形能源贫困问题（Li et al.，2023b）。由于中国幅员辽阔，能源贫困区域差异性较明显，其中东部地区与中、西部地区的人均电力消费和生物质能消费的差距较大（郝宇 等，2014）。Liang和Asuka（2022）通过构建中国能源贫困综合指数体系，发现北方地区的能源贫困高于南方地区。李世祥和李丽娟（2020）通过能源发展指数（EDI）和泰尔指数发现，中国农村能源贫困区域差异较大，具体表现为东部地区农村能源贫困程度最低，中部地区农村次之，西部地区农村能源贫困程度较为严重，东北部地区农村能源贫困程度最为严重。而在广大低收入国家，如菲律宾、老挝、印度以及非洲国家，能源贫困问题最为严重，这些国家长期面临清洁能源可获得性和可负担性的双重压力（Mendoza et al.，2019；Oum，2019；Sadath et al.，2017）。

能源贫困的异质性特征除了体现在不同经济体与不同地域之间，气候差异也导致能源贫困概念存在不同侧重点。其中，冬季严寒地区的能源需求主要体现在取暖方面。例如英国冬季气候寒冷，能源主要用于满足当地居民在冬季的房屋供暖，然而低收入家庭由于无法支付供暖费用而面临能源贫困（Anderson et al.，2012）。而炎热气候带居民是否陷入能源贫困则主要依靠观测其居住环境是否具备制冷设备以及持续稳定的电力供给（Randazzo et al.，2020）。Feeny等（2021）发现在越南，高温冲击会增加能源贫困的发生率，以此呼吁政府和相关国际组织重视热带地区的能源贫困。此外，有研究发现气候变化对能源贫困产生了影响。一方面，全球气候变化可能会加剧能源贫困（Khan，2019），因为气候变化可能引发极端天气导致更多家庭陷入能源贫困（Wang et al.，2022）。类似也有研究发现，极端高温天气会增加家庭对空调和电风扇等现代能源设备的需求，造成能源支出占家庭总收入的比重提高，从而加大家庭能源返贫的可能性（Chai et al.，2021）。另一方面，

Churchill 等（2022）发现气候变化减缓了澳大利亚的能源贫困，因为全球气候变暖致使寒冷天气变少，从而减少了居民供暖需求，降低了温带地区能源贫困的发生率。

除了宏观层面存在能源贫困异质性，微观家庭层面能源贫困的异质性特征更为明显。家庭作为能源消费的最小单位主体，由于每个家庭的生活习惯、社会经济地位和成员组成不同，因此不同家庭的能源消费行为也不同。能源消费行为不同使得能源贫困的表现形式也不尽相同。例如，家庭的收入水平决定了其能源消费的支付能力，低收入家庭会选择污染大、效率低的廉价能源，从而面临能源贫困的风险更高（畅华仪等，2020），这类家庭的能源贫困主要体现为污染能源的广泛使用或者无法支付清洁能源。又如，家庭人口结构的不同导致家庭能源消费决策具有异质性，继而凸显能源贫困的异质性特征（Hills，2011）。独居老人很可能成为能源贫困的高发人群，例如，独居退休夫妇的人均能耗是户主年龄为 35~64 岁且有 2 名未成年人的工薪家庭的 1.65 倍，是户主年龄为 25~34 岁且没有未成年人的工薪家庭的 1.23 倍（童泉格 等，2017）。不同性别的居民在面临能源贫困风险上存在异质性，有研究证实女性虽然倾向于选择清洁能源（Li et al.，2019a），但是基于经济基础和社会规范，女性收入水平比男性低，同时承担了薪柴收集和炊事活动，从而发现户主为女性的家庭更容易陷入能源贫困（Ngarava et al.，2022；Winther et al.，2020）。

能源贫困还具备文化敏感性特征。最新文献表明，能源贫困的研究还需要纳入对研究对象所处地区社会规范的考察（Li et al.，2023；Meyer et al.，2018）。Chaudhry 和 Shafiullah（2021）指出，文化多样性对世界各国的能源贫困产生了影响，包括种族多样性（Dogan et al.，2022）、多民族地区的宗教信仰（Li et al.，2022）等均可能引发能源贫困。基于此，从文化视角分析不同地区、不同阶段的能源贫困特征，有助于有关部门因地制宜地评估能源贫困，继而制定符合本国国情的能源减贫方案。

本节通过详细梳理和归纳能源贫困的概念，发现其具备多维性、广泛性、异质性、文化敏感性等特征，再叠加社会、经济在宏观和微观层面出现的新形势，以及气候变化加剧等外部环境变化，将进一步导致能源贫困问题变得错综复杂，能源贫困表现形式呈现多样性。因此，即使当下学术界无法达成统一的能源贫困概念，其相关指标衡量、影响因素探讨以及政策评估的重要性也不言而喻，这一系列研究对于缓解能源贫困，提高居民用能福利，实现全人类可持续发展具有重要意义。

2.2.2 能源贫困的衡量方法演变

当前，由于能源贫困的概念在学术界未达成统一认识，且在不同社会发展阶段和地区存在不同侧重点，因此能源贫困的测度方法也各不相同。本节将能源贫困的衡量方法大致归为三大类：古典衡量方法，主要包括10%指标、最低收入标准（MIS）指标以及低收入高消费（LIHC）指标；成熟衡量方法，包括多维衡量方法、主客观指标衡量法等；以及最近兴起的系列前沿衡量方法，包括隐形能源贫困指数、运用机器学习和人工智能等方式构建的能源贫困指标。不同衡量方法的代表文献及优缺点如表2-1所示。

表2-1　能源贫困的衡量方法及其优缺点

衡量方法	应用地区	代表文献	优点	缺点
古典衡量方法列举				
10%指标	英国、希腊、西班牙、中国	Boardman，1991；Papada、Kaliampakos，2016；张朝忠，2014	1. 计算简单；2. 易于跨地区比较；3. 数据易得	1. 受能源价格影响较大；2. 10%阈值缺乏科学依据；3. 不适合社会经济发展现状
最低收入标准（MIS）指标	英国、意大利、德国、西班牙	Moore，2012；Miniaci et al.，2014；Heindl，2015；	1. 可衡量家庭脆弱性；2. 从收入角度衡量能源贫困	难以统一划分低收入标准

表2-1（续）

衡量方法	应用地区	代表文献	优点	缺点
低收入高消费（LIHC）指标	英国、澳大利亚、德国、中国、法国	Hills，2011；Boltz、Pichler，2014；Heindl，2015；Lin、Wang，2020；Legendre、Ricci，2015	不仅考虑能源支出，还考虑收入门槛	1. 指标的阈值设定具有随意性； 2. 双重指标很难从因果关系中分离出来
成熟衡量方法列举				
基于 Sen 的可行能力指数	英国、印度	Day、Walker，2016；Walker、Day，2012；Sadath、Acharya，2017	1. 从可行性角度定义了能源消费； 2. 强调实行政策干预	应用范围较少
能源发展指数（EDI）	全球范围内	IEA，2004	1. 获取数据方便； 2. 具有一定时效性	1. 指标赋权存在不合理之处； 2. 不能进行准确的跨时期比较
多维能源贫困指数（MEPI）	非洲、加纳、印度、中国	Nussbaumer et al.，2012；Ahmed、Gasparato，2020；Sadath、Acharya，2017；Wang、Lin，2022	1. 同时关注能源贫困发生率和强度； 2. 采用微观家庭数据，应用范围较大	1. 对数据的要求较高； 2. 忽略了社会规范等非经济指标； 3. 取平均值后重要能源贫困特征容易被隐去
主观指标法	爱尔兰、欧盟、中国、西班牙	Healy、Clinch，2004；Petrov et al.，2013；李慷等，2014；Aristondo、Onaindia，2018	1. 指标的灵活性较强； 2. 应用范围较广； 3. 可以用于微观家庭的跨国分析； 4. 可以将文化和个人偏好纳入考虑	1. 具有较强的主观性，评判标准无法统一； 2. 个人主观感受易受文化差异和个人偏好影响； 3. 一般和客观指标联合使用
前沿衡量方法列举				
隐形能源贫困（HEP）指数	意大利、西班牙、奥地利、中国	Betto et al.，2020 Eisfeld et al.，2022；Li et al.，2023b	能够有效挖掘潜在能源贫困群体	不适用于低收入国家和地区

表2-1(续)

衡量方法	应用地区	代表文献	优点	缺点
人工智能(AI)技术	欧洲、荷兰、中国	López-Vargas et al.,2022; Longa et al.,2021; Wang et al.,2021	1. 能够较全面地识别能源贫困群体; 2. 结果的准确性较高	缺乏大数据导致模拟结果存在偏误

（1）古典衡量方法。

古典衡量方法大多发源于能源贫困研究的早期，因度量指标数据不足，这类衡量方法大多仅设定单一指标测度能源贫困，且大多是基于收入和燃料支出估算能源贫困的一个大致状况。

10%指标最初由 Boardman（1991）提出，其将生活用能支出超过家庭总收入的10%的家庭划为能源贫困群体。并且英国政府在2001年将该指标作为官方的能源贫困的测算方法，为其缓解能源贫困和制定相关政策提供了很好的研究思路（Healy et al.，2002），同时10%指标也是一系列能源贫困研究所遵循的指标（Dubois，2012；Papada et al.，2016；张忠朝，2014；Lin et al.，2020）。

然而10%指标的衡量方式过于简单且具有时代和地域的局限性（Papad et al.，2019；Healy，2017）。因此，Hills（2011）提出低收入高消费（LIHC）指标，并指出能源贫困的主要特征是满足基本生活需求的生活用能成本高于社会平均水平，且剩余收入低于官方经济贫困线。根据该指标进行测算，当家庭收入低于某个贫困阈值，且能源成本高于能源消费阈值时，该家庭为能源贫困家庭。相对于10%指标，设定两个阈值的LIHC指标相对精确地测度了能源贫困家庭，逐渐成为英国政府继10%指标之后度量能源贫困的替代指标。

同样，最低收入标准（MIS）指标在10%指标基础上充分考虑了收入因素，有助于衡量家庭处于不同经济水平时的能源脆弱性；其基本观点是：在满足住房和其他基本生活需求后，无法支付基本能源账单的家庭属于能源贫困群体。Moore（2012）首次运用MIS指标计算了英国的燃料贫困状况；Panão（2021）通过统计分析发现，MIS 指标相对于其他以收入为指标的能源贫困衡量方法更加稳定。

（2）成熟衡量方法。

随着能源贫困研究的逐渐兴起，能源贫困的衡量方法得到更加广泛的发展。基于 Sen 的可行能力指数是由 Sen 提出的能力方法发展而来的，该方法首次尝试从多个维度测度能源贫困，随后一系列多维度能源贫困衡量方法不断兴起（Nussbaum，2000；Nussbaum et al.，2011；Nussbaum et al.，1993）。Day 等（2016）将能力理论框架和能源贫困联系起来，为研究能源贫困提供了新视角；Middlemiss 等（2019）从建立关系的能力、获得尊严的能力和社会参与能力三个角度出发，探讨了能源贫困相关问题。

能源发展指数（energy for development index，EDI）由国际能源署提出（IEA，2004），该指数结合了人均商业能源消耗、商业能源在最终能源使用量中的份额以及用电人口占比三个指标，以衡量不同国家的多维能源贫困程度，该指数通常应用于发展中国家对能源贫困的衡量。虽然能源发展指数的数据获取较为容易（IEA，2010），但是该指数的评估结果更适合区域比较分析（Lin et al.，2020），很难运用于微观能源现状分析。

多维能源贫困指数（multi-dimensional energy poverty index，MEPI）由 Nussbaumer 等（2012）提出，广泛应用于相关研究对能源贫困的衡量（Abbas et al.，2022；Rao et al.，2022；Liang et al.，2022）。MEPI 是基于 Alkire 和 Foster（2011）的双边界线法和 Sen（1999）提出的可行能力指数，从能源剥夺角度构建的指数，主要从烹饪、照明、家用电器、娱乐教育和通信五个维度估算能源贫困发生率和能源贫困者的平均剥夺强度，该指数为定义和衡量家庭能源贫困提供了一个更为灵活的方法（Mendoza et al.，2019）。

主观指标法主要通过问卷调查或者访谈等方式，获得受访者及其家庭的能源消费习惯、态度等信息，主要包括主观自我报告指标和共识法

（Healy et al., 2002；Fahmy et al., 2011；Farrel et al., 2021；Prakash et al., 2022）。一方面，主观指标可以纳入对个人偏好以及地域文化的考察（Igawa et al., 2022）；另一方面，主观指标法缺乏可靠性（Churchill et al., 2020），且很难统一评判标准（Thomson et al., 2017；Karpinska et al., 2020a）。因此，在用主观指标法衡量能源贫困时，普遍与客观指标相结合而非单独使用（Churchill et al., 2022；Munyanyi et al., 2021；Llorca et al., 2020）。

（3）前沿衡量方法。

基于现有衡量方法的缺陷和社会经济的不断发展，能源可支付性不再是衡量能源贫困最重要的维度（Igawa et al., 2022）。因此，一些学者提出隐形能源贫困指数，以侧重考察能源消费是否满足人类生存的基本需要（Meyer et al., 2018；Papada et al., 2020；Karpinska et al., 2020b；Cong et al., 2022；Li et al., 2023b）。随着大数据及相关数据抓取技能的快速发展，人工智能（Hassani et al., 2019；Rajić et al., 2020；López-Vargas et al., 2022；Papada et al., 2022）以及机器学习（Wang et al., 2021；Abbas et al., 2022）等方法得以发展并用于更为精准地评估能源贫困。

隐形能源贫困群体是指非低收入但能源消费偏低的群体，该类能源贫困难以用 LIHC 指标、MIS 指标以及多维能源贫困指数等衡量方法准确识别。隐形能源贫困的概念源于 Meyer 等（2018）所提出的能源贫困晴雨表，该研究将隐形能源贫困定义为家庭自愿或被迫限制满足舒适生活能源消费的情形。隐形能源贫困受建筑物能源效率低下、收入水平低、能源消费量低等因素的影响（Betto et al., 2020；Yip et al., 2020）；该指数在特定国家具有典型的时代特征和地域适用性，例如隐形能源贫困率先在发达国家的能源贫困研究中得以运用，包括意大利（Betto et al., 2020）、奥地利（Eisfeld et al., 2022）、美国（Cong et al., 2022）等；新兴经济体国家于近期也展开了对隐形能源贫困的测算，例如中国（Li et al., 2023）。

随着人工智能（AI）技术的广泛应用，能源贫困也可借助人工智能相关技术进行衡量（López-Vargas，2022）。其中基于人工神经网络的算法（Pino-Mejías et al.，2018；Rajić et al.，2020；Papada et al.，2022）和决策树（Hurst et al.，2020）是人工智能技术在能源贫困研究中常用的算法模型。Hassani 等（2019）研究了大数据的潜力以及人工智能在能源贫困应对中的应用。Rajić等（2020）为了改进能源需求部门的规划和预测功能，利用真实社会经济数据和 ENXRX 神经网络模型分析了能源贫困。然而由于数据和变量有限，目前使用 AI 技术识别能源贫困存在模型估算有偏的可能（López-Vargas，2022）。随着大数据的进一步开发以及物联网的迅速发展，AI 技术逐步运用到微观家庭数据中。此外，来自社交媒体的数据已成为获取相关社会经济等信息的重要来源（López-Vargas，2022）。

作为人工智能的分支，一些研究将机器学习模型运用于能源贫困的衡量，以此提高能源贫困预测的准确性和减少调研成本（Longa et al.，2021；Wang et al.，2021）。以机器学习方法为例，能源贫困的衡量开始向跨学科方向发展，机器学习运用于能源贫困研究的优势体现为以下三方面：一是相比传统回归方法，机器学习的估算过程更加高效；二是可以在复杂的数据中找到深层次的数据关联；三是能够更灵活地处理非线性模型。Hove 等（2022）通过机器学习方法研究欧洲能源贫困风险，发现收入、家庭规模和建筑面积是影响能源贫困的三个重要预测因子，并将陷入能源贫困风险的准确率控制在 60%~75%。同时，机器学习方法也用于能源贫困预测，Longa 等（2021）利用机器学习方法预测荷兰的能源贫困，其准确率高达 80%，并且发现除了收入，人口密度和房屋产权也是影响能源贫困最重要的驱动因素；Wang 等（2021）将机器学习和遥感技术相结合，通过降雨量和细颗粒物（PM2.5）这两个环境指标对印度能源贫困展开地区预测，其预测精准率超过 90%。Abbas 等（2022）利用监督机器学习方法对亚洲和非洲的五十多个国家进行多维度能源贫困评估，发现家庭的经济状况、房屋的规模、房屋的所有权、婚姻状况、居住地位置是影响发展中国家多维能源贫困最大的社会经济因素。

综上所述，能源贫困的衡量方法随着该领域研究的深入层出不穷，不同国家和地区在能源贫困的衡量上存在差异性和变化性。在古典衡量方法的基础上，近年来衡量方法开始纳入现代化技术和地方特色指标。对能源贫困的衡量方法进行探索和梳理，已经成为政策制定者对能源实施精准扶贫的关键。

2.3 世界能源贫困研究

诸多文献表明，国家经济发展水平决定了能源贫困的表现形式。例如，发达国家的能源贫困特征主要体现在能源可负担性方面（Bonatz et al.，2019），而发展中国家的能源贫困则主要体现为可负担性和可获得性（Zhang et al.，2019）。但事实上，可获得性和可负担性之间的界限正随着全球化和世界各国经济水平的整体提高变得模糊，能源贫困的表现形式也在突破发展中国家和发达国家的界限，呈现多元化特征（Igawa et al.，2022）。因此，本节通过洞悉以上变化，纳入卫生事件、俄乌冲突以及高科技发展等外部环境冲击，系统分析全球能源贫困问题及其最新变化形势。

通过对一系列高收入国家的能源贫困研究进行梳理发现，即使他们的能源贫困特征相似，但因不同国家对能源贫困的认知不同，其处理方式也有所不同。以英国和美国为例，两国政府对能源贫困的认可度不一（Bednar et al.，2020）。英国作为能源贫困研究的起源地，官方拟定了一系列能源贫困战略（HM，2015），这一举措不仅弥补了英国能源贫困数据的缺失，还帮助政府掌握了更多关键信息以应对因气候变化而加剧的能源贫困现象（Dobbins et al.，2019）。除此之外，英国政府在2000 年制定了"15 年内解决所有家庭能源贫困现状"的目标，这一官方认识促使英国政府在法律层面提出了一系列能源反贫困战略（Liddell et al.，2012；Thomson et al.，2016）。相反，2015 年美国能源信息署预估有 1 700 万家庭因未及时缴纳能源相关费用而被中断能源供给，有 2 500 万家庭为支付能源账单而被迫放弃部分食物和药物的购买（US EIA，2015），上述家庭即处于能源贫困（Hernández，2016）。然而美国官方并未对能源贫困进行详细界定，导致政府并无针对能源贫困问题的应对措施（US EIA，2015；Bednar et al.，2020）。由此可见，政府缺乏对能源贫困的重视，在一定程度上将难以应对愈演愈烈的能源贫困问题（Dobbins et al.，2019）。

继英国成为世界上第一个正式承认能源贫困并对其做出战略反应的国家（Bednar et al.，2020），欧盟和经济合作与发展组织（OECD）的其他高收入国家也陆续出台了一系列反能源贫困措施，欧盟于 2009 年通过立法正式将能源贫困概念纳入临时能源方案（Bouzarovski，2018），并进一步鼓励成员国加强对能源贫困问题的认识并采取有针对性的行动（Dobbins et al.，2019）。紧随欧盟之后，为了计算更客观的能源贫困指标，由 OECD 修订的家庭收入量表已经成为衡量能源贫困指标的常见方案（Herrero，2017）。

除高收入国家以外，金砖五国作为拉动世界经济增长的重要国家，能源贫困问题也逐步引起其重视。金砖五国一次能源需求将于 2025 年占据全球的 38%（Doğanalp et al.，2021）。现有研究表明，金砖国家均出现了不同程度的能源贫困问题，且在一定程度上阻碍了本国社会经济发展（Raghutla et al.，2022）。在能源结构体系中，电力消费已成为决定经济发展最重要的因素之一（Ghali et al.，2004；Chang et al.，2014）。世界银行报告显示，俄罗斯、巴西和中国的电力供应率在 2018 年达到 100%，实现了国内居民电力全覆盖；印度和南非的电力供应率在 2018 年分别为 95.23% 和 91.22%（IEA，2020）。

具体而言，俄罗斯、巴西和中国已出现了一系列能源贫困应对措施，但当下的能源扶贫任务长期且艰巨。就俄罗斯而言，其丰富的能源资源保证了国内能源系统的稳定性以及满足了家庭的能源需求，因此俄罗斯的能源贫困程度较低（Novikau，2021）。不同于俄罗斯的是，尽管巴西早已依靠丰富的可再生能源实现电力供应全覆盖（Udemba et al.，2022），但家用电器设备的拥有率在家庭之间分布不均匀，该国11%的人口无法实现真正意义上的电力消费（Grottera et al.，2018）。中国作为新兴经济体国家，能源贫困问题较为严重，特别是在中国农村，能源贫困人口占比高达44%（解垩，2021）。

印度和南非在电力供应方面虽然取得了巨大进步（IEA，2019），但能源贫困问题仍需引起重视。截至2018年4月底，印度实现了全国电气化覆盖（Patnaik et al.，2018）。然而随着印度社会经济结构的快速转变和城市人口比例的不断提升，人们对能源及其设备的需求持续增加（Wolfram et al.，2012；Gertler et al.，2016），可能导致因能源供给不足而产生能源贫困问题。Gupta等（2020）的研究表明，印度约有29%的家庭处于严重能源贫困，65%的家庭存在一般性能源贫困问题。类似于印度，南非能源贫困人口占比也超过50%，且能源贫困的严重程度普遍偏高（Ye et al.，2021）。虽然南非的电气化率从1996年的25%上升到2019年的85%（Van Niekerk et al.，2022），但是南非的能源贫困程度与金砖五国的其他国家相比较为严重，其主要原因是南非居民收入普遍偏低（Leibbrandt et al.，2016）。总体来说，印度和南非的能源贫困问题在金砖五国中最为严重，虽在近年来得到一定缓解，但仍然面临巨大挑战（Gupta et al.，2020）。

高收入国家的能源贫困以英国为发源地，其较早出台了一系列应对措施（Bouzarovski et al.，2015），而中低收入国家的能源贫困问题则在2000年年底才逐渐引起广泛关注（Birol，2007）。相比于南非，撒哈拉以南的非洲大多处于低收入水平，能源贫困问题最为严重。在全球无法使用电力的人口中，有75%来自撒哈拉以南的非洲（IEA，2021）。除此之外，南亚和东南亚的能源贫困问题也很突出（Igawa et al.，2022）。其中，南亚主要因能源服务的获取极不可靠，成为世界上能源贫困的典型地区（Alalouch et al., 2017）。

在俄乌冲突和后疫情时代背景下，新兴技术层出不穷，世界各国均面临来自社会多方面的变革和挑战，继而影响到宏观层面的能源供给和微观层面的能源消费，最终影响能源贫困。疫情是一场健康、经济和社会危机，甚至是一场能源正义危机（Sovacool et al., 2020；Hoang et al., 2021）。疫情暴发以来，世界各国实施了不同程度的封控政策以控制病毒的传播，严重冲击了世界经济，能源需求、能源市场价格以及能源部门投资在疫情期间出现了不同程度的波动，对全球能源系统造成了巨大影响。与此同时，越来越多的学者展开了疫情下的能源贫困研究（Li, 2022；Ambrose et al., 2021；Carfora et al., 2022）。一方面，疫情产生的一系列后果阻碍了世界能源扶贫进程。首先，疫情对能源贫困有直接的影响，具体表现为疫情期间实施的居家封控政策增加了家庭能源消费活动，包括居家办公、在线购物、家用电器以及供暖或制冷所产生的能源消费等，从而导致家庭能源消费增多（Meinrenken et al., 2020）；与此同时，疫情期间的封控政策造成较高的社会失业率，导致家庭收入减少，较多家庭无法负担高额的能源账单（Graff et al., 2020；Memmott et al., 2021；Pereira et al., 2023）。例如，西班牙受疫情影响，导致大量家庭因无法承担高额能源账单而陷入能源贫困（Bienvenido-Huertas, 2021）。其次，疫情对能源贫困的间接影响体现在其导致全球经济衰退，继而加剧了不同经济体之间的能源不平等（IMF, 2021），从而增加了微观层面家庭陷入能源贫困的风险，且这种现象在农村地区和能源弱势群体中尤为突出（Abu-Rayash et al., 2020）。另一方面，疫情在某种程度上带来了短暂的环境红利，是各国能源转型的"催化剂"（张锐 等，2021；廖华 等，2021）。通过较为长期的疫情封控，可能会促使居民能源消费行为的结构性升级（施瓦布 等，2020），继而提升能源使用效率，降低家庭能源贫困的发生率和强度。

此外，最新研究还发现地缘政治引发的冲突给世界能源体系带来了不稳定和不安全因素，加剧了能源危机，进而促使能源贫困概念具备多变性和多样性。在武装冲突的叙利亚地区，战争破坏了大部分用于发电、传输和分配能源的基础设施，该地区丧失了能源供给的自主性，导致能源不稳定性和能源贫困问题加剧（Omar et al.，2023）。俄乌冲突扰乱了世界能源市场，俄罗斯将石油和天然气价格抬升至十年来的最高水平，势必引发俄罗斯能源进口国的能源贫困危机（Bricout et al.，2022；Hafner et al.；2020），此时的能源贫困突出表现为能源不安全。

新兴技术的发展对能源贫困也产生了一系列影响。2020年以来，以碳捕捉、利用和储存等为主的低碳技术得到广泛开发，太阳能光伏和风能等新能源技术的使用也愈发普遍（IEA，2021）。同时，数字技术也在全球能源系统中得到广泛应用，例如智能电网通过收集和协调发电机、系统运营商、最终用户和电力市场利益相关者的数据，降低了成本和环境影响的同时提高了电力系统的可靠性、弹性和稳定性，使电力系统更有效地运行（IEA，2022a）。因此，新型技术可以为缓解能源贫困提供新思路：首先，清洁技术不仅可以提高能源使用效率、降低生产成本，还可以降低石油和天然气产生的碳排放强度（Sohag et al.，2015）；其次，数字技术可以通过一些方式（如分布式分类账技术和区块链技术）为能源市场提供安全的支付系统和检测系统，使能源市场更稳定；最后，传感器、无人机等其他先进技术为维护能源系统网络提供了便利，同时还可以通过机器学习技术构建大数据，以评估能源贫困（Wang et al.，2021）。然而，新兴技术的不当运用也可能引发能源贫困风险。能源消费具有反弹效应，技术进步带来的能源效率的提高，将导致能源价格下降，从而刺激人们对能源的需求。

本节内容突破发达国家和发展中国家界限，通过对世界各国能源贫困相关文献进行梳理得出如下结论：首先，官方对能源贫困的认知程度会直接影响能源扶贫进程。因此，加强官方对能源贫困的全面认识，有助于促进各国尤其是高收入国家对能源贫困做出更精准的应对。其次，国家的经济发展水平与能源贫困程度直接挂钩，但能源贫困也受到各国的历史发展、资源禀赋、居民习惯等的影响。因此，新兴经济体国家（特别是中国）的能源贫困问题因蕴含本国的社会发展特征，很难一概而论。低收入国家的能源基础设施虽然在不断完善，但其能源贫困问题依然在全世界范围内最为突出，且低收入问题逐渐成为全世界共同面临的能源贫困问题。最后，国际局势、卫生事件以及高科技对各国能源贫困问题造成了不同程度和不同层面的影响，也出现了能源不稳定和不安全等新特征。

2.4 中国能源贫困研究

2020 年年底，我国脱贫攻坚战取得了全面胜利，完成了消除绝对贫困的艰巨任务；然而中国的减贫事业并未结束，反贫困的战略重心由"消除绝对贫困"转向"建立解决相对贫困的长效机制"。因此，社会各界需要重点关注因发展不平衡、不充分带来的相对贫困问题（王大哲 等，2022；桂华，2022；张林 等，2022）。习近平总书记在中国共产党第二十次全国代表大会上强调，"中国式现代化是全体人民共同富裕的现代化"，要"着力维护和促进社会公平正义"，而能源贫困作为相对贫困和新型贫困类型之一（刘自敏 等，2020），若不加以治理，将扩大中国家庭能源消费不平等现状，甚至阻碍中国实现共同富裕的前进步伐。在宏观范畴上，梳理和分析中国能源贫困有助于人们更全面地理解其总体特征和动态变化趋势，进而宏观布局切实可行的能源减贫目标和推进能源缓贫进程；在微观范畴上，中国幅员辽阔，千千万万个家庭的能源消费行为迥异，人们亟须认识和探析这些行为及其产生的原因，以制定针对性、多元化和差异化的能源减贫政策，并最终为切实解决居民能源消费过程中的具体困难提供适宜的政策参考。因此，本书从自上而下的宏观层面和自下而上的微观层面梳理文献，以此分析中国的能源贫困问题。

2.4.1 中国宏观能源贫困研究

尽管中国通电人口比例于 2015 年达到 100%（World Bank，2016），这一目标的实现无疑大大提升了中国清洁能源的可获得性，但中国能源贫困仍然存在（Zhang et al.，2023）。从中国能源贫困的空间分布来看，能源贫困程度较高的地区主要集中在北部和西部省份；而能源贫困程度较低的地区则集中在东部沿海和南部省份（Zhao et al.，2021）。这与中国区域经济发展水平的分布一致（刘自敏 等，2023）。从中国能源贫困的城乡差异来看，城市能源种类丰富，且其中非固体燃料占整体生活能源消费的 93.64%；农村能源消费结构较为单一，以传统生物质能为主要生活用能的状态一直延续至今（吴文昊，2020），可见农村居民在清洁能源可获得性方面仍存在较大提升空间。

同时，当下能源贫困问题对中国社会、经济和环境方面的宏观目标造成了不利影响：一是能源贫困阻碍了中国可持续发展进程，引致了诸多生态环境问题，进而不利于一系列可持续发展相关目标的实现（徐盈之 等，2020）。二是能源贫困阻碍了"双碳"目标的实现。中国力争在 2030 年前实现"碳达峰"、2060 年前实现"碳中和"，然而燃烧污染化石能源的消费模式会加速二氧化碳的排放。有研究表明，能源贫困发生率每增加 1%，二氧化碳排放量就增加 0.17%（Zhao et al.，2021）。三是能源贫困会降低农业生产率。农业作为中国的基础生产部门，关系着国计民生和粮食安全，农村能源贫困会显著降低农业技术效率，进而削弱农业生产力（Shi et al.，2022）。因此，现有大量研究尝试从宏观视角探索中国能源减贫的新出路。

首先，在衡量方法上，现有研究运用宏观数据和统计方法，构建了多个能源贫困指数。例如 Wang 等（2015）构建了中国能源贫困综合指数，从国家和地区层面得知中国能源贫困总体呈现减缓趋势；而 Wang 等（2017）基于能源发展指数的概念，结合中国能源发展的现实情况构建了清洁能源发展指数，并证实开发可再生能源可以增强现代能源服务的供给能力。Lu 等（2022）利用综合模糊绩效评估技术，全面系统地评估了中国 30 个省份在 2007—2017 年的能源减贫绩效，研究结果表明东部沿海的省份能源减贫绩效较好，而西北省份的能源减贫绩效较差。此外，Liang 和 Asuka（2022）基于熵加权法，构建了适用于中国国情的多维能源贫困指数，并指出宏观层面的能源贫困衡量应进一步细化，并纳入能够反映中国能源扶贫和清洁能源发展等政策效应的指标。因此，构建宏观能源贫困指标可以更全面地了解中国能源贫困的总体特征，有助于厘清能源贫困与国家和地区社会经济发展之间的关系，并为制定能源减贫的相关政策提供更为全面的宏观分析。

其次，现有能源相关政策大多是自上而下地开展一系列能源扶贫活动的。现有研究证实了宏观层面的能源相关政策有助于推动能源缓贫与低碳能源转型高效协同发展（Dong et al.，2021b）。例如，中国太阳能光伏扶贫项目提高了农村地区清洁能源的可及性，有效缓解了中国农村能源贫困（Zhao et al.，2023）；同时，天然气等清洁能源在农村地区的普及有助于构建中国农村多元化能源消费结构，进而缓解能源贫困（Dong et al.，2021a）。有鉴于此，为了推进能源缓贫进程，政府应持续深化能源体制改革，推动能源按类别市场化发展；同时还要完善能源市场体系，改变现有扭曲的资源价格体系，促进能源产业转型升级。

最后，现有研究发现金融的发展对减贫产生了积极影响（Zameer et al.，2020；Han et al.，2019）。近年来，金融及其相关服务也开始应用于能源扶贫。最新研究表明，普惠金融的发展壮大有助于提升能源服务以及完善能源管理机构的建设（Dong et al.，2022）；在有信贷、保险和投资等普惠金融服务全面覆盖的农村地区，其抵御能源贫困风险的能力显著增强（Wang et al.，2023）。其中，绿色金融可通过加快技术创新和优化产业结构，并通过大力投资清洁能源技术缓解能源贫困（Zhao et al.，2022）。另外，中国的市场化改革向市场和企业传递了众多有效信息，为缓解农村地区的能源贫困指明了方向（Ren et al.，2022）。因此，政府部门应当持续推动金融机构的发展，特别是助力绿色金融项目的推广，并在此基础上探索普惠金融和绿色金融的差异化发展模式，使更多金融红利惠及能源扶贫领域，提升能源扶贫政策的效果。

2.4.2　中国微观能源贫困研究

根据上述对能源贫困文献的系统分析，本书发现微观家庭层面能源贫困的研究于近 10 年蓬勃发展。中国作为最为重要的新兴经济体，其家庭能源贫困问题也逐渐成为能源贫困研究领域的重要组成部分。特别是近年来，随着中国各大微观调查的兴起，建筑采光情况（Zhu et al.，2018）、能源设备效率及其使用情况（Li et al.，2019b）等能源设备及服务的相关信息为中国微观层面的能源贫困研究提供了重要的数据支撑。同时，人工智能以及机器学习等方法运用于数据的搜集和分析之上，进一步拓展了微观层面的能源贫困研究。本节主要从微观视角出发，分析中国家庭能源贫困的特点和探讨自下而上的能源缓贫策略。

中国长期以来的城乡二元经济结构致使脱贫攻坚聚焦农村地区的绝对贫困，容易忽视城镇居民的相对贫困问题（李昭楠 等，2022）。类似地，中国微观家庭能源贫困研究也主要集中于能源贫困特征较为突出的农村地区，虽然相关政策取得了一定能源扶贫成效（李世祥 等，2020；赵雪雁 等，2018；解垩，2021），但是最新研究表明，中国城镇家庭的能源贫困问题依然较为严峻，能源贫困发生率达 20%（傅佳莎 等，2022）。李世祥等（2020）指出城镇家庭能源贫困的相关研究并不充分，更鲜有研究对城乡能源贫困问题进行深入比较并提出应对措施。因此，聚焦中国城乡家庭能源贫困的差异性，通过深入了解不同地区城乡家庭能源贫困的特征和困境，进而精准落实农村家庭能源缓贫措施的同时，多措并举推动城市家庭能源贫困的帮扶，有助于从全局视野缓解中国能源贫困问题，更能有效促进城乡关系迈向融合发展，最终促进城乡高质量发展以实现共同富裕目标。

相对于宏观层面，微观层面的能源贫困研究更容易凸显家庭能源消费主体的相关认知、态度与行为，从而有助于剖析能源贫困产生差异化的原因。如 Bai 和 Liu（2013）研究发现，由于消费主体的知识水平和所处环境的不同，会出现意识与行为存在鸿沟的现象，从而使其认知与实际行动不一致。因此，更高的教育水平是推动城市家庭能源设备升级换代而促成能源减贫的有效助力，还是导致能源浪费而增加家庭能源消费的经济负担，这是在微观层面有待探讨的问题。

除此之外，影响中国家庭能源贫困的因素在现有微观层面的研究中得到了充分探讨，包括家庭收入水平（李世祥 等，2020；Lin et al.，2020；Wang et al.，2022）、身心健康水平（刘自敏 等，2020；Zhang et al.，2019；Zhang et al.，2021a）、家庭能源效率（杨丹 等，2022）、学习成绩和教育水平（Zhang et al.，2021b）等。而社会规范和传统文化更能反映当地居民的能源消费行为，是微观能源贫困研究领域的前沿方向。例如，社会网络和社会资本对能源贫困的缓解具有积极影响（Ren et al.，2023）；礼尚往来的社会规范虽然有助于维系社会关系网络，但是过多的交往会加重家庭经济负担，反而导致部分家庭陷入能源贫困（Li et al.，2023b）。

从政策角度来看，解决能源贫困可以从以下几个方面入手：一是通过提高家庭经济收入来提升家庭能源消费的负担能力（Wang et al.，2022），如鼓励农民从事非农工作，以增加家庭收入，进而改善能源贫困状况（Lin et al.，2021）；二是制定相应环境规制促使家庭能源消费升级，比如 2015 年实施的新《中华人民共和国环境保护法》（以下简称《环境保护法》），迫使依赖柴薪等传统固体燃料的家庭转向使用清洁高效的现代能源（Ma et al.，2022）；在北方地区实施的家庭清洁取暖政策促使家庭燃料由煤炭转向电力、天然气以及清洁煤炭等（Xie et al.，2022）；三是政府财政转移支付向家庭能源扶贫领域倾斜（李军林等，2022；Che et al.，2023）。除此之外，个人碳交易市场的部署（刘自敏 等，2022）和光伏扶贫项目（Li et al.，2023c）也将有效改善中国家庭能源贫困现状。

综上所述，中国能源贫困在宏观层面的研究意义主要体现在采用具有中国特色的能源贫困衡量指标评估全国能源贫困的大致情况和变化趋势，并融合多层面的宏观发展目标，在能源扶贫领域更好地发挥政策协同合力效应。在微观层面，认识和缓解能源贫困问题需要从家庭能源消费行为以及家庭之间的差异性出发，且不应只关注农村家庭的能源消费困境，还应同时重视城镇家庭的能源消费困难，以便更好地统筹城乡之间的能源减贫进程。此外，在共同富裕目标的推动下，政府开始越来越多地采取自下而上的政策，以促进社会规范和鼓励居民提高自身经济能力，并增强能源缓贫的内生动力，不断探索和完善符合当下中国家庭现状的能源政策和环境规制，以期形成具有中国特色的家庭能源扶贫策略。

2.4.3　中国能源贫困问题的挑战及应对

中国政府通过实施农网的建设与升级、独立光伏供电、无电地区电力建设等多种能源扶贫措施，解决了长期困扰中国农村地区的清洁能源不可及问题，但仍有 50% 的农村居民主要依赖传统燃料烹饪（Nie et al.，2021；Xie et al.，2022）。同时，随着中国经济快速发展，居民收入差距日益增大，城市居民也面临发展不充分与不平等的问题。除此之外，中国在制定能源相关政策时，还面临区域经济发展较不平衡、能源贫困人口规模较大、人口老龄化较为严重、居民环境意识较差、能源基础设施建设支出较高等多重挑战（He et al.，2018）。因此，考虑到中国各地区的地理条件和经济社会发展的基础，有关部门迫切需要制定有效缓解并消除能源贫困的短长期战略。

具体而言，中国能源减贫面临如下挑战：

第一，随着工业化和城市化进程加快，未来中国将会出现因老龄化程度加深和家庭规模不断缩小导致的家庭能源供需矛盾突出问题，继而引发能源贫困危机。以农村地区为例，农村劳动力的外流加剧了农村地区的"空心化"和老龄化现象，并且留守老人中大多数以务农为生，几乎没有收入，当面临较高价格的清洁能源时，大部分人不得不抑制最基本的能源消费。而以城市地区为例，老年人普遍具备节俭的消费观，在使用能源设备和服务时也过于节约（He et al.，2018）。在此背景下，即使家庭配备了现代基础能源设施，很多老年人也不会使用。因此，当下社会亟须引导城市老年人转变消费观，帮助农村低收入人群增收以提升能源消费水平（Saghir，2004）。

第二，我国基础设施建设过程中存在部分成本较高与质量较差的问题，导致清洁能源的获取问题在部分偏远地区难以在短期内得到解决。健全的基础设施不仅有助于改善农村生产和生活条件，还可以确保能源减贫进程的顺利推进（Teschner et al.，2020）。例如，农村电网的改造升级提高了电力的普及率，确保了电力服务的稳定可靠性。但是由于部分农村地区交通不便，电力设施和安装基础天然气管道的普及成本分别在前期投入、中期运营和后期维护都面临较大的财政压力（Pereira et al.，2010）。此外，基础设施的建设也与村庄规划和经济发展密切相关。例如，围绕特大城市开展的村级天然气项目，其设施的覆盖程度和建设成本对经济发展落后的地区来说几乎无法实现（He et al.，2018）。中国北方地区的城市虽普遍供暖，但仍然存在基础设施和室内空间不匹配的问题。例如部分家庭虽然配备了现代化的电热器、空调或其他不同能效的取暖设备，但也不能在保温系统较差的建筑内长时间保持稳定舒适的温度。而在农村地区，仍存在烧煤烧柴取暖温度低、环境差的问题。因此，推动农村基础设施提档升级不仅是进一步推广清洁能源的基础，还是保障和改善民生的底线任务。

第三，居民普遍缺乏对能源贫困的认知，导致能源减贫措施在社区的执行中面临一定挑战。以农村地区为例，使用煤炭和稻草等固体燃料的家庭成员通常受教育程度较低，他们主观上不愿意接受现代燃料和高效设施，根据2014—2018年的中国家庭追踪调查（CFPS）数据，在使用柴火的家庭中，34%的居民是文盲，30%的居民只接受了小学教育（Du et al.，2022）。同时，能源贫困造成的室内空气污染问题也未能引起农村居民足够的重视，部分农村居民并未意识到室内空气污染可能引发的健康危机，他们认为煤炭对健康有害，但并不认为他们经常使用的柴火和秸秆对健康也有危害（Zhang et al.，2019）。由于部分居民缺乏能源贫困意识，因此他们不会主动采取措施抵御能源贫困风险。例如，南方地区的大部分居民在无集体供暖的情形下，很难觉察到冬季需要足够暖气来保证室内舒适温暖（Rao et al.，2022）。由此可见，能源减贫的基础是帮助居民认识能源贫困并且树立能源减贫的意识。有关部门可以通过多渠道宣传能源贫困的概念及其危害，确保居民认识并尽可能避免室内空气污染所导致的中风、哮喘、慢性阻塞性肺病和其他呼吸系统疾病。

第四，即使居民能广泛地认识到能源贫困所带来的问题，但个人及其所在圈层的传统观念和生活方式在短期内也难以改变，进而加大了居民能源减贫的难度。例如，中国农村居民大多可以获得免费的柴草用于炊事，尤其是在柴草丰富的地区，人们认为放弃或减少使用这些燃料是对现有免费资源的浪费。而从工业角度来看，柴草可用于生物柴油和乙醇发电（Ren et al.，2022）。但当前生物质能很难集中用于规模化发电，并且用于发电的生物质能相对于风能等其他可再生能源缺乏成本优势。同时，在一些农村或城郊地区，人们特定的饮食或取暖习惯在短时间内也很难改变。

第五，农村能源转型实施"一刀切"政策反而容易加剧能源贫困。具体而言，当环境治理的成效纳入地方政府的考核内容后，收紧的环境规制反而会抑制能源减贫成效（Ma et al.，2022）。如部分地区强制实施"煤改电""煤改气"等清洁能源取暖工程，加剧了居民陷入能源贫困的风险（Xie et al.，2022）。因此，相关政策制定者应该做到因地制宜、贴近民生所需和个性化落实能源扶贫政策。

2.5　本章小结

首先，本章采用文献计量法对能源贫困领域近 20 年的 5 408 篇文献进行了系统分析，得知能源贫困已成为当下社会和学术界的热点和前沿话题，并归纳了能源贫困的多维性、广泛性、异质性和文化敏感性特征，以此解读了能源贫困概念在学术界难以达成共识的深层次原因。文献中对于能源贫困的测度方法也在不断发展和完善，因此，本章将能源贫困的衡量方法大致归纳为古典衡量方法、成熟衡量方法和前沿衡量方法。

其次，本章梳理了能源贫困在不同地域的不同表现形式，分别对高收入、中等收入和低收入国家的能源贫困特征进行了概括，发现高收入国家政府对能源贫困的认知程度会直接影响能源扶贫进程；中等收入国家的经济发展水平与能源贫困程度负相关，但能源贫困也受到各国的历史发展、资源禀赋、居民习惯等因素影响；低收入国家的能源基础设施虽在不断完善，但其能源贫困问题在全世界范围内仍然较为突出。总体上，在国际局势变幻莫测、重大公共卫生事件突发以及技术发展等因素的影响下，能源贫困问题更为复杂。

最后，本章分别从宏观层面和微观层面对后扶贫时代中国的能源贫困的相关文献进行了解析，并且对中国能源贫困问题提出了一系列政策建议。由于中国的能源贫困问题具有复杂性、严峻性和持久性，政策制定者应结合宏观层面的协同合力效应和微观层面的家庭差异性进行制度设计，以更加高效地实现能源扶贫目标，以及统筹城乡之间的能源减贫进程。但考虑到中国还面临人口众多、发展不充分且不均衡等诸多问题，因此亟须从能源贫困的致贫原因、贫困深度、治理能力等方面，探索中国能源减贫的本土化、特色化方案，为世界能源减贫提供"中国智慧"和"中国方案"。

3 人口结构与家庭能源消费

人口问题是"国之大者",是国家发展的全局性、长期性、战略性和基础性要素(原新,2022)。多维度、深层次地探讨人口结构及其演变趋势,并在此基础上分析人口结构对家庭能源消费的影响,不仅是中国应对老龄化、少子化的重要举措,也是实现中国家庭部门能源消费转型、缓解全球气候变化的客观需要。鉴于此,本章从年龄结构和性别结构两个视角出发,详细探讨不同人口结构下的中国家庭能源消费,以期为政策制定者科学评估不同类型家庭的生活能源消费特征及发展态势,以及深入探索家庭端的节能减排路径提供经验证据。

3.1 人口结构视角下的家庭能源消费现状

以往关于人口因素对能源消费的影响的研究主要侧重于对总量的考察,如 Birdsall(1992)认为增长的人口对能源的需求会越来越多,因此产生的温室气体排放也越来越多。随着研究的深入,研究者们逐渐认识到人口总量指标往往会掩盖不同群体的异质性,而考虑人口结构(如年龄结构、性别结构和家庭规模等)有助于人们更深入地理解人口因素对能源消费的影响。近年来,随着家庭调查的兴起与发展,微观层面数据的可获得性极大地提高,涌现了大量的家庭能源消费研究成果。现有在微观层面对家庭能源消费的研究主要集中在家庭消费、家庭规模和收入等方面（Trotta，2018；Sager，2019；Duarte et al.，2021；Fan et al.，2021），其中收入因素被认为是家庭能源消费的主要驱动因素（Chen et al.，2017；Peng et al.，2022；Pottier et al.，2022），但这难以解释不同年龄结构和不同性别结构的家庭在能源消费行为上存在的差异。

近年来，我国的老龄化进程不断加深。2020 年第七次全国人口普查数据显示，我国 60 岁及以上老年人口占比已达到 18.73%。同时，我国老年人口的高龄化现象日益凸显，80 岁及以上的高龄老年人口占总人口比重达到 2.54%，在 60 岁及以上老年人口中占比达到 13.56%。老年人作为社会发展的贡献者以及家庭关系的重要一环，由其身体机能特征决定的消费行为一直以来都是学术界和社会关注的重点。

年龄的变化会对个体的生活方式产生重大影响（Han et al.，2022），从而直接或间接地影响家庭能源消费。老年人的消费行为会受到其生活方式和生理需求等因素的影响，与其他人群相比具有明显差异。如 Zhu 和 Lin（2022）指出，老年人的食品支出和衣着支出较低，但是由于身体机能的下降，其对取暖的需求会更高（Bardazzi et al.，2017）。就时间利用方式而言，老年人的居家时间会更久，对电力和燃料的需求也会更高（Yu et al.，2018）。另外，值得注意的是，因为出生在不同年代背景的个体具有不同的消费习惯和生活方式（Yagita et al.，2021；Bardazzi et al.，2018），所以年龄对家庭碳排放的影响不仅来自个体所处生命周期的不同，同时也会受代际差异的影响，比如 Yang 和 Timmermans（2012）的研究结果表明，当前的年轻人相较于上一代的年轻人，其生活方式的用能成本更高。因此，在研究老龄化对家庭经济行为的影响时，代际效应也应纳入考虑范围（Aristei et al.，2008；Okada，2012）。

随着社会的发展进步，我国的性别结构失衡现象逐渐得到缓解（张震 等，2022），总人口性别比与出生性别比均呈稳步下降趋势。同时，女性的社会和家庭地位随着受教育程度和就业参与度的提升而提高，在家庭的消费行为决策中拥有更多的话语权和决策权。但是，性别不平等的社会规范在中国部分地区依然存在。值得注意的是，现有文献证实与男性相比，女性具有更明显的利他主义、风险规避特征和更高的亲环境行为（Andreoni et al.，2001；Jianakoplos et al.，2010；Casalo et al.，2018）。因此，女性为家庭成员选择清洁、无害能源的意愿更大（Longstreth et al.，1989；Li et al.，2019）。另外，女性较高的节能意识也有助于降低家庭用能成本，从而有助于促使家庭开展节能计划（Shrestha et al.，2020）。由此可见，性别不平等可能影响家庭对清洁、高效能源及设备的选择和使用。鉴于上述分析，本章将探讨中国人口年龄结构与人口性别结构的基本特征与演变趋势，并进一步研究人口老龄化与性别平等对家庭能源消费的影响，以期为实现家庭部门的能源消费转型提供来自微观家庭的经验证据。

3.2　中国人口年龄结构与家庭能源消费

老龄化不是单纯的老年人口及其规模的变化，而是涉及全年龄段人口的结构性变化，包括人口数量、结构、流动迁移、分布等全要素的联动变化。事实上，老龄化是人口惯性发展的结果，未来60年的老龄化程度取决于现在的出生人口数量和老年人口死亡率的变动。因此，21世纪中叶以前我国老年人口数量的变动轨迹已经基本确定（原新，2022），在宏观的国家层面探讨老龄人口的绝对规模对家庭能源消费的影响的空间已所剩不多，但是中国的老龄化具有明显的区域差异和城乡差异，从而进一步使得家庭能源消费在区域和城乡层面具有较大的不同。

3.2.1　中国人口年龄结构现状

过去的30年间，中国的人口结构转型速度日渐加快，1999年我国

60 岁及以上老年人口占总人口的比重达到 10%，标志着我国迈入老龄化社会。此后，我国老龄化程度日益加深，老年人口规模和比重总体呈上升趋势，且增速不断加快（见图 3-1）。2020 年，我国 65 岁及以上老年人口规模已达到 1.9 亿人，占总人口比重从 2010 年的 8.92%上升至 13.52%。据世界银行预测，2050 年中国 65 岁及以上老年人口预计将占到总人口的 26%。

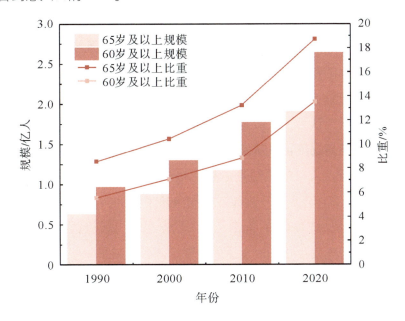

图 3-1　老年人口规模和比重变化趋势

[数据来源：根据《中国 1990 年人口普查资料（第一册）》中表 1-6、《中国 2000 年人口普查资料（上册）》中表 3-1、《中国 2010 年人口普查资料（上册）》中表 1-7，以及《中国人口普查年鉴-2020（上册）》中表 1-5 数据计算绘制]

中国的人口老龄化已经步入新阶段，老年人口规模日益扩大、老龄化进程明显加快、老龄化程度不断加深；从中度老龄社会到重度老龄社会最终步入超级老龄社会，将贯穿于经济社会发展的全方位和全过程（胡湛 等，2018）。已有文献证实，老年群体对家庭能源的需求与消费要明显高于其他群体（Yu，2018；Bardazzi et al.，2017；Zhu et al.，

2022），这对我国家庭部门的节能减排提出了巨大的挑战。因此，探讨老龄化对家庭能源消费的影响不仅能够帮助我们进一步认识老龄化社会带来的社会变革与经济后果，也是推动家庭部门能源转型的必要前提。

3.2.2 中国人口年龄结构的区域差异

在不考虑移民的前提下，老龄化程度的变化取决于该地区的人口出生率和人口死亡率，即人口的自然生长率。但是很显然，我国各省份的老龄化程度不仅受到自身经济、文化等各方面因素的影响，也会受到人口迁入和迁出的影响（刘涛 et al.，2022），因此老龄化程度在省级层面具有较大差异。

以往的研究认为，人口老龄化程度与经济发展水平和阶段有着密切的联系，通常情况下，经济发展水平较高的国家或地区人口出生率和死亡率相对较低，人口的预期寿命相对较长，因此老龄化程度相对较高（钟水映 等，2015）。这一规律在中国经济发展的实践过程中也有所体现，从 20 世纪后期开始的第三、第四次全国人口普查数据来看，中国人口老龄化首先发生在相对发达的东部地区，尤其是一些大城市。但是随着我国工业化、城镇化进程的快速推进，我国流动人口规模急剧扩大。1982 年我国人户分离人口①仅 657.5 万人，至 2020 年，达 4.93 亿人，流动人口②则达到 3.76 亿人。其中，跨省流动人口已达到 1.25 亿人，占流动人口的三分之一。持续且活跃的人口迁移流动不仅深刻改变了我国的人口分布格局，也逐渐成为影响区域人口结构的关键因素。

人口流动对老龄化空间格局的影响存在两种主要机制，年龄选择性和空间偏好性（刘涛 等，2022）。年龄选择性是指人口迁移流动的发生并非均衡地分布于人的整个生命周期，通常人们在青壮年时期的迁移流动率较高（Ravenstein，1885）。第七次全国人口普查数据显示，

---

① 人户分离人口是指居住地与户口登记地所在的乡镇街道不一致且离开户口登记地半年以上的人口。

② 流动人口是指人户分离人口中不包括市辖区内人户分离的人口（国家统计局，2019）。

2020 年我国流动人口的年龄结构比总人口要年轻，其主体为青壮年劳动力，20~49 岁流动人口占总流动人口的比重为 53.76%。以青壮年为主体的人口流动会同时改变两地的人口年龄结构，从而改变两地的老龄化程度。空间偏好性是指人口有从经济欠发达地区向经济发达地区、从自然条件较差地区向生态环境优越地区流动的空间偏好特征。空间偏好性的存在显著改变了人口主要流出地区、流入地区的各年龄群体的人口规模，进而会影响其老龄化进程。上述两种机制具有"削峰填谷"的功能，弱化了各地区老龄化程度与经济发展水平的同步性，也形成了老龄化的"城乡倒置"特点（段成荣 等，2019）。

从第七次全国人口普查数据来看，我国 60 岁及以上人口比重在各省份间存在差异。具体而言，我国老龄化程度较高的省份大多位于东北地区、中部地区以及川渝地区，新疆、西藏和青海的老龄化程度较低，一些南方省份如云南、贵州、江西和福建等的老龄化程度也处于较低水平。这与以往研究指出的"各地区人口老龄化程度与经济发展水平具有一致性，且自西向东渐次上升"的格局具有一定的差异，说明人口的迁移流动削弱了人口老龄化程度与经济发展水平的空间一致性。

3.2.3　中国人口年龄结构的城乡差异

随着人口不断的迁移流动，城乡人口老龄化进程发生逆转，城市人口老龄化速度有所放缓，而农村人口老龄化速度有所加快，致使人口老龄化出现城乡倒置现象（杜鹏 等，2010）。第七次全国人口普查数据显示，2020 年，我国常住人口城镇化率达到 63.89%，而户籍人口城镇化率却只有 45.40%，两者相差 18.49 个百分点。这意味着，有 18.49% 的流动人口从农村流向了城市，且大多为青年人口。

与省际人口流动不同，人口在城乡之间流动与迁移的个体会更加年轻化；而且流动人口内部处于"迭代更新"之中，年轻的劳动力不断替代年老的劳动力，从而使得流动人口的年龄结构保持年轻化（孟向京 等，2018）。换言之，城市与农村之间的人口流动并非单向的，农村在向城市输送大量年轻人口的同时，城市也不断"淘汰"老年人口，使其不断向农村回流，这种"迭代更新"无疑加深了农村人口的老龄化程度。

图 3-2 和图 3-3 展示了第七次全国人口普查数据中各省份的城市老龄化程度和农村老龄化程度，可以看出，除青海和新疆外，其余省份的农村老龄化程度都高于城市老龄化程度。青海的城市老龄化率是9.20%，农村老龄化率是9.00%，新疆的城市老龄化率是8.81%，农村老龄化率是7.10%；两个省份的老龄化程度在城乡层面体现出与其他省份不同的特征，其可能原因在于民族地区得益于较为宽松的生育政策，生育率相对于其他地区偏高，长期较高的生育率会降低其老龄化程度，因此暂未出现人口老龄化城乡倒置现象（王仓录 等，2016）。在其他省份中，重庆、江苏、浙江、四川、山东以及安徽的老龄化程度的城乡差异最为明显，这是因为它们都是外出务工大省，这些省份的年轻群体尤其是农村地区的年轻人，通常会去江浙沪或者沿海发达地区务工，进一步加深了农村地区的老龄化程度，增加了老龄化程度在城乡层面的差异。以重庆为例，作为外出务工大省，重庆的城市老龄化率为12.08%，而农村老龄化率高达 26.07%，二者相差 13.99%。而江苏、浙江等经济较为发达的省份，依靠经济红利吸引了大量来自其他省份的年轻务工者，使得它们的老龄化率相较于其他省份会更低一些，但是因为这些外来务工人员主要集中在城市地区，所以这些省份的老龄化程度在城乡层面仍有较大差异。

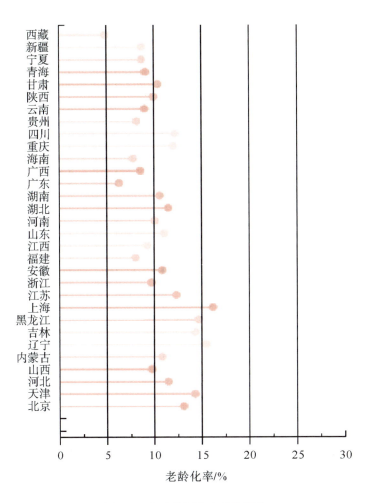

图3-2 各省份城市老龄化程度

（数据来源：第七次全国人口普查数据）

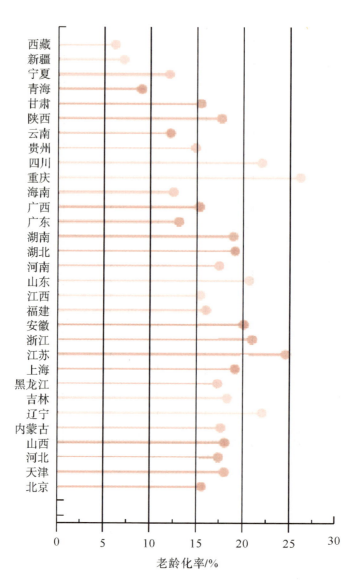

图 3-3 各省份农村老龄化程度

（数据来源：第七次全国人口普查数据）

3.2.4 老年家庭能源消费特征

人口老龄化是我国人口变化的重要趋势，也是较长一段时期的基本国情。与其他年龄阶段的个体相比，老年人在生活方式和身体机能方面存在较明显的差异，因此对能源消费有着更高的需求。探讨老年家庭的能源消费特征及其与非老年家庭的差异，不仅能够帮助我们更加全面地了解老龄化社会的经济后果，也有助于我们从年龄结构的视角刻画未来中国家庭能源消费的模式与趋势。

能源消耗通常以家庭户[①]为单位产生，因此在能源消费领域中，家庭相较于个人是更加合适的研究单位。本书采用 2018 年中国家庭追踪调查（CFPS）数据，该调查由北京大学中国社会科学调查中心实施，调查样本覆盖了 25 个地区，规模接近 18 000 户，是具有全国性与综合性的社会追踪调查项目，能够反映中国社会、经济、人口和消费的变迁，涵盖了经济情况、社会福利和家庭消费等主题。为了更加方便地探讨老年家庭和非老年家庭的能源消费特征与差异，我们将户主年龄大于等于 65 岁的家庭定义为老年家庭，户主年龄小于 65 岁的家庭定义为非老年家庭，然后进一步比较两类家庭在电力、燃料和取暖三类直接能源消费上的差异。

图 3-4 展示了两类家庭的能源消费情况。其中，非老年家庭每年的人均能源消费为 996.87 元，老年家庭每年的人均能源消费为 1 103.36元，比前者高出 10.68%。家庭收入是影响家庭各项消费的重要因素，会随着户主年龄的变化而改变。一般而言，户主在步入老龄阶段后会逐渐退出劳动力市场，其收入水平也会降低（Zhu et al., 2022）。

---

① 第七次全国人口普查将"家庭户"定义为以家庭成员关系为主、居住一处共同生活的人组成的户。

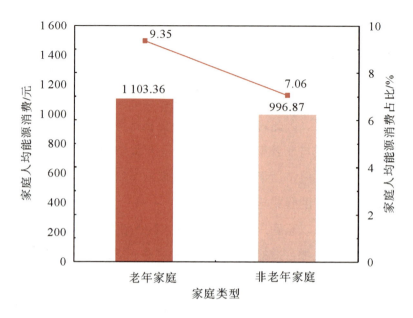

图3-4 老年家庭与非老年家庭的能源消费对比

（数据来源：CFPS2018）

　　为了剔除收入因素对家庭能源消费的影响，本书计算了两类家庭的能源消费占家庭总消费的比值，非老年家庭的能源消费占比为7.06%，而老年家庭能源消费占比为9.35%，已经接近能源贫困定义的"10%"阈值，并且比前者高出32.44%，明显高于上文中的10.68%。这在一定程度上表明，老年人对于能源的需求会更高，但是限于收入水平，其能源消费的绝对支出金额反而会更低，这意味着老年群体会通过减少其他类别商品的消费以满足其能源需求，能源贫困现象在老年群体中更加普遍。

　　为了更加详细地探讨老年家庭与非老年家庭的能源消费特征，我们将家庭的直接能源消费分为电力、燃料和取暖三项，如图3-5所示。其中，家庭的电力和燃料消费较高，取暖消费较低。北方因冬季天气寒冷，居民对供暖的需求较大，通常会有较高的取暖消费；但是南方大部分地区没有实行集中供暖，家庭的取暖消费几乎为0，所以全国层面的取暖消费均值要低于用电消费和燃料消费。

此外，两类不同年龄结构的家庭在三项能源消费中也存在差异。老年家庭的电力消费和燃料消费分别为 459.13 元和 461.69 元，稍高于非老年家庭的 438.56 元和 400.28 元，但是取暖消费在两类家庭中基本相同。

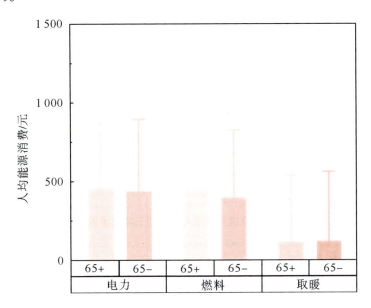

图 3-5　老年家庭与非老年家庭的三项能源消费情况

注：65+代表户主年龄大于等于 65 岁的家庭，65-代表户主年龄小于 65 岁的家庭。

（数据来源：CFPS2018）

我们也进一步计算了两类家庭在三项能源消费中的占比（见图 3-6），与家庭总能源消费情形相似，老年家庭的电力、燃料和取暖消费占比均高于非老年家庭，且三项家庭能源消费占比在两类家庭之间的差异大于绝对金额之间的差异。此外，值得注意的是，燃料消费的占比在各项能源消费中最高。

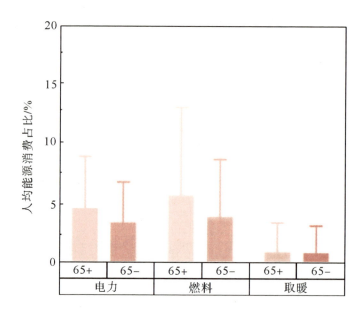

图 3-6　老年家庭与非老年家庭的三项能源消费占比

注：65+代表户主年龄大于等于 65 岁的家庭，65-代表户主年龄
小于 65 岁的家庭。

（数据来源：CFPS2018）

为了探讨老年家庭与非老年家庭燃料消费的不同，我们统计了两类家庭的燃料能源使用情况（见图 3-7 和图 3-8）。其中，大部分的老年家庭的炊事燃料是罐装煤气/液化气，但是依然有 27.02%的老年家庭的主要炊事燃料为柴草和煤炭这类非清洁能源。在非老年家庭中，绝大多数家庭的炊事燃料是液化气、天然气以及电力等清洁能源，使用非清洁能源的家庭占比为 20.59%，低于其在老年家庭中的占比。

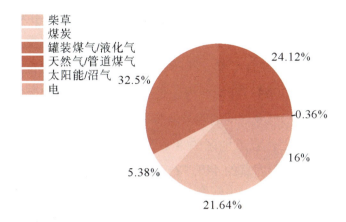

图 3-7 老年家庭的燃料支出

（数据来源：CFPS2018）

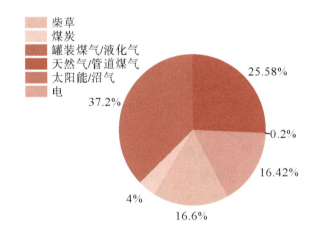

图 3-8 非老年家庭的燃料支出

（数据来源：CFPS2018）

　　上述分析表明，非老年群体倾向于使用电力、天然气等清洁能源，而老龄人口由于更多居住在农村，更可能以柴草或煤炭作为主要燃料，这些非清洁能源在燃烧时会产生大量的空气污染物以及有害颗粒，从而危害老年人的身体健康（Willand，2022）。这一能源消费特征说明老龄人口面临更多的能源困境，因无法获取或使用清洁能源导致的能源贫困现象在老年群体中较为普遍（Chard et al.，2016）。

图 3-9 展示了城市和农村的老年家庭在电力、燃料和取暖上的差异。可以看出，老龄化程度更高的农村地区的家庭能源消费反而低于城市地区，《中国能源统计年鉴（2020）》数据也显示，城市居民生活的能源消费为 38 731.64 万吨标准煤，是农村居民生活的 1.51 倍。这在一定程度上反映出城乡之间的能源消费不平等。

在燃料消费上，城市地区的老龄家庭每年的人均支出为 463.95 元，略高于农村老龄家庭的 448.12 元。就城乡地区老龄家庭对炊事能源的使用情况而言，农村地区有 32.57% 的老龄家庭在使用柴草，这类非清洁能源通常是免费的，但污染水平会较高；而城市地区只有 4.01% 的家庭使用柴草作为炊事燃料。

另外，城乡老龄家庭在电力消费上存在较大差异，城市老龄家庭的电力消费为 584.95 元，是农村家庭的 1.56 倍。由于电器设备与产品多样性和能源相关服务的可得性不同，城市家庭人均能源需求相较于农村地区的家庭会更高，从而城市地区老龄家庭的电力消费明显超过农村家庭。

上述特征表明，老龄家庭在电力、燃料和取暖三类直接能源活动中，有着更高的能源需求与消费。此外，老龄化具有明显的区域差异和城乡差异。在城市化进程背景下，以青年为主力的流动人口重塑了我国的人口分布格局，大量年轻人口从农村向城市转移，留守农村的老年群体面临能源消费不平等的问题，能源贫困状况较为严峻。因此，我们在研究老龄化对家庭能源消费的影响时，应重点关注区域差异和城乡差异。

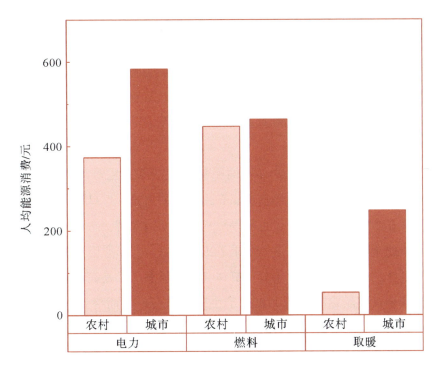

图 3-9　城市和农村地区老年家庭能源消费特征

（数据来源：CFPS2018）

3.2.5　基于家庭能源消费的老龄指标新思考

联合国先后在 1956 年发布的《人口老龄化及其社会经济后果》以及 1982 年的"老龄问题世界大会"中将 65 岁和 60 岁设定为老年人口的年龄起点。自此，世界各国政府和学术界对这一年龄标准形成普遍共识并在政策制定和学术研究中广泛使用这一标准。一个人一旦迈过 60 岁的年龄门槛，便在很大程度上意味着其生理机能和认知功能明显衰退以及社会参与能力大幅下降，60 岁及以上群体亦被视为客体的、需要帮助的、不具备生产力的依赖人口。

但实际情况并非如此，随着我国人口健康状况发生显著变化，平均预期寿命逐步提高，其他许多重要的人口特征、社会经济环境以及科学技术水平也在持续变化（Scherbov et al., 2016），经久未变的名义老年年龄标准在当下已经很难如实地描述人口和社会的变化，从而误导了我们对于当代老年群体的认知。单一地考虑家庭户主的年龄是否跨过了60 岁或 65 岁的老年年龄门槛，已经不能全面地反映老龄化的特征，因此我们以每 5 年为间隔，将户主年龄划分成 13 个阶段，用以考察户主处在不同年龄阶段的家庭能源消费特征，以及老年群体用能模式发生转变的年龄拐点。

图 3-10 展示了户主处在不同年龄阶段的家庭能源消费特征与差异。总体来看，各类能源消费支出在生命周期上呈现"U"形趋势，这意味着在个体的青年阶段，也就是在初婚、初婚未育状态时，家庭的能源消费处于较高的水平。这一结果的出现受到两方面原因的驱动：一是年轻群体的消费习惯相较于其他群体会更加随意；二是在该阶段，家庭规模较小，在能源的消费上没有产生规模效应，从而导致人均耗能偏高。随着户主年龄的增加，家庭逐渐迈入稳定期，进入"满巢"阶段，这一阶段通常是家庭人口规模最大的时期，包括初育、最后一个子女出生至离家之前的阶段。家庭规模带来的边际效应使得这一阶段的人均能源消费处于较低水平。随着最后一个子女的成年离家，家庭进入衰退期，通常也被称为"空巢"阶段，此时家庭的主要成员是步入老龄的个体，家庭规模较小，并且因为老年人休闲的生活方式，其在家活动的时间较长，所以能源支出较高。上述特征事实说明，从生命周期角度考察家庭的能源消费特征，不仅要考虑个体的年龄特征，也要考虑家庭规模在其中发挥的作用。

另外，值得注意的是，户主年龄为 45~70 岁（含）时，家庭人均用电支出均处于低位，在 60 岁之后并未出现预期中的用电支出的上升。正如上文所提到的，60 岁或 65 岁的名义老年年龄标准已经不能反映当代的人口老龄化特征。因为现在老年人口再就业比例和再就业年限不断上升，我国人口真正退出就业领域的年龄正在逐步延后（陈友华 等，2022)，已然显著超过实际退休年龄，甚至超过法定退休年龄，这说明很大一部分年龄超过 60 岁的老年群体仍处于工作状态，并未转变为赋闲在家的休闲状态，因此其对家庭用电的需求并没有上升。

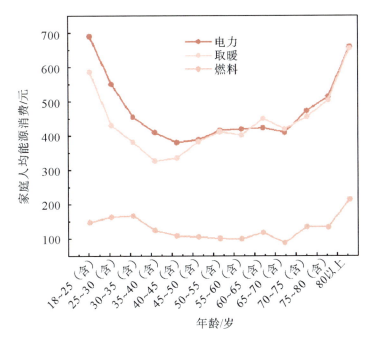

图 3-10　不同年龄段的家庭能源消费特征

（数据来源：CFPS2018）

家庭炊事活动需要的燃料支出最低点出现在 35-40 岁（含），之后随着户主生命周期的发展，家庭人均燃料支出逐渐增加。这一现象的主要原因是不同年龄阶段的家庭具有不同的生活方式，年轻一代在饮食上外出就餐的次数与频率较高，但是当家庭步入"满巢"阶段，迎来子女的出生后，家庭的饮食习惯会发生变化，在家就餐会逐渐成为常态，从而增加家庭的燃料需求。

与上述两类能源需求不同，取暖需求与老年人的生理特征联系更加紧密。在户主的年龄步入 70 岁之后，家庭的取暖消费才会出现明显上升趋势，这与我们预期的在 60 岁或者 65 岁出现拐点也有所不同。因为个体的预期寿命不断攀升，我国人口整体健康水平以及老年人口的健康比例也在不断提高，在同等年龄标准下后世代的老年人要比前世代的老年人"更健康""更年轻"（杨涵墨，2022），对供暖的需求也会更低。这一差异再次证明了传统老龄化指标的偏误会导致一些老龄问题的真相被掩盖，已有年龄指标对老龄问题的解释力已经出现了衰减的趋势。

3.3　中国人口性别结构与家庭能源消费

3.3.1　中国人口性别结构特征及演变

近年来，随着现代化社会的不断发展与分化，中国人口问题愈发复杂多变，逐渐由人口数量问题转变为人口质量、人口结构以及人口流动等诸多问题的叠加（孙继静，2022）。除上述的老龄化问题外，中国人口性别结构问题也逐渐凸显。中国人口性别结构在传统文化与现代文明的时代变迁与更替过程中发生了变化，性别相关议题也越来越多地受到社会和学术界的关注。新中国成立以来，中国开展了七次全国人口普查活动，以此作为衡量中国人口基本状况的重要手段（Chen et al.，2021）。根据第七次全国人口普查数据，中国的总人口性别比[①]和出生人口性别比[②]分别为 105.07 和 111.3，虽然总人口性别比处于性别结构平衡范围（96~106）的上限之内，但是出生人口性别比高于合理区间（103~107）。由此可见，中国的人口性别结构仍然处于失衡状态（韦艳 等，2021）。人口性别结构对整个社会、经济、文化等方面的协调与发展具有深远影响，特别是会对居民消费产生诸多直接或者间接影响（米红 等，2014）。因此，政府亟须对中国当下的性别结构现状及其未来发展趋势进行分析和探讨。

具体而言，中国人口性别结构总体上仍为男性多于女性，总人口性

---

① 总人口性别比是指总人口中每百名女性所对应的男性人数，值若低于100代表女性多于男性，反之则代表男性多于女性（韦艳 等，2021）。

② 出生人口性别比是指一定时期内出生的每100名女婴所对应的男婴数的比值，其正常范围通常为103~107（韦艳 等，2021）。

别比与出生人口性别比处于稳中略降的高位徘徊态势。由图 3-11 可知，中国的总人口性别比从 1953 年的 107.55 下降至 1964 年的 105.46，随后从 1982 年开始持续偏高 20 余年。国家统计局发布的第七次全国人口普查数据显示，虽然 2020 年中国总人口性别比相比 2010 年降低了 0.13 个百分点，但男性仍比女性多出近 3 490 万人。与此同时，由图 3-12 可知，自 1982 年第三次全国人口普查开始，中国的出生人口性别比逐年攀升，意味着同一时期出生的男婴与女婴的数量差距不断拉大，并于 2010 年达到峰值 117.94。随着生育政策和生育观念的转变，2020 年中国的出生人口性别比下降到 111.3，较 2010 年低了 6.64，并且正在趋于正常范围。除此之外，根据世界银行所公布的 2020 年全球总人口性别特征来看，尽管中国女性占总人口的 48.9%，位居世界中列，但出生人口性别比（1.12）仍位居世界前列。中国历次全国人口普查数据表明，中国总人口性别比与出生人口性别比始终在高位徘徊，性别比失衡已经成为中国成年人口结构的基本特征之一（刘中一，2022）。

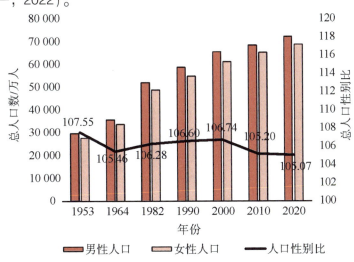

图 3-11　1953—2020 年中国总人口数与性别比

（数据来源：中国国家统计局公布的历次全国人口普查数据）

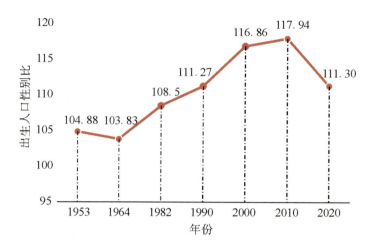

图 3-12 1953—2020 年中国出生人口性别比

（数据来源：中国国家统计局公布的历次全国人口普查数据）

出生人口性别比偏高是人口性别结构失衡的主要体现之一，从家庭内部经济理性角度来看，中国出生人口性别比偏高的原因在于：第一，受传统养儿防老思想的影响，传统社会观念认为生育男孩可以给父母提供养老保障；第二，中国历史是建立在农业文明发展基础上的，男性由于力量优势在农业活动中占主导地位（Lin et al.，2018）。在此背景下，部分家庭认为生育男孩可以给家庭带来更大的劳动力优势。从国家政策角度来看，为了应对中国人口基数过大、人口增长过快的问题，1982 年开始中国政府出台了计划生育政策，即只允许一对夫妇养育一个孩子。因此，在偏好男孩的传统观念与计划生育政策的共同驱动下，中国的出生人口性别比于 20 世纪 80 年代开始快速升高，最终导致人口性别结构失衡。

然而随着社会的发展进步、女性地位的不断提高与国家政策的随之调整，上述现象在中国得到逐渐缓解（张震 等，2022），具体表现为总人口性别比与出生人口性别比均呈稳步下降趋势。其原因在于三个方面：第一，女性的社会和家庭地位随着受教育程度和就业参与度的提升而提高（陆万军 等，2016）。第二，中国居民的生育观念受"养儿未必能防老"和"多子未必多福"等现代社会思潮的影响,使得中国家庭对男孩生育的偏好有明显弱化。第三,国家从性别平等角度开展生育政策层面的性别失衡治理行动,同时"单独二孩""全面二孩"和"放开三胎"政策更大程度地满足了部分家庭对孩子个数和性别的多元偏好。以上因素的共同作用有效缓解了中国人口性别结构失衡现象。

尽管性别失衡的人口现象问题有所缓解,但其带来的社会问题依然存在。性别失衡不仅会对社会经济发展产生不利影响(杨博 et al.,2016),还会影响家庭消费及其结构、家庭再生产和婚姻家庭权益等诸多方面(Liu et al.,2013;Permana et al.,2015;蒲琨 等,2018)。有研究表明,当性别结构处于失衡状态时,男性通常会倾向于增加储蓄和减少消费,以此在婚姻市场上获得更大的竞争力(袁微 等,2018)。不仅如此,性别失衡还极大地影响了男性对住房的需求,从而推高了购房价格,进而影响了房地产市场的供需均衡(逯进 等,2020)。其原因在于,生育男孩的家庭为了提升儿子在婚姻市场上的竞争力而被迫购买价格高昂的商品房,最终不得不抑制当下对其他商品的消费并延迟消费周期(刘祖源 等,2021)。

除此之外,性别结构失衡还可能导致居民的享乐型消费和可持续性商品消费分别下降(戴圣涛 等,2019;袁微 等,2018)。一方面,与男性相比,女性更注重自我感官体验和自我形象展现,因此,女性平均而言有较高的与服饰、妆容相关的享乐型消费需求(Millan et al.,2018)。另一方面,女性相对男性更愿意购买健康食品和具有可持续属性的功能性产品(Li et al.,2022),因此女性具有较高水平的可持续性消费行为,并且该行为有助于社会和家庭产生更大的节能效应(Bulut et al.,2017)。同时,有研究发现随着女性人口比重的提升,社会节能减贫效应也会逐渐显现(尚海燕,2019;Jareemit et al.,2019)。由此可见,促进居民消费和推动人类社会可持续发展均离不开人口性别结构的良性协调运行(梁海燕,2018)。人口性别结构影响居民生活消费的各个方面,深入探究居民的性别结构变化规律是构建绿色低碳生活的重要视角。

3.3.2　中国人口性别结构特征对家庭能源消费的影响

基于上述对中国人口性别结构失衡现状的分析，本节在此认知上进一步探讨了人口性别结构失衡与性别不平等的内在联系，继而分析不同性别平等程度对家庭能源消费可能产生的影响。

性别结构失衡的根源在于性别不平等，性别不平等问题在中国历史上由来已久，其原因既有传统文化因素，也有社会因素（陆杰华 等，2014）。由于中国传统文化中基于家庭经济理性形成的男性偏好，以及在儒家传统文化框架下的家庭制度、父权制度对男性赋予性别优势，不可避免地影响了女性的就业参与及社会地位，在微观个体家庭中表现为家庭资源向男孩倾斜（Tsui et al.，2002）。这种封建旧社会制度下形成的性别不平等观念，助长了社会性别不平等现象，最终演化成人口性别结构失衡的问题。因此，人口性别结构失衡现象是性别不平等的社会规范所致。

人口性别结构及性别平等程度影响着社会和家庭消费行为的方方面面，而能源消费作为家庭最基本的消费类型之一，也自然会受到性别结构的影响。在联合国提出可持续发展目标（SDGs）的背景下，实现性别平等，增强所有妇女和女童的权能（SDG5）和确保人人获得负担得起的、可靠和可持续的现代能源（SDG7）之间具有潜在的协同作用（Swain et al.，2020）。因此，在研究家庭能源消费的过程中纳入人口性别结构的相关信息，不仅能够在性别维度拓宽对家庭能源消费的认知，还能剖析 SDG7 与 SDG5 的内在联系，进而提升整个社会的民生福祉。中国作为世界上第一大能源消费国，家庭能源消费水平在未来十年将有较大提升空间，预期能源消费所产生的污染物对环境的负面影响将持续增强（丁永霞 等，2020）。当前中国正面临能源转型的关键阶段，研究人口性别结构对家庭能源消费的影响对中国可持续发展目标的实现具有深远意义。

家庭能源消费所存在的性别差异，追根溯源是性别产生的行为差异，具体而言可以分为生理性别差异和社会性别差异（Permana et al.，2015；Standal et al.，2020）。首先，男性和女性与生俱来在身体和心理素质等方面存在的差异，决定了其在能源类型选择及消费偏好方面的不同。例如，与男性相比，女性具备更明显的利他主义、风险规避特征和更高的亲环境行为（Andreoni et al.，2001；Jianakoplos et al.，2010；Casalo et al.，2018）。以上特征使得女性更具环保和节能意识与行为（Zelezny et al.，2000）；并且相对男性，女性为家庭成员选择清洁、无害能源的意愿也更大（Longstreth et al.，1989；Li et al.，2019）；因此，女性较高的节能意识有助于降低家庭用能成本，从而有助于促使家庭开展节能计划（Shrestha et al.，2020）。

其次，社会层面的性别差异最初主要由不同性别所具备的比较优势演化而来的社会和家庭分工所产生，继而影响了家庭的能源消费行为。一方面，劳动力市场对女性存在或多或少的歧视，该现象凸显了不同性别群体在收入方面的不平等，导致经济劣势的一方（通常是女性）家庭决策权缩小，进而在一定程度上阻碍了其选择更加青睐的清洁能源。有研究表明，社会地位、生命周期阶段、财务来源稳定性是决定家庭内部能源决策者的关键因素（Davis，1976）。例如，生命周期理论证实，成长期的家庭有较大的消费需求（储宇奇 等，2021），此阶段如果女性具备更大的家庭消费决策权，将有助于提升家庭乃至社会的能源效率；而家庭资源往往根据家庭内部决策者的偏好分配（Rosenberg et al.，2020）。另一方面，传统家庭分工也存在性别差异，普遍而言家务劳动更多由女性承担，形成"男主外，女主内"的分工模式（Duflo，2012）。由于家庭负责炊事、收集木柴、使用相关能源设备等家务劳动大多是由女性完成的（Belmin et al.，2022），女性在家庭能源消费过程中吸入室内空气污染的强度更大（Dutta et al.，2017），甚至可能更大程度地承受着能源污染带来的健康风险（Li et al.，2022）。

从职业角度来看，女性技术人才和女性领导人在推动社会能源清洁化、促进可再生能源获取公平化和社区能源共享化中起着关键作用（Musango，2022）。因此，开展并落实女性在相关技术和管理领域的常态化培养，有助于促成以上领域的性别多元化（Standal et al.，2020），进而强化女性在社会可持续发展中的积极作用。由此可见，女性在家庭和工作中均扮演着十分重要的清洁能源消费者角色，性别平等的社会规范将引导家庭和社会发挥性别多元化的优势，以避免传统性别分工所带来的弊端，并进一步促进国家和地区的清洁能源转型（UNEP，2013）。

基于上述分析，人口性别结构及性别平等程度对家庭的能源消费行为存在直接和间接的影响。其中，直接影响主要体现在当性别平等的社会规范更普遍时，女性决策权的提升有利于增加家庭的清洁能源消费，并且合理的家务分工也有助于减少女性接触污染能源的频率，从而减少室内空气污染对女性身体健康的负面影响。间接影响主要体现在性别不平等的社会规范导致社会和家庭偏好男性，该偏好在宏观层面可能出现某些职业领域的性别单一化和家庭资源过度向男性倾斜，导致女性社会地位进一步降低和家庭决策权被削弱，不利于社会和家庭实现清洁能源转型。综上所述，从性别角度出发探讨家庭能源消费是促进能源公平与正义的重要维度，更是实现可持续发展目标的重要基础。

3.3.3　中国家庭能源消费的性别差异

由前文可知，中国面临性别不平等导致的人口性别结构失衡问题，并且性别对家庭的能源消费行为存在直接和间接的影响，这在一定程度上影响了中国能源转型进程以及绿色发展方式转变。2022年，中国人口61年来首次出现负增长，中国或将形成人口深度老龄化与人口负增长相叠加的人口结构形态，对经济社会发展带来深刻影响。在此情境下，本书从性别平等的社会规范视角，结合微观家庭数据，从教育水平、城乡分布以及能源清洁度等方面分别展示了性别平等家庭与性别不平等家庭在能源消费方面的差异，以期促使政府制定有助于平衡性别结构的政策法规，将有助于降低我国能源贫困发生的风险。

根据 2018 年和 2021 年的中国综合社会调查（CGSS）数据，结合前文对社会规范决定性别平等程度进而影响能源消费的分析，本书运用问卷中有关家庭性别平等观念的一系列问题对受访者进行评分①，将平均得分小于或等于 2 的受访者划分为性别平等家庭，平均得分大于或等于 4 的受访者划分为性别不平等家庭。通过对比 CGSS 2018 年和 2021 年的数据，发现随着时间推移，性别不平等家庭占比反而有所扩大，从 2018 年的 11.3% 增长到了 2021 年的 13.2%，这对家庭部门向清洁能源转型可能会产生一定的阻力。

本书将 2018 年性别平等家庭和性别不平等家庭的平均能源消费情况及其在家庭收入中的占比进行分类展示（见图 3-13），可知性别平等家庭的平均能源消费为 4 418.6 元，比性别不平等家庭高出 642.6 元。其原因是性别平等家庭的收入和受教育程度都相对较高，因此具有更高的商品能源消费水平和更低的能源消费风险。从家庭能源消费在收入中的占比来看，性别平等家庭的能源消费在收入中的占比为 3.7%，而性别不平等家庭的该占比为 6.4%，该值越高代表家庭具备更低的能源可支付能力，且有更大风险陷入能源贫困。由此可见，性别平等家庭的能源贫困风险相对性别不平等家庭较低。

---

① 问题包括是否同意以下观点："男人以事业为重，女人以家庭为重？""男性能力天生比女性强？""干得好不如嫁得好？""在经济不景气时，应该先解雇女性员工。""夫妻不应该均等分摊家务。"受访者根据对每个观点的同意程度打 1~5 分，其中 1 为完全不同意，5 为完全同意。

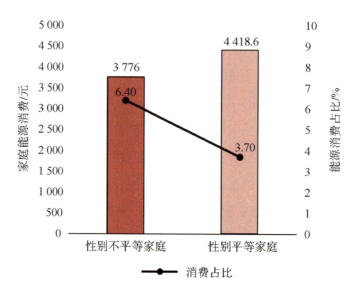

图 3-13　性别平等与性别不平等家庭的能源消费情况

[数据来源：2018 年中国综合社会调查（CGSS）]

从受教育程度方面比较（见图 3-14），在受教育程度较高的家庭（户主受教育程度在大专及以上）中，性别平等家庭的能源消费比性别不平等家庭少 2 389.9 元；而在受教育程度较低的家庭中，性别平等家庭的能源消费比性别不平等家庭多 485.4 元。但值得注意的是，高教育水平往往对应着高收入，由此可推断，在保证能源可支付性的前提下，性别平等家庭往往更倾向于节能；在受教育程度较低的家庭中，性别平等家庭往往更能确保基础商品能源的消费。总体上，受教育程度较低的家庭的收入普遍比受教育程度较高的家庭低，且面临更大的能源贫困风险。

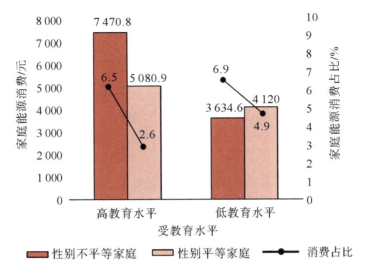

图 3-14　不同受教育程度下性别平等与性别不平等家庭的能源消费情况

[数据来源：2018 年中国综合社会调查（CGSS）]

性别平等与性别不平等家庭的能源消费的城乡差异如图 3-15 所示。具体而言，城市家庭的能源消费远高于农村，而家庭能源消费在收入中的占比却低于农村，说明农村居民比城市居民更易陷入能源贫困。在农村，性别不平等家庭的平均能源消费远低于性别平等家庭，仅为 2 699.113 元，该值比性别平等家庭低 1 278.26 元。在城市，性别不平等家庭的平均能源消费略高于性别平等家庭，能源消费并不存在显著性差异。总体而言，能源消费在收入中的占比仍在性别不平等家庭中更高。图 3-15 也进一步说明，在能源可支付性得到充分保障时，性别平等家庭有更加明显的节能倾向；而在更易陷入能源贫困的农村，性别平等家庭的基础清洁能源需求能更多地得到满足。

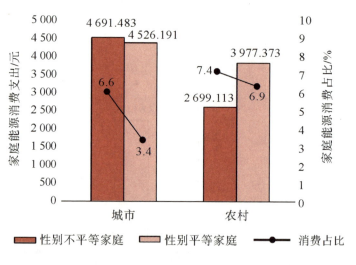

图 3-15　城乡性别平等与性别不平等家庭能源消费支出和占比

[数据来源：2018 年中国综合社会调查（CGSS）]

将家庭能源消费分为清洁能源消费和传统能源消费，从 CGSS 2018 年的数据中发现，在城市地区，性别不平等家庭的传统能源消费占总能源消费的 4%（见图 3-16），该值高于同地区的性别平等家庭（仅为 2.2%）；类似地，农村地区性别不平等家庭的传统能源占比高达 13.6%，该值比农村性别平等家庭高出 3.6 个百分点（见图 3-17）。由此可见，不管是城市还是农村地区，性别平等家庭的清洁能源消费均高于性别不平等家庭。因此，以上分析初步证实女性处于性别平等的社会规范和家庭环境中时，更加偏好使用清洁能源，该结果与现有研究发现一致（Clancy et al.，2003；Shrestha，2020）。

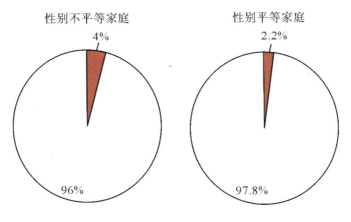

图 3-16　城市家庭的传统能源与清洁能源消费占比

[数据来源：2018 年中国综合社会调查（CGSS）]

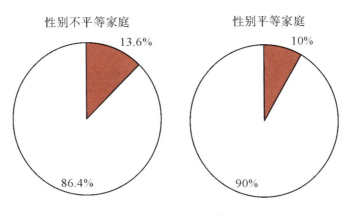

图 3-17　农村家庭的传统能源与清洁能源消费占比

[数据来源：2018 年中国综合社会调查（CGSS）]

　　基于上述分析，中国家庭能源消费的性别特征总体呈现为性别平等家庭的能源消费高于性别不平等家庭，并且性别平等家庭有更高比例的清洁能源消费和更低的能源贫困风险，这些差异在农村家庭和老龄户主家庭中更为凸显。而人口性别结构与性别平等的社会规范有紧密联系，在性别越不平等的情境下（例如社会规范崇尚生育男孩而非女孩），将进一步导致该地区人口性别结构失衡，从而导致家庭能源消费的清洁化转型受阻。

3.4 本章小结

中国正面临人口结构转型和能源消费转型的双重挑战，厘清不同年龄结构和性别结构的家庭能源消费特征是积极应对以上挑战的重要前提，将为政策制定者科学评估能源消费的增长态势，并探索有效的节能减排措施提供一定的政策参考。

在人口年龄结构对能源消费的影响分析中，首先，本章发现老年家庭的能源需求和能源消费相比其他家庭更高，该差异具体体现在电力消费、燃料消费和取暖消费方面。其次，本章探讨了人口流动视角下的省际老龄化差异与城乡老龄化差异。流动人口具有年龄选择性和空间偏好性特征，这使得以青年为主力的流动人口重塑了我国的人口分布格局，逐渐成为影响区域人口年龄的关键因素。另外，在城市化进程背景下，大量年轻人口从农村向城市转移，留守农村的老年群体面临能源消费不平等问题，能源贫困状况较为严峻。最后，本章从生命周期的视角拓展了人口年龄结构的阶段划分。随着社会经济环境的不断发展和人口平均预期寿命的逐步提高，以往单一的老龄化相关的定义和指标已经不能很好地契合社会变迁与时代发展，因此，相关领域研究者应该与时俱进地结合中国的基本国情开展老龄化问题研究。

在人口性别结构对能源消费的影响分析中，首先，本章发现中国的总人口性别比与出生人口性别比仍处于稳中略降的高位徘徊势态，人口性别结构还需在未来进一步趋向平衡。其次，本章阐明了人口性别结构在家庭和社会分工层面对家庭能源消费的直接和间接影响，较男性而言，女性对家庭清洁能源消费的转型有更显著的助推作用，因此从环境溢出效应角度考虑，政府应该大力宣传性别平等的社会规范，政策制定者应该进一步引导男女平等，并制定促使人口性别结构平衡的相关策略。最后，本章利用微观调查数据对中国家庭能源消费的性别差异特征进行了描述性分析，发现性别平等家庭比性别不平等家庭具有更高的清洁能源消费和更低的能源贫困风险。由此可见，促进性别平等不仅有助于社会和谐发展，还有益于推动社会实现可持续发展。

随着我国现代化建设不断向前推进，中国家庭的人口老龄化以及人口性别结构发生了较大变化，当下中国的人口老龄问题与性别问题与过去 10 年甚至过去 20 年相比都截然不同。站在实现第二个百年奋斗目标新征程的起点上，从年龄结构和性别结构的视角探讨中国家庭能源消费的客观规律，不仅是应对老龄化、少子化社会的重要命题，也是实现家庭部门能源消费转型、缓解全球气候变化的客观需要。

4 环境规制对家庭能源消费的影响

能源消费带来的一系列环境污染问题已在前面章节展开了充分探讨，可见应对气候变化、实现绿色低碳转型已成为全球各国能源和环境政策的重点之一。本章从能源和环境政策角度出发，探讨了相关政策对家庭能源消费及其可负担性的影响。具体而言，我国政府于 2015 年实施了新的《环境保护法》以控制环境污染和碳排放，这也是我国历史上最严格的环境保护法。尽管严格的法规有助于实现降低碳排放强度和提高全要素碳效率的目标，但家庭被迫使用价格相对昂贵的现代能源以替代固体能源，可能会加重家庭能源消费负担，从而导致家庭陷入能源贫困。因此，本章以我国新《环境保护法》的实施为例，考察了环境法规的收紧对家庭能源贫困的潜在负面影响，并探讨了清洁能源在此影响下的可得性。基于我国 2012—2018 年家庭层面的调查数据，本书发现实施更为严格的环境法规可能导致我国欠发达地区的低收入家庭出现更为严重的能源消费负担问题，从而加深其能源贫困程度；而较高的清洁能源接入水平可以使家庭以较低的成本获得清洁能源，从而缓解环境法规收紧对家庭能源贫困的负面影响。本章从能源贫困视角填补了环境规制对家庭能源消费影响的研究空白，对各国政府制定能源和环境政策，以保障居民福利以及改善环境问题具有重要借鉴意义。

4.1 研究背景

持续的环境污染和能源贫困问题一直被视为全球能源体系的重大挑战（Birol，2007；González-Eguino，2015），特别是化石能源消费引起的环境污染问题越来越受到社会公众的关注（Ürge-Vorsatz et al.，2012；Chakravarty et al.，2013；Frondel et al.，2015；Bonatz et al.，2019；Jeppesen et al.，2020；Fu et al.，2021；Zhang et al.，2021）。一方面，为了实现《巴黎协定》的目标，全球各国政府都制定了严格的环境法规，并实施了一系列低碳转型政策（Yadav et al.，2019；Tan et al.，2020；Chen，2021；Ding et al.，2022），因此家庭能源消费将不可避免地受到环境规制的影响；另一方面，联合国《2030年可持续发展议程》强调了缓解能源贫困对实现可持续发展的重要性（UN，2015），因为能源贫困问题一直是全球社会实现可持续发展面临的重大阻碍之一。

我国家庭能源消费存在显著的人群和地区差异。对于低收入家庭而言，清洁能源价格相对较高使得这类家庭需将更高比例的支出分配在能源消费方面，从而使他们进一步失去脱贫和获得可持续发展的机会（Kaygusuz，2011；Pachauri et al.，2011；Ürge-Vorsatz et al.，2012；Zhang et al.，2019）。发展中国家的农村或偏远地区面临较为严重的能源消费难题，特别是贫困家庭比较依赖低成本或免费的传统生物质燃料，而煤和薪柴等传统生物质燃料的燃烧是温室气体排放和室内空气污染物的主要来源，既不利于缓解气候变化，还会威胁低收入家庭成员的身心健康（Grieshop et al.，2011；Okello et al.，2013；Shahsavari et al.，2018；Stoner et al.，2021）。因此，缓解气候变化不能忽略能源贫困问题的存在（Ürge-Vorsatz et al.，2012），虽然严格限制传统生物质燃料的使用可以减轻对环境和家庭健康的不利影响，但强制使用成本较高的清洁能源，将给那些难以获得和负担清洁能源的低收入家庭带来较大经济负担。

在此背景下，如何协同缓解气候变化和减轻能源贫困问题是本章关注的重点。然而，以往的研究大多侧重于分析以能源转型为代表的气候变化缓解措施在保护环境和控制碳排放方面的积极作用（Casillas et al.，2010；Ürge-Vorsatz et al.，2012；Frondel et al.，2015；Nguyenet et al.，2019；Shiet et al.，2021），而以实施更为严格的环境法规为代表的气候变化缓解政策对能源贫困可能产生的不利影响研究相对较少。深入探究环境规制对家庭能源贫困潜在的不利影响，可帮助政策制定者更为有效地制定能源和环境政策，从而在保障能源公平和不损害居民福利的前提下缓解气候变化和改善生态环境，这一议题具有重要的现实意义。

因此，本章以中国新《环境保护法》的实施为关键事件，研究环境规制对家庭能源消费的影响。2015 年，中国政府颁布了新的《环境保护法》，这也是中国历史上最严厉的环境保护法（Zhang et al.，2015；Ma et al.，2022）。为更好地贯彻落实新《环境保护法》，中央政府授权地方政府根据本地区实际情况制定相应的环境保护规划，并将环境保护目标纳入地方政府干部考核体系，督促地方政府更加重视环境治理。与此同时，中国地方环境监管机构也对家庭使用生物质燃料进行了限制，以减少环境污染。本章考察了新《环境保护法》是否增加了中国家庭的能源消费负担，以及在多大程度上影响了家庭能源贫困水平。为进一步考察清洁能源可得性在其中的作用，本书构建了一个双重差分模型（DID），以比较新《环境保护法》的实施对清洁能源依赖型家庭和非清洁能源依赖型家庭的能源消费负担和能源贫困程度的影响。

研究结果表明，一方面，新《环境保护法》对非清洁能源依赖型家庭的能源消费负担和能源贫困程度产生了显著的负面影响。平均而言，新《环境保护法》的实施使非清洁能源依赖型家庭的能源负担水平上升了 2.3%，使能源贫困家庭比例增加了 2.6%。另一方面，对于使用清洁能源的家庭来说，其能源负担水平几乎没有变化，能源贫困家庭比例还下降了 1.5%。此外，本书还研究了充足的低成本清洁能源是否可以减轻环境规制对能源贫困的不利影响，我们发现，清洁能源基础设施较好的家庭，即使其在之前的日常生活中更加依赖非清洁能源，但受新《环境保护法》的影响依然较小。这些研究结果表明，限制家庭使用非清洁能源可能迫使依赖非清洁能源的家庭转向使用高成本的清洁能源，将在短期内导致家庭面临较大的能源可支付性问题和陷入较严重的能源贫困。本书研究结果还表明，在收紧环境法规的同时，政策制定者也应该提供充足、便捷和低成本的清洁能源，以促进能源转型。

本章的贡献主要体现在以下几个方面：首先，本书首次评估了为缓解气候变化而收紧的环境法规对中国家庭能源贫困潜在的负面影响。以往文献对能源转型等气候变化应对策略和能源贫困缓解政策的协同效应进行了充分的研究（Casillas et al.，2010；Ürge-Vorsatz et al.，2012；Frondel et al.，2015；Nguyen et al.，2019；Shi et al.，2021），然而少有研究关注气候变化应对策略对能源贫困可能存在的负面影响，以及讨论两大战略的权衡关系。本章的研究结果有助于厘清减缓气候变化是否会以加剧能源贫困为代价。其次，本章证实了清洁能源可获得性在缓解能源贫困方面的关键作用，并证明了降低清洁能源的获取成本可以有效缓解环境法规收紧对能源贫困的负面影响。这一发现尤其是对发展中国家的能源与环境政策制定者和决策者用好相关政策抓手，以加强缓解气候变化和减轻能源贫困两大战略目标之间的协同作用具有重要意义。

本章主要涉及以下两方面研究：其一是缓解气候变化和减轻能源贫困两大战略目标的协同（权衡）关系，其二是清洁能源可得性在减缓能源贫困中的作用。

有关第一方面的研究，过往文献集中对减缓气候变化和减轻能源贫困之间是协同还是权衡关系展开了诸多讨论。例如，Casillas 和 Kammen（2010）认为，能源—贫困—气候之间存在关联，并以尼加拉瓜农村地区的一个案例表明，对低碳能源转型进行投资可以快速改善农村地区清洁燃料的可得性和能源效率，从而缓解这些地区的贫困问题和减少碳排放。Nduka（2021）利用来自尼日利亚农村家庭的证据，进一步证明了低碳能源转型对能源贫困的积极影响。Jin 等（2020）发现减排和扶贫之间存在弱脱钩关系，这反驳了缓解气候变化的策略对扶贫存在潜在的抑制作用的观点。从相反角度，Chakravarty 和 Tavoni（2013）证明，能源贫困缓解政策可能引起能源消费的增加，而那些能源消费水平相对较高的个人通过节省能源消费就可以抵消能源贫困群体增加的能源消费，因此缓解能源贫困不会对减排产生抑制效应。Fu 等（2021）基于中国数据的研究同样证明了扶贫投资与降低碳排放强度之间的协同效应。Shi 等（2021）则进一步表明，家庭消费升级对能源消费的影响虽然在不同地区存在差异，但不一定会给中国的气候变化缓解带来严峻挑战。

然而，部分研究持有与上述研究相反的观点，Ürge-Vorsatz 和 Herrero（2012）的研究表明，减排与缓解能源贫困之间更多的是一种权衡而非协同关系，特别是对于工业国和转型经济体而言。他们采用了一种分类法来描绘这两个政策目标之间的相互作用，并总结得出了 11 对相互作用中有 8 对是权衡或不受欢迎的协同关系。Frondel 等（2015）发现，扩大绿色技术份额的能源转型增加了德国低收入家庭的电费负担，是 2000 年之前电费消费水平的两倍，这可能在一定程度上增加他们的能源贫困风险。Nguyen 等（2019）还发现，只有清洁能源转型和电力贫困缓解之间存在协同关系，而传统能源系统向现代能源系统的转型加深了越南家庭的能源贫困程度。Song 等（2020）的研究表明，即使主要依靠技术进步来推动绿色增长，中国依然遭受了较大的 GDP 损失，而且相关的负面影响主要集中在能源贫困问题较为严重的中西部地区（Zhang et al., 2019）。

如上所述，以往的研究大多聚焦于减缓气候变化的绿色或低碳能源转型与发展中国家能源贫困之间的关系。近年来，为了履行《巴黎协定》，世界各国政府实施了更严格的环境法规和气候政策。例如，2015

年以来，中国政府颁布了一系列与环境相关的法律，以控制环境污染和碳排放。尽管更为严格的环保法规有助于我们实现降低碳排放强度和提高全要素碳效率的目标（Tan et al.，2020），但限制低成本传统能源（如生物质燃料）在家庭中的使用可能会增加家庭的能源消费负担，从而加剧能源贫困，这一效应在无法获得清洁能源的低收入或农村家庭中可能较为严重。研究收紧环境法规对能源贫困具有潜在的负面影响，对环境和能源政策制定者具有重要借鉴意义，但此前的文献并未对此进行充分研究，本章试图填补这方面的研究空白。

有关第二方面的研究，近年来开始有越来越多的文献注意到清洁能源可得性在缓解发展中国家能源贫困方面的关键作用。Xu 等（2019）认为，除财政支持外，中国的光伏扶贫项目有效地激励了私营部门的相关投资，从而增加了贫困家庭的清洁能源可得性，并缓解了他们的贫困问题。这一观点得到了后续大量研究的证实。例如，Liao 和 Fei（2019）发现了清洁能源可得性增加对中国偏远农村地区减贫的潜在贡献，Zhang 等（2020）证实了清洁能源可得性增加对中国农村家庭存在长期减贫效应，Liu 等（2021）则进一步证实了不同地区太阳能资源（清洁能源）可得性的改善在脱贫方面的异质性。此外，Liu 等（2019）还以中国青藏高原农村地区为例，说明了被动式太阳能采暖改造对能源贫困的缓解作用。

既然清洁能源可得性的改善具有显著的脱贫效应，那么它能否缓解环境法规收紧对能源贫困的负面影响？本章将以中国为案例来研究清洁能源可得性在这一关系中的关键作用。本章的研究结果有望为能源与环境政策制定者（特别是发展中国家）在构建政策工具时提供理论依据，也对如何协同缓解气候变化和减轻能源贫困两大战略目标具有重要的现实意义。

4.2 研究方法与数据描述

4.2.1 研究方法

本章考察了新《环境保护法》的实施是否以及在多大程度上影响了我国家庭层面的能源贫困问题。由于新《环境保护法》主要限制非清洁能源的使用，我们将日常生活中使用非清洁能源的家庭作为处理组，将使用清洁能源的家庭作为对照组，并分两个步骤考察新《环境保护法》对这两个群体的影响的差异。首先，本书构建了单变量 t 检验分析，以检验新《环境保护法》实施后这两个群体在家庭能源可支付性和能源贫困方面的变化差异；其次，构建 DID 模型，分析环境法规收紧对能源贫困的因果效应及其影响程度。模型设定如下：

$$\text{Energypoverty}_{i,\,t} = \alpha + \beta_1 \times \text{Regulation}_t + \beta_2 \times \text{NFC}_i + \beta_3$$

$$\times \text{Regulation}_t \times \text{NFC}_i + \sum \gamma_j \times \text{Control}_{i,\,t} + \epsilon_{i,\,t} \qquad (4-1)$$

其中，Regulation_t 为事件虚拟变量，如果样本家庭的问卷调查是在 2015 年 1 月 1 日（中国新《环境保护法》实施日期）之后进行的，则该指标变量取值为 1，否则为 0。NFC_i 为分类变量，对于使用非清洁能源的家庭，该指标变量取值为 1，否则为 0①。由于 2014 年以来，我国已经实现了 100%的电气化，因此了解一个家庭用于烹饪的主要能源是煤炭、木柴等固体燃料还是天然气等现代能源，可以用来衡量一个家庭的现代能源的可及性（Zhang et al.，2019）。参考 Jiang 等（2020）的研究，我们还在模型中加入了一组控制变量以控制家庭特征的差异，即家庭规模、户主的年龄和教育背景，以及家庭是否位于北方。在中国寒

① 借鉴以往文献（Zhang et al.，2019）的做法，根据各类能源在用于家庭烹饪和取暖时对环境和健康的负面影响程度，本书将传统的煤炭和木柴等固态燃料归类为非清洁能源，而将天然气/液化天然气和电力等归类为清洁能源。

冷的北方省份，家庭往往需要额外在室内供暖上消耗较多的能源，因此他们的能源可支付性问题可能比南方的家庭更为严重。

在式（4-1）中，α 为新《环境保护法》实施前使用清洁能源的家庭的能源贫困程度；β_1 则测度了新《环境保护法》的实施对使用清洁能源的家庭的能源贫困程度的影响，而 β_2 测度了《环境保护法》实施前使用清洁能源和非清洁能源的家庭之间能源贫困情况的差异。本书的研究重点在于 β_3，它衡量了新《环境保护法》实施后两组样本家庭在能源贫困方面的差异；如果 β_3 显著为正，则表明新《环境保护法》实施后，使用非清洁能源的家庭比使用清洁能源的家庭面临较严重的能源贫困问题，即新《环境保护法》的实施加剧了那些在日常生活中依赖非清洁能源的家庭的能源贫困问题。

4.2.2 数据描述

本书数据来自中国家庭追踪调查（China Family Panel Studies，CFPS）。CFPS 是由北京大学社会科学调查中心组织实施的一项全国性、大规模、多学科的社会纵向跟踪调查项目，覆盖了全国家庭层面广泛的经济和人口特征，提供了大量如教育、家庭动态、人口迁移、就业、健康和其他主要经济行为信息，使研究人员能够在微观层面研究一系列问题。

本书选取 CFPS 在 2012 年、2014 年、2016 年和 2018 年的调查数据作为样本，调查样本的时间跨度为 2012 年 7 月至 2019 年 4 月。由于部分地区样本总量过少、无法反映区域特征，本书剔除了内蒙古、青海、海南、西藏、新疆和宁夏等省份的样本数据，最终包括了来自 25 个省份的 49 373 条家庭数据。

本书选用了两个指标来衡量家庭能源贫困。第一个指标是家庭能源支出与家庭总收入之比，即能源负担水平。我们分别使用能源价格指数和 CPI 来折算能源支出和家庭总收入，用二者之比来衡量家庭能源可支付性问题的严重程度。第二个指标是能源负担（>10%）。与 Zhang 等（2019）的研究一致，本书将能源负担水平高于 10% 的家庭视为能源贫困家庭①。此外，参考 Jiang 等（2020）的研究，家庭规模、户主的年龄和受教育程度在模型中被视为控制变量。具体而言，家庭规模是指家庭成员的数量，年龄是调查年份与户主出生年份之间的差值。受教育程度是一个虚拟变量，如果户主在最新调查中接受过高等教育，则取值为 1，否则为 0。本书还控制了家庭的居住区域，如果家庭位于中国北方地区，则区域虚拟变量取值为 1，如果家庭位于中国南方地区，则取值为 0。根据中国传统定义，位于秦岭—淮河线以北的省份被标记为北方地区。

表 4-1 展示了回归中使用的主要变量的描述性统计结果。平均而言，能源支出仅占家庭总收入的 7.6%，但约 19.3% 的样本家庭存在能源贫困问题（能源负担>10%），即能源支出占家庭总收入的 10% 以上。另外值得注意的是，32.9% 的家庭在日常生活中使用非清洁能源，这表明抽样家庭中有较大一部分在获取现代能源方面存在实际困难。

表 4-1　描述性统计

变量名称	样本数量	均值	标准差	最小值	最大值
能源负担水平	49 373	0.076	0.126	0	1.284
能源负担>10%	49 373	0.193	0.395	0	1
是否依赖非清洁能源	49 373	0.329	0.470	0	1
家庭规模	49 373	3.745	1.860	1	21
年龄	49 371	50.099	14.423	8	95
受教育程度	46 567	0.053	0.224	0	1
北方/南方	49 373	0.612	0.487	0	1

① 当前研究对能源贫困尚无一致性定义，但 Ürge-Vorsatz 和 Herrero（2012）认为，对于具备完善的能源基础设施的转型经济体来说，能源的可支付问题可以用来更好地刻画能源贫困的程度。因而，本书采用以往文献（Lin et al.，2020）的定义，将家庭能源支出与家庭总收入之比超过 10% 的家庭视为能源贫困家庭。同时，借鉴 Zhang 等（2019）的做法，在回归中本书还将能源负担水平这一连续变量作为家庭能源贫困问题的替代衡量指标。

4.3 实证结果

4.3.1 单变量差异分析

本书通过单变量差异分析来估计中国新《环境保护法》对家庭能源贫困的影响，表4-2展示了新《环境保护法》实施前后家庭能源贫困的差异。新《环境保护法》实施后，依赖非清洁能源的家庭的平均能源负担水平从8.85%提高到了9.90%，提高了1.05%，而使用清洁能源的家庭的平均能源负担水平则下降了0.4%。从能源贫困的角度来看，依赖非清洁能源的家庭中能源负担>10%的比例从24.10%增加到27.47%，比新《环境保护法》实施前增加了3.37%；依赖清洁能源的家庭中能源负担>10%的比例却下降了1.26%。单变量分析的结果表明，新《环境保护法》实施后，对使用煤炭、木柴等固体燃料的限制收紧可能会增加那些日常生活中依赖非清洁能源的家庭的能源可支付风险和能源贫困风险，而这种限制对依赖于清洁能源的家庭的影响则相对有限。

表 4-2　环境法规实施前后家庭的能源负担水平

家庭类型	能源负担水平			能源负担（>10%）		
	实施前	实施后	差值（实施后-实施前）	实施前	实施后	差值（实施后-实施前）
非清洁能源	8.85	9.90	1.05 *** (0.002)	24.10	27.47	3.37 *** (0.007)
清洁能源	6.96	6.56	−0.40 *** (0.001)	16.83	15.57	−1.26 *** (0.004)

注：*** 、** 、* 分别表示在1%、5%、10%水平上显著，括号内为标准误。

4.3.2　多变量双重差分分析

表 4-3 展示了运用双重差分法的回归结果。在回归中，本书分别使用 Tobit 方法和 Logit 方法来估计新《环境保护法》对家庭能源可支付性和能源贫困的影响。为了更好地解释估计结果的经济学含义，表 4-3 中报告了估计结果的边际效应[①]。在表 4-3 中，第（1）列和第（4）列展示了主要解释变量的回归结果，引入一组控制变量的回归结果见第（2）列和第（5）列，将省份固定效应纳入模型的回归结果见第（3）列和第（6）列。

表 4-3　环境法规对家庭能源贫困的影响

	能源负担水平			能源负担（>10%）		
	（1）	（2）	（3）	（4）	（5）	（6）
环境规制（NCF=0）	0.003*** （0.001）	0.004*** （0.001）	0.003*** （0.001）	−0.011*** （0.004）	−0.007* （0.004）	−0.015*** （0.005）
环境规制（NCF=1）	0.024*** （0.002）	0.023*** （0.002）	0.023*** （0.002）	0.034*** （0.007）	0.030*** （0.007）	0.026*** （0.006）
NCF（环境规制=0）	0.004*** （0.001）	0.016 （0.013）	−0.001 （0.001）	0.073*** （0.006）	0.059*** （0.006）	0.041*** （0.007）
家庭规模		−0.003*** （0.000）	−0.003*** （0.000）		−0.013*** （0.001）	−0.017*** （0.001）
年龄		0.001*** （0.000）	0.001*** （0.000）		0.003*** （0.000）	0.003*** （0.000）
受教育程度		−0.017*** （0.002）	−0.014*** （0.002）		−0.116*** （0.011）	−0.103*** （0.011）
北方/南方		0.008*** （0.001）	0.001 （0.005）		0.053*** （0.004）	0.040 （0.028）

---

① 在表 4-3 中，环境规制（NCF=0）的边际效应，即环境规制收紧（实施新《环境保护法》）对使用清洁能源的家庭的能源可支付性和能源贫困的影响程度，可以由公式（4-1）中系数 β_1 获得。而环境规制（NCF=1）的边际效应则反映的是环境规制收紧对使用非清洁能源的家庭的能源可支付性和能源贫困的影响程度，可以通过 $\beta_1 + \beta_3$ 获得。因此，两个边际效应的差的大小取决于系数 β_3。

表4-3（续）

	能源负担水平			能源负担（>10%）		
	（1）	（2）	（3）	（4）	（5）	（6）
省份固定效应	否	否	是	否	否	是
样本量	49 373	46 565	46 565	46 565	46 565	46 565
Log likehood	23 164.55	21 859.86	22 135.94	−23 918.53	−22 023.21	−21 538.96
Wald chi^2	460.79	1 305.69	1 857.85	642.26	1 617.75	2 586.26

注：①***、**、*分别表示在1%、5%、10%水平上显著，括号内为标准误；②变量"环境规制（NCF＝0）"代表新《环境保护法》实施后依赖清洁能源的家庭，变量"环境规制（NCF＝1）"代表新《环境保护法》实施后依赖非清洁能源的家庭，变量"NCF（环境规制＝0）"代表新《环境保护法》实施前依赖非清洁能源的家庭。

由表4-3可知，环境规制（NCF＝0）的边际效应对能源负担水平具有显著的正向影响，对能源负担（>10%）具有显著的负向影响，这意味着新《环境保护法》的实施使依赖清洁能源的家庭的能源负担平均水平提高了0.3%，而能源负担（>10%）的比例下降了1.5%。环境法规对能源负担水平和能源负担（>10%）的影响差异主要由于Tobit回归删除了许多0值，而这些观测值仍保留在Logit回归中。环境规制（NCF＝1）的边际效应都是正向显著的，表明新《环境保护法》的实施使得家庭能源负担水平和能源负担（>10%）家庭的比例分别增加了2.3%和2.6%。因此，与使用清洁能源的家庭相比，依赖非清洁能源的家庭更容易受到新《环境保护法》的负面影响。这一发现与我们的单变量分析结果一致，意味着环境政策收紧主要影响那些依赖非清洁能源的家庭，并增加了这些家庭的能源可支付性风险和能源贫困风险。

变量NCF（环境规制＝0）的边际效应由式（4-1）的系数β_2推导而来，衡量了新《环境保护法》实施前处理组和对照组在能源贫困上的差异。从表4-3的第（3）列和第（6）列可以看出，新《环境保护法》实施前，这两组家庭在能源负担水平上几乎没有差异，但使用非清洁能源的家庭的能源负担（>10%）比例明显高于使用清洁能源的家庭。在新《环境保护法》实施后，两组家庭的能源负担水平和能源负担（>10%）比例的差异分别增加到 1.9% 和 8.2%①。这一结果也与单变量分析一致。差异增加的原因可能是依赖非清洁能源的家庭一般使用木柴和其他传统固体燃料来满足其日常能源需求，而这些固体燃料大部分又是免费或以极低的价格获得的。新《环境保护法》实施后，这些低成本燃料的使用受到了限制，因而依赖非清洁能源的家庭不得不转而使用相对昂贵的清洁能源，从而增加了其能源贫困风险。

综上所述，环境法规的收紧对日常生活中依赖非清洁能源的家庭的影响较为严重，限制使用固体燃料令这些家庭面临较大的能源可支付性负担，从而使这些家庭陷入能源贫困风险。新《环境保护法》实施后，限制使用固体燃料令依赖非清洁能源的家庭不得不转而使用现代能源。然而，由于难以获取充足的清洁能源或者缺乏获取途径，依赖非清洁能源的家庭获取清洁能源的成本相对较高，这在一定程度上增加了这些家庭的能源消费负担。

4.3.3　清洁能源获取成本和环境法规对家庭能源贫困的影响

单变量分析和 DID 回归的估计结果都表明，新《环境保护法》的实施主要影响使用非清洁能源的家庭，导致这些家庭可能陷入能源可支付性风险和能源贫困风险。因此，考察新《环境保护法》通过何种机制影响依赖非清洁能源的家庭的能源可支付性问题和能源贫困问题，从而帮助政策制定者设计和实施适当的环境保护政策，在不降低居民社会福利的情况下实现环境保护和减排目标就变得至关重要。如前文所述，清洁能源的获取成本是影响家庭能源负担水平和能源贫困的主要因素之一，环境法规可能对那些能够以较低成本轻松获得清洁能源的家庭影响更小。

在本节中，我们研究了清洁能源获取成本如何影响新《环境保护法》对中国家庭能源贫困的负面影响，回归结果如表 4-4 所示。我们

---

① 新《环境保护法》实施后处理组和对照组家庭在能源可支付性和能源贫困上的差异可以通过 $\beta_2 + \beta_3$ 获得，即 1.9% = -0.1% + （2.3% - 0.3%），8.2% = 4.1% + [2.6% - （-1.5%）]。

选择了两个变量来代理清洁能源获取成本：首先，我们使用区域虚拟变量 Urban 来代理清洁能源的获取难度。一般而言，城市拥有相对完善的能源基础设施，人们更容易以较低的成本获得清洁能源，导致城市和农村在能源贫困方面存在差异（Zhang et al., 2019；Yu et al., 2021）。因此，如果样本家庭位于城市地区，则区域虚拟变量取值为 1（Urban=1），否则为 0（Urban=0）。其次，我们使用每平方千米的天然气管道长度来衡量每个省份的清洁能源获取成本，天然气管道越密集，家庭获取清洁能源的成本可能就越低。

本章通过构建环境法规与清洁能源获取成本的交互项来检验获取成本降低是否减缓了环境法规收紧对家庭能源贫困的不利影响。前文的估计结果表明，收紧环境法规主要影响依赖非清洁能源的家庭，因此下文重点关注这类家庭。

表 4-4　清洁能源的获取成本和环境法规对家庭能源贫困的影响

	能源负担水平		能源负担（>10%）	
	（1）	（2）	（3）	（4）
环境规制（Urban=0）	0.031 *** (0.002)		0.038 *** (0.008)	
环境规制（Urban=1）	0.004 (0.004)		−0.040 *** (0.015)	
环境规制（管道密度前 25%）		0.002 3 *** (0.002)		0.025 *** (0.008)
环境规制（管道密度前 50%）		0.021 *** (0.002)		0.020 *** (0.008)
环境规制（管道密度前 75%）		0.019 *** (0.002)		0.014 *** (0.009)
天然气管道密度		0.113 *** (0.023)		0.040 *** (0.102)
家庭规模	−0.056 *** (0.001)	−0.006 *** (0.001)	−0.031 *** (0.002)	−0.032 *** (0.002)
年龄	0.001 *** (0.000)	0.001 *** (0.000)	0.002 *** (0.000)	0.002 *** (0.000)

表4-4(续)

	能源负担水平		能源负担（>10%）	
	（1）	（2）	（3）	（4）
受教育程度	0.005 (0.007)	0.005 (0.007)	−0.060*** (0.023)	−0.061*** (0.023)
北方/南方	−0.011 (0.045)	−0.165*** (0.056)	0.104 (0.153)	0.085 (0.208)
省份固定效应	是	是	是	是
样本量	15 276	15 329	15 272	15 325
Log likehood	2 930.43	2 932.59	−8 273.85	−8 316.52
Wald chi²	742.88	725.19	823.19	807.61

注：***、**、*分别表示在1%、5%、10%水平上显著，括号内为标准误。

与前文一致，本节依然报告的是变量的边际效应而不是系数本身，并重点关注环境法规与获取成本的交互项。由表4-4可知，第（1）列和第（3）列展示了新《环境保护法》对农村地区能源可支付性和能源贫困的影响的边际效应。新《环境保护法》对农村地区（Urban=0）能源负担水平和能源负担（>10%）的边际效应分别为3.1%和3.8%；而新《环境保护法》对城市地区（Urban=1）相应的边际效应仅为0.4%和−4.0%。这表明新《环境保护法》实施后，对于农村地区依赖非清洁能源的家庭来说，其能源负担水平和能源负担（>10%）比例分别增加了3.1%和3.8%，而城市家庭的能源负担水平只增加了0.4%，能源负担（>10%）的比例甚至减少了4%。显然，更严格的环境法规对城市家庭产生的不利影响要小得多。

表4-4的第（2）列和第（4）列则分别报告了天然气管道密度在25%、50%和75%的分位数水平上对新《环境保护法》不利影响的边际效应。新《环境保护法》的实施对三个天然气管道密度水平下的家庭能源负担水平（能源负担>10%）的边际效应分别为2.3%（2.5%）、2.1%（2.0%）和1.9%（1.4%），说明环境规制对依赖非清洁能源的家庭的能源可支付性和能源贫困的不利影响随着天然气管道

密度的增加而减少。该结果与第（1）列和第（3）列的结果一致，表明能源基础设施较好地区的家庭受到更严格的环境法规的不利影响较小。上述结果也证实了本节的假设，即清洁能源的获取成本是影响环境法规与家庭能源贫困关系的主要因素之一。当环境保护政策限制家庭使用固体能源时，清洁能源较为充裕或者更方便获取的地区的居民，可以以较低的成本轻松地将传统能源转换为清洁能源，从而减少环境法规收紧对能源贫困的不利影响。

4.4　本章小结

本章以中国新《环境保护法》的实施为例，考察了环境规制对家庭能源贫困的潜在影响，并探讨了环境法规影响能源贫困的机制。研究结果表明：实施更为严格的环境法规可以有效缓解气候变化，但对于发展中国家的低收入家庭来说，环境问题的缓解可能会以这些家庭能源贫困问题的恶化为代价。本章研究结果表明，新《环境保护法》的实施导致日常生活中更加依赖非清洁能源的家庭面临更严重的能源可支付性问题和能源贫困问题，但对那些依赖清洁能源的家庭则影响较小。此外，我们还发现，居住在城市地区或天然气管道密集省份的家庭能够以较低的成本获得清洁能源，从而降低了环境法规对家庭能源负担和能源贫困的负面影响。

本章从能源贫困视角为环境规制对家庭能源消费的不利影响提供了实证证据，对了解中国环境法规和能源贫困的现状与后果具有重要的政策借鉴意义。政府在实施更严格的环境法规时，应充分考虑缓解气候变化和纾解能源贫困两大战略目标之间的协同关系，并通过太阳能发电装置建设、天然气管道网络改造和电网更新等手段加强低成本清洁能源的供应能力。

5 气温冲击对家庭能源消费的影响

温室气体的大量排放，导致全球变暖和极端天气频发，使得近些年中国气候风险显著加剧。面对上述风险，家庭部门的能源消费行为势必受到影响，会在短期内被迫采取适应性措施来应对气候变化。其中，制冷和制热是居民应对极端天气采取的重要家庭能源消费手段，而为应对极端高温和低温天气，家用电器长期频繁使用，导致家庭部门对能源消费需求快速增长。以上现象可能会增加家庭能源消费负担，不利于能源脱贫的实现，并且会加大能源供给缺口，甚至会对中国能源安全产生冲击。因此，对气温冲击下家庭适应性行为引致的家庭能源消费变化进行定性分析具有重要的现实意义。在此背景下，本章基于上述对家庭能源消费的探讨和极端天气频发的现状，深入分析气温冲击对不同类型家庭能源消费的差异化影响，并提出在极端天气频发的今天，如何满足家庭基本能源消费的相关政策建议。

5.1 研究背景

随着工业化和城镇化进程的推进，大量温室气体排放加剧了全球气候变暖。IPCC（2021）指出，即使温室气体得到有效控制，全球气温依然会上升，这意味着气候变化问题将长期存在。温室气体的排放不仅会导致气候变暖，也会加剧气候系统的不稳定性，从而导致极端天气的出现频率和强度增加（Lee et al.，2021）。极端天气的重要表现是气温波动性增强和极端气温天数增加，特别是极端高温事件增多。气候变化已成为人类可持续发展的重大威胁（刘明辉 等，2022），极端天气频发给人类社会带来了诸多不利后果，如增加人们的发病率和死亡率（Tan et al.，2007；Ebi et al.，2021），导致收入贫困（Hertel et al.，2010；Nguyen et al.，2020）和能源贫困（Feeny et al.，2021；Que et al.，2022），对粮食安全产生不利影响（Ziv et al.，2012；Schmitt et al.，2022）等。2000—2019 年，全球发生了超过 11 000 起极端气候事件，导致了巨大的人员伤亡和经济损失。相对于发达国家，发展中国家受到了更大的负面影响，并且预期由于持续的气候变化，在未来，极端天气事件将会更加频繁和严重（Eckstein et al.，2021）。中国作为全球气候变化的敏感区和影响显著区，气候变化不可避免地会增加中国的气候风险。《中国气候变化蓝皮书（2022）》指出，中国地表年平均气温上升速率显著高于同时期全球平均水平，并且 20 世纪 90 年代以来，极端高温事件和极端降水事件显著增多，这表明中国将面临更为严峻的气候挑战，这对中国经济社会的影响将会进一步加深。

气候变化及其带来的极端气温对人们的生产生活造成了严重威胁（Donadelli et al.，2017；Sellers et al.，2019），然而气候变化问题不可能在短期内得到解决，居民只能采取气候适应性措施来减少气候变化对自身的影响（Burton et al.，1978；冯晓龙 等，2017）。家庭通常会调整他们的时间利用方式（Graff Zivin et al.，2014），通过减少室外活动而更多地停留在室内（Zander et al.，2015）以及在高温和低温天气更长期频繁地使用空调等家电设备（Yu et al.，2019；Zhang et al.，2022）等行为，以应对气候变化。以上调整可能会导致家庭产生更多能源消耗，例如电力消费增多。然而，家庭的气候适应性行为可能会受到多方面的影响，特别是经济发展水平的差异导致家庭气候适应性能力存在差距。由于收入水平较低和资源获取能力较弱，发展中国家的家庭在面对日益严峻的气候变化时，其适应能力和适应行为可能会有别于发达国家家庭（Yu et al., 2019）。中国作为世界上最大的发展中国家，居民收入水平相较于发达国家还有一定差距，这可能导致中国家庭气候适应性能力较弱。在气温冲击下，中国家庭是否具有应对气候变化的能力以及能做出适应性行为的程度，是政策制定者需要关注的问题，这既关乎居民的生存福利，也会影响社会经济的可持续发展。

　　随着居民购买力的提高，中国居民的生活能源消费保持较快速度增长，从 2000 年的 1.7 亿吨标准煤上升到 2020 年的 6.4 亿吨标准煤，在全国总能源消费中的占比从 2000 年的 11% 上升到 2020 年的 13%。其中电力消费在生活能源消费中占据重要地位，其在生活能源消费中的占比由 2000 年的 35.1% 上升到 2020 年的 71.5%。图 5-1 展示了 2000—2020 年中国居民的生活能源消费状况，可以看出中国人均生活用能在此期间快速增长，这主要得益于我国居民可支配收入水平的快速提高。同时，我国居民的人均电力消费也快速增加，在人均生活用能增速放缓的情形下，人均电力消费仍保持较快增速，这说明我国居民的生活能源消费结构正在不断优化（吴施美 等，2022）。随着我国家庭对电力能源的需求不断增大，能源安全和气候目标的实现受到了挑战。在这种背景下，气温冲击是否会进一步强化我国居民的能源需求，从而加剧能源贫困（Feeny et al., 2021）和威胁能源安全是值得探讨的问题。

　　近年来，气候变化对家庭电力能源消费的影响受到学术界的广泛关注，相关研究成果对家庭能源消费领域的研究起到了推动作用，但仍存在一些不足之处。首先，现有大多数研究基于电力支出数据或者用电力支出与平均电力价格的比值来反映家庭的电力消费情况，但这种方法忽略了电力价格非线性结构的影响，从而导致较大的测量误差（Cao et al., 2019；Zhang et al., 2022）。其次，现有文献对家庭电力消费影响因素的研究主要集中于家庭特征变量，如家庭收入、家庭规模等（Abul Hasan et al., 2017；Zhu et al., 2022）；个体特征变量，如年龄、性别等（Zou et al., 2019；Shrestha et al., 2021）；地区气候特征变量，如平均气温、降水等（Auffhammer et al., 2014；Harish et al.，2020），对气候变化的实证研究依然不足。其中，与本书研究联系最紧密的是探讨气温变化对家庭电力消费的研究。我们发现现有相关研究主要通过制暖和制冷天数（刘明辉 等，2022）、将气温划分为数个区间再计算天数（Harish et al.，2020；Zhang et al.，2022）、用气温与长期平均气温的差值除以长期气温标准差（Feeny et al.，2021）来反映气温变化的影响，但这三种衡量方法存在一定缺陷，例如基于确定的气温阈值判断制暖和制冷天数的方法并不适用于全国地区，因为每个地区对热和冷的忍受程度是有差异的（Zhang et al.，2022）；基于气温区间的天数更多反映的是气温分布状况，其与平均气温密切相关，不能很好地反映一个地区气温变化的情况；使用气温离差来表征气温冲击更多反映的是当期气温相对于长期气温增长的幅度，而不能反映整体气温波动的作用。现有文献在探讨气候因素对中国家庭电力消费的影响时，主要考虑了平均气温及其分布对家庭电力消费的影响（Zhang et al.，2022；刘明辉 等，2022），而分析气温冲击对中国家庭电力消费的影响的研究尚且不足。因此，本章在气温离差方法的基础上，采用气温离差的绝对值来反映气温冲击的程度。

　　基于上述分析，本章使用中国家庭能源消费调查数据（2012—2014 年）提供的家庭电力消费量、家庭和人口特征信息，以及基于各区县日度气温数据测算的气温冲击指标，探讨了气温冲击对家庭电力消费的影响，并深入分析了气温冲击影响家庭电力消费在各地区、家庭组中的异质性。

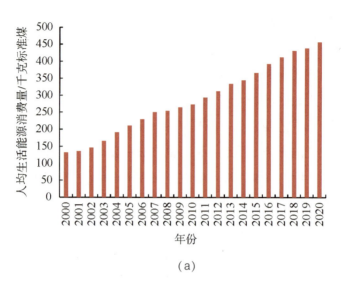

（a）

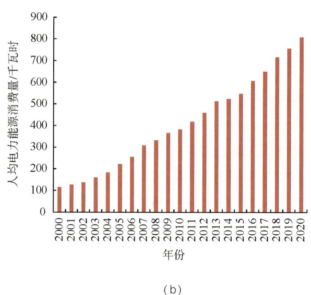

（b）

图 5-1　2000—2020 年中国居民人均生活能源消费量与用电量

（数据来源：中国统计年鉴）

5.2 数据处理与模型设定

5.2.1 数据来源

本章使用的家庭层面数据主要来自 2012—2014 年的中国家庭能源消费调查（CRECS），该数据调查由中国人民大学自 2013 年起组织实施，迄今已开展了七轮入户问卷调查，构建了中国首个大样本家庭能源消费微观调查数据库。该调查以家庭能源消费为关注点，详细收集了中国家庭能源消费模式和特征等信息，为分析我国家庭能源消费现状特征、追踪能源消费模式的变化趋势及其影响因素提供了丰富的数据支撑。基于数据的可获得性，本书使用 2012—2014 年的家庭调查混合截面数据来探讨气温波动这一外部冲击对中国家庭能源消费的影响。在去除主要变量的缺失值后，我们获得 5 120 个样本。

5.2.2 变量说明

本书参照关于家庭能源消费影响因素研究的现有文献（Feeny et al., 2021；Zhang et al., 2022），主要使用以下解释变量进行实证研究：

5.2.2.1 气温冲击

气候变化是影响居民行为的重要因素（Zhang et al., 2021），气温的非正常变动迫使人们采取气候适应性措施，从而影响家庭的能源选择和能源消费行为。以往研究主要采用气温离差对气温冲击进行衡量（Graff Zivin et al., 2020；Feeny et al., 2021），即用当期气温与长期平均气温的差值除以该地区长期气温标准差或者直接使用当期气温与长期平均气温的差值（Zhang et al., 2022）来表示气温冲击的程度。考虑到使用气温离差来反映气候冲击状况更多强调的是气温上升对家庭能源消费的影响，而忽视了极端低温天气的影响，不能反映出气温波动的真实状况，本书使用气温离差的绝对值来表征气温冲击。本书使用的气温数据为各县日度气温数据，该数据来源于国家气象科学数据共享服务平台提供的中国地面气候资料日值观测值，该数据提供了各观测点的日度数据，我们先使用反距离权重插值法（IDW）将其插值成格点数据，再分区域求得各县的日度平均数据。地区长期平均气温和长期气温标准差采用 2000—2019 年的平均气温数据进行计算。

5.2.2.2　家庭和个体特征

现有大量研究证实家庭特征是影响家庭能源消费行为的重要因素，例如收入被认为是影响家庭能源消费最重要的因素（刘业炜，2019），家庭可支配收入水平的提高能够增强家庭的能源负担能力（Abul Hasan et al.，2017）。家庭规模越大，产生的家庭电力消费越多（Han et al.，2018），也有助于发挥规模效应，降低人均电力消费和改变能源消费结构（Zou et al.，2019）。家庭年龄结构也会对家庭能源消费产生影响，如家庭中老年人口的占比。由于老年人更加倾向于节俭，老龄化家庭可能会有相对较低的家庭电力消费（Zou et al.，2019）；拥有小孩的家庭可能会更注意能源消费对健康的影响（Zhu et al.，2022）。家庭的城乡属性也被认为会显著影响家庭的电力消费（韩金雨 等，2020），城乡电力基础设施的差异和消费观念的不同会影响居民的电力消费。家庭在冬季是否供暖对家庭电力消费具有重要的影响（韩金雨 等，2020；Zhang et al.，2022），特别是通过电力采暖会直接增加电力消费，而集中供暖则会影响居民的居家时间，长时间居家会导致能源消费的增加，因此冬季供暖的家庭可能比未供暖的家庭会产生更多电力消费。

除此之外，个人特征也是影响家庭能源消费行为的重要因素，例如户主的性别差异可能会使家庭做出不同的能源消费选择。相对于男性户主，一方面，女性户主可能会采取更多的节能措施（Shrestha et al.，2021），从而减少电力消费；另一方面，女性户主更倾向于使用清洁能源（Adusah-Poku et al.，2022），反而又增加了电力消费。户主年龄越大可能会使得家庭电力消费减少，因为老年人更加节俭（Zou et al.，2019）。受教育程度的不同可能会影响家庭的消费观念，受教育程度更高的家庭对高层次消费的需求更大，例如会购买和使用更多类型的家用电器，从而导致其能源消耗更大。

5.2.2.3 建筑物特征

建筑物特征对家庭的能源消费具有显著影响（van den Brom et al.，2018），例如建筑面积更大的住房在冬季和夏季时供暖和制冷覆盖的面积更大，从而产生更多电力消耗（Durisic et al.，2020）。建筑年龄的差异也会导致建筑物保暖散热等功能存在差异，从而影响电力消耗，一般来说老旧房屋存在供热管道损失较为严重、砖墙薄等问题（战福军，2010），导致老旧建筑物在供暖和制冷时要消耗更多电力（Choi et al.，2022）；而新建筑物普遍采用保暖节能的建筑材料，且更可能安装中央空调和地暖等用能设施，从而增加了家庭的电力消费。

5.2.2.4 气候特征

现有研究发现，气候条件也是影响家庭能源消费的重要因素。气温通常被认为是影响电力消费最显著的天气变量（Li et al.，1995），平均气温的上升和下降会直接影响家庭的制冷和供暖需求（Harish et al.，2020；刘明辉 等，2022），特别是极端气温的出现会大幅度增加家庭对能源的需求（Auffhammer et al.，2014）。除此之外，降水、日照时长等天气特征也会对家庭的能源消费行为产生影响（刘明辉 等，2022），降水增多会增加空气中的含水量，从而增加家庭衣物清洗、烘干等活动的频率，而日照时间越长会减少家庭的供热需求，从而减少家庭电器的使用频率。各县的年平均气温、年降雨量、日照小时的数据来源和处理方法与5.2.2.1中提及的气温数据处理一致。

5.2.3 模型设定

基于5.2.2中对变量的介绍，本书参照探讨家庭能源消费影响因素的相关文献，构建以下计量模型：

$$\log\mathrm{EC}_{ict} = \alpha_0 + \beta_1\,\mathrm{TS}_{ct} + \beta_2\,X_{ict} + \mu_c + \delta_t + \mu_c * \theta_t + \varepsilon_{ict} \quad (5\text{-}1)$$

其中，$\log\mathrm{EC}_{ict}$ 为位于 c 县的家庭 i 在第 t 年的电力消费；TS_{ct} 是指 c 县在第 t 年的气温冲击，即当年该县平均气温与长期平均气温的差值除以长期气温标准差后的绝对值；X_{ict} 为其他控制变量，包括家庭特征变量，如家庭收入水平、家庭规模、老年和小孩人口占比以及冬季是否供暖；个体特征变量，如户主性别、年龄、民族和受教育程度；气候特征变量，如平均气温、日照时间和年降水量；建筑特征变量，如建筑面积、建筑年份。此外，我们还控制了城市固定效应（μ_c）来反映影响家庭电力消费的时间不变的城市层面因素，年份固定效应（δ_t）来反映影响家庭电力消费的不随个体变化的时间趋势，以及省份与线性时间趋势的交互项（$\mu_c * \theta_t$），以控制省份特定的宏观经济趋势；ε_{ict} 代表稳健性标准误。

为避免异常值对回归分析结果的干扰，我们对模型中的连续型变量进行上下 1% 的缩尾处理，变量的描述性统计结果如表 5-1 所示。数据表明，样本中家庭平均年电力消费为 1 509 千瓦时，夏季月均电力消费为 226 千瓦时，大于冬季的月均电力消费 178 千瓦时。通过对比城乡家庭的电力消费发现，城乡家庭电力消费存在异质性，城镇家庭年均电力消费为 1 834 千瓦时，而农村家庭年均电力消费仅为 1 223 千瓦时。家庭电力消费也存在显著的南北方差异，南方家庭年均电力消费为 1 598 千瓦时，高于北方家庭的 1 413 千瓦时，这可能是因为夏季时南方天气更炎热和潮湿，所以南方家庭的制冷需求更大（Zhang et al.，2022）；而在冬季，北方大部分家庭可以使用集中供暖而非电力供暖，从而对电力的消耗较少。电力消费与家庭收入正相关，低收入组家庭年均电力消费为 963 千瓦时，而最高收入组家庭的年均电力消费高于 3 000 千瓦时。

表 5-1　描述性统计

变量	定义	均值	最小值	最大值	标准差
ln（年电力总消费）	家庭年均电力消费的对数值	7.045	4.796	8.882	0.766
ln（夏季月均电力消费）	夏季月均电力消费的对数值	5.012	2.639	7.496	0.914
ln（冬季月均电力消费）	冬季月均电力消费的对数值	4.793	2.397	7.314	0.881
气温冲击	县气温离差的绝对值	0.037	0	0.126	0.028
气温	县年均气温	14.10	3.232	23.25	4.022
日照	县年日照时间	1 954	953.2	2 843	404.9
降水	县年降雨量	9.867	1.775	24.32	4.202
家庭收入	家庭总收入组（由低到高）	3.297	1	18	2.018
家庭规模	家庭常住人口	2.887	1	7	1.323
城镇	是否城镇（是=1，否=0）	0.464	0	1	0.499
小孩占比	家庭小孩占比（小于15岁）	0.079	0	0.500	0.139
老人占比	家庭老年人占比（大于65岁）	0.151	0	1	0.284
供暖	冬季是否供暖（是=1，否=0）	0.585	0	1	0.493
性别	户主性别为男性（是=1，否=0）	0.657	0	1	0.475
年龄	户主年龄	51.47	20	84	14.39
受教育程度	户主受教育程度（由小到大）	1.635	0	4	3.750
汉族	是否汉族（是=1，否=0）	0.943	0	1	0.232
建筑面积	住房的建筑面积类型（由小到大）	6.258	2	10	2.015
建筑年代	住房的建筑年代（由旧到新）	6.129	1	8	1.369

5.3　实证结果

5.3.1　基准回归结果

本章基于 2012—2014 年家庭层面的混合截面数据实证分析了气候冲击对中国家庭能源消费的影响，回归结果如表 5-2 所示。首先，我们只控制了城市固定效应、时间固定效应、省份与线性时间趋势的交互项，见第（1）列，可以发现气温冲击会显著导致家庭产生更多电力消费。其次，我们在模型中逐步加入家庭所在地的气候状况变量，见第（2）列；家庭和个体特征变量，见第（3）列；建筑特征变量，见第（4）列；可以发现，在加入控制变量之后，气温冲击对家庭电力消费的显著正向作用始终保持一致，这说明在气温波动增大后，居民会有更大的能源需求以应对气候变化。

除此之外，我们发现家庭收入水平的提高是促使家庭用电增加的重要因素，收入水平提高增强了家庭的能源消费能力（Chen et al.，2022），这意味着政策制定者需要注意到，随着我国居民可支配收入水平的提高，家庭能源需求会大幅增加。与 Zou 和 Luo（2019）的研究相同，我们发现家庭规模越大，越会产生更多电力消费。相对于农村居民，城镇居民具有更高的电力消费，这可能是由于城镇家庭具有更多家电设备（Zhang et al.，2022）以及具有更高的消费倾向（袁宇晨，2017）。户主受教育程度越高，家庭电力消费越多，这可能是由于受教育程度更高的家庭从事的工作需要更多电力消费。具有更高老年人占比的家庭，其电力消费会更少，这是因为老年人更加节俭，他们会控制家电的使用，进而使得家庭电力消费更低。

建筑物的特征也是影响家庭电力消费的重要因素，建筑面积越大需要供暖的空间范围越大，从而产生更多电力消费，而建筑存续时间越短则越有可能拥有更好的供暖设备，特别是在南方地区，越来越多新建筑允许安装中央空调，从而导致更大能源消费。冬季供暖的增加也会导致家庭电力消费增加，尽管北方许多家庭是集中供暖，但南方地区和北方部分农村地区仍采用自供暖模式，会增加对空调等采暖设施的使用，从而比那些不供暖的家庭消费更多电力。此外，降雨量也会正向影响家庭电力消费，这是因为家庭为应对潮湿的空气会开启空调、除湿器等电器设备以及增加洗衣机的使用。气温冲击对夏季和冬季家庭电力消费的影响分别见第（5）列和第（6）列，我们发现气温波动的增加既会增加夏季家庭电力消费，也会导致冬季家庭电力消费增加，并且对冬季家庭电力消费的影响更大。

表 5-2　气温冲击对家庭能源消费影响的基准回归

变量	（1） ln（年电力总消费）	（2） ln（年电力总消费）	（3） ln（年电力总消费）	（4） ln（年电力总消费）	（5） ln（夏季月均电力消费）	（6） ln（冬季月均电力消费）
气温冲击	2.899** (1.140)	3.625*** (1.208)	4.537*** (1.129)	3.854*** (1.102)	3.189** (1.244)	3.682*** (1.347)
气温		−0.022 (0.031)	−0.028 (0.029)	−0.005 (0.029)	0.053 (0.033)	0.026 (0.035)
日照		0.000 (0.000)	0.000 (0.000)	0.000 (0.000)	0.000* (0.000)	0.000 (0.000)
降水		0.125*** (0.030)	0.118*** (0.027)	0.103*** (0.027)	0.106*** (0.030)	0.050 (0.032)
家庭收入			0.058*** (0.006)	0.048*** (0.006)	0.047*** (0.007)	0.047*** (0.007)
家庭规模			0.111*** (0.009)	0.100*** (0.009)	0.095*** (0.010)	0.086*** (0.010)
城镇			0.275*** (0.030)	0.325*** (0.030)	0.343*** (0.033)	0.349*** (0.033)
供暖			0.135*** (0.036)	0.133*** (0.035)	0.134*** (0.038)	0.163*** (0.039)
小孩占比			−0.022 (0.077)	−0.027 (0.077)	−0.028 (0.084)	0.029 (0.083)

表5-2(续)

变量	（1） ln（年电力总消费）	（2） ln（年电力总消费）	（3） ln（年电力总消费）	（4） ln（年电力总消费）	（5） ln（夏季月均电力消费）	（6） ln（冬季月均电力消费）
老人占比			−0.098**	−0.078*	−0.115**	−0.066
			(0.044)	(0.044)	(0.045)	(0.046)
性别			0.012	0.012	0.021	0.018
			(0.022)	(0.022)	(0.024)	(0.024)
年龄			−0.002**	−0.002*	−0.001	−0.002
			(0.001)	(0.001)	(0.001)	(0.001)
受教育程度			0.036***	0.031**	0.033**	0.037**
			(0.014)	(0.014)	(0.015)	(0.015)
汉族			−0.011	−0.010	0.004	−0.018
			(0.049)	(0.049)	(0.053)	(0.057)
建筑面积				0.050***	0.045***	0.048***
				(0.006)	(0.007)	(0.007)
建筑年代				0.031***	0.033***	0.036***
				(0.008)	(0.009)	(0.009)
样本量	5 111	5 111	4 948	4 939	4 548	4 525
调整后 R^2	0.234	0.236	0.335	0.352	0.497	0.441
城市固定效应	Yes	Yes	Yes	Yes	Yes	Yes
时间固定效应	Yes	Yes	Yes	Yes	Yes	Yes
省份与线性时间趋势的交互项	Yes	Yes	Yes	Yes	Yes	Yes

注：括号中为稳健标准误，***、**和*分别代表在1%、5%和10%水平上显著。

5.3.2　异质性分析

本节进一步分析了气温冲击对不同类型家庭和不同地区家庭的电力消费的异质性影响，回归结果如表5-3所示。本书考虑了气温冲击对城镇和农村家庭电力消费影响的异质性，结果显示气温冲击会显著增加农村家庭的电力消费，而对城镇居民电力消费不存在显著影响，分别见第（2）列和第（1）列。由于城乡工作的差异，城镇居民更可能在工作地点开启空调来应对极端低温和极端高温天气，从而减少家庭制冷和制热设备的使用，而农村家庭主要使用自家的电器，因此气温冲击下农村家庭的电力消费增长更多。气温冲击对南方地区家庭的电力消费具有显著的正向影响，而不会增加北方地区家庭的电力消费，分别见第（4）列和第（3）列。由于北方大部分地区家庭都能在冬季通过集中供暖来应对寒冷的气候，而南方地区主要通过自供暖，因此低温天气下南方地区家庭的电力消费更多。气温冲击对高收入组家庭的电力消费具有显著的正向影响，而对低收入组家庭的电力消费没有显著影响，分别见第（6）列和第（5）列。这可能是因为高收入组家庭具有更强的经济能力，有能力通过长时间使用空调等来适应气温变化，而低收入组家庭很难通过使用电力来应对气温变化，更可能使用煤炭、木柴等燃料。气温冲击显著增加了有老人和小孩家庭的电力消费，而对没有老人和小孩家庭的电力消费影响不显著，分别见第（8）列和第（7）列。这可能是由于老人和小孩对于高温和低温的忍受能力更弱，需要更频繁和更长时间开启制冷或供暖电器设施来应对高温或低温天气。

表5-3　气温冲击对家庭能源消费影响的异质性分析

变量	(1)城镇 ln（年电力总消费）	(2)农村 ln（年电力总消费）	(3)北方 ln（年电力总消费）	(4)南方 ln（年电力总消费）	(5)低收入 ln（年电力总消费）	(6)高收入 ln（年电力总消费）	(7)无老幼 ln（年电力总消费）	(8)有老幼 ln（年电力总消费）
气温冲击	1.786 (2.055)	5.593*** (1.786)	1.635 (1.935)	5.640*** (1.791)	10.530 (7.412)	3.021** (1.235)	2.159 (1.694)	4.386*** (1.465)
地级市气温	0.002 (0.042)	−0.065 (0.057)	−0.081* (0.044)	0.086* (0.050)	−0.015 (0.175)	0.011 (0.032)	0.013 (0.042)	−0.011 (0.041)
地级市日照	0.000 (0.000)	0.000 (0.000)	−0.000 (0.000)	0.001 (0.000)	0.001 (0.001)	0.000 (0.000)	0.001** (0.000)	−0.000 (0.000)
地级市降水	0.075* (0.043)	0.105** (0.046)	0.038 (0.046)	0.087** (0.038)	0.094 (0.149)	0.106*** (0.030)	0.127*** (0.038)	0.082* (0.044)
家庭收入	0.043*** (0.008)	0.048*** (0.010)	0.043*** (0.009)	0.053*** (0.009)			0.051*** (0.009)	0.044*** (0.009)
家庭规模	0.114*** (0.015)	0.087*** (0.012)	0.086*** (0.014)	0.108*** (0.012)	0.053* (0.030)	0.109*** (0.009)	0.108*** (0.016)	0.098*** (0.011)
供暖	0.163*** (0.049)	0.069 (0.054)	0.243*** (0.069)	0.094** (0.041)	0.031 (0.104)	0.155*** (0.039)	0.188*** (0.054)	0.065 (0.048)
小孩占比	−0.139 (0.114)	0.069 (0.106)	−0.031 (0.111)	−0.011 (0.108)	0.296 (0.257)	−0.080 (0.082)		

表5-3（续）

变量	（1）城镇 ln（年电力总消费）	（2）农村 ln（年电力总消费）	（3）北方 ln（年电力总消费）	（4）南方 ln（年电力总消费）	（5）低收入 ln（年电力总消费）	（6）高收入 ln（年电力总消费）	（7）无老幼 ln（年电力总消费）	（8）有老幼 ln（年电力总消费）
老人占比	−0.013 (0.064)	−0.139 ** (0.061)	−0.107 (0.065)	−0.051 (0.060)	−0.067 (0.110)	−0.062 (0.050)		
性别	−0.012 (0.030)	0.024 (0.035)	−0.001 (0.032)	0.034 (0.031)	0.010 (0.070)	0.007 (0.024)	−0.036 (0.033)	0.032 (0.031)
年龄	−0.000 (0.001)	−0.003 *** (0.001)	−0.001 (0.001)	−0.003 * (0.001)	−0.005 (0.003)	−0.001 (0.001)	−0.002 (0.002)	−0.003 *** (0.001)
受教育程度	0.038 ** (0.018)	0.016 (0.023)	0.019 (0.019)	0.040 ** (0.020)	0.034 (0.061)	0.049 *** (0.014)	0.013 (0.020)	0.048 ** (0.020)
汉族	−0.103 * (0.061)	0.100 (0.078)	−0.023 (0.074)	−0.032 (0.067)	0.062 (0.167)	−0.026 (0.052)	0.053 (0.075)	−0.021 (0.071)
建筑面积	0.058 *** (0.010)	0.043 *** (0.008)	0.045 *** (0.009)	0.056 *** (0.008)	0.050 *** (0.017)	0.054 *** (0.007)	0.050 *** (0.009)	0.047 *** (0.009)
建筑年代	0.011 (0.014)	0.036 *** (0.011)	0.035 *** (0.013)	0.028 ** (0.011)	0.033 * (0.019)	0.025 *** (0.009)	0.020 (0.013)	0.039 *** (0.010)
城镇			0.327 *** (0.044)	0.313 *** (0.041)	0.389 *** (0.112)	0.303 *** (0.032)	0.288 *** (0.046)	0.369 *** (0.041)
样本量	2 291	2 640	2 379	2 560	720	4 199	2 419	2 514
调整后 R^2	0.281	0.312	0.309	0.383	0.207	0.321	0.341	0.362
城市固定效应	Yes	Yes	Yes	Yes	Yes	Yes	Yes	Yes
时间固定效应	Yes	Yes	Yes	Yes	Yes	Yes	Yes	Yes
省份与线性时间趋势的交互项	Yes	Yes	Yes	Yes	Yes	Yes	Yes	Yes

注：括号中为稳健标准误，*** 、** 和 * 分别代表在1%、5%和10%水平上显著。

5.3.3 稳健性分析

为了确保基准回归结果的准确性，本节进行了一系列稳健性回归分析（见表5-4）。首先，我们采用不同的稳健标准误计算方法。在第（1）—（3）列中，我们将回归分析分别聚类到区县、地级市和省份层面，可以发现聚类到这三个层面的回归结果和基准回归结果没有显著差异，也就是说使用聚类稳健标准误和使用稳健标准误的回归结果是一致的。其次，本书通过替换气温冲击变量来验证回归结果的稳健性。我们用各区县每年的日度气温标准差来反映气温波动状况，用以替代基准回归中采用的气温离差绝对值，回归结果展现在第（4）—（6）列中，结果表明，在替换了气温冲击指标以后，气温冲击依然会显著正向影响家庭的能源消费，这进一步验证了基准回归结果的稳健性。

表 5-4　气温冲击对家庭能源消费影响的稳健性回归

变量	(1) ln（年电力总消费）	(2) ln（年电力总消费）	(3) ln（年电力总消费）	(4) ln（年电力总消费）	(5) ln（夏季月均电力消费）	(6) ln（冬季月均电力消费）
气温冲击	3.854*** (1.204)	3.854*** (1.409)	3.854*** (1.270)			
日度气温标准差				0.258** (0.109)	0.255* (0.134)	0.296** (0.143)
气温	-0.005 (0.038)	-0.005 (0.048)	-0.005 (0.042)	0.035 (0.027)	0.100*** (0.029)	0.080** (0.031)
日照	0.000 (0.000)	0.000 (0.000)	0.000 (0.000)	0.000 (0.000)	0.000 (0.000)	0.000 (0.000)
降水	0.103*** (0.028)	0.103*** (0.032)	0.103*** (0.026)	0.121*** (0.029)	0.124*** (0.031)	0.072** (0.034)
家庭收入	0.048*** (0.006)	0.048*** (0.006)	0.048*** (0.005)	0.047*** (0.006)	0.047*** (0.007)	0.047*** (0.007)
家庭规模	0.100*** (0.009)	0.100*** (0.009)	0.100*** (0.010)	0.099*** (0.009)	0.095*** (0.010)	0.085*** (0.010)
城镇	0.325*** (0.038)	0.325*** (0.041)	0.325*** (0.039)	0.325*** (0.030)	0.344*** (0.033)	0.350*** (0.033)
供暖	0.133*** (0.050)	0.133** (0.052)	0.133** (0.052)	0.135*** (0.035)	0.134*** (0.038)	0.162*** (0.039)
小孩占比	-0.027 (0.079)	-0.027 (0.080)	-0.027 (0.088)	-0.024 (0.077)	-0.026 (0.084)	0.031 (0.083)
老人占比	-0.078* (0.043)	-0.078* (0.047)	-0.078* (0.043)	-0.078* (0.044)	-0.116** (0.045)	-0.067 (0.046)
性别	0.012 (0.021)	0.012 (0.023)	0.012 (0.023)	0.010 (0.022)	0.020 (0.024)	0.017 (0.024)
年龄	-0.002** (0.001)	-0.002* (0.001)	-0.002** (0.001)	-0.002* (0.001)	-0.001 (0.001)	-0.002 (0.001)
受教育程度	0.031** (0.015)	0.031* (0.017)	0.031* (0.016)	0.031** (0.014)	0.033** (0.015)	0.038** (0.015)
汉族	-0.010 (0.049)	-0.010 (0.049)	-0.010 (0.037)	-0.020 (0.049)	0.002 (0.053)	-0.020 (0.056)
建筑面积	0.050*** (0.006)	0.050*** (0.007)	0.050*** (0.006)	0.051*** (0.006)	0.045*** (0.007)	0.048*** (0.007)
建筑年代	0.031*** (0.009)	0.031*** (0.009)	0.031*** (0.008)	0.031*** (0.008)	0.032*** (0.009)	0.035*** (0.009)
样本量	4 939	4 939	4 939	4 939	4 548	4 525
调整后 R^2	0.352	0.351	0.351	0.351	0.497	0.440
城市固定效应	Yes	Yes	Yes	Yes	Yes	Yes

表5-4(续)

变量	（1）ln（年电力总消费）	（2）ln（年电力总消费）	（3）ln（年电力总消费）	（4）ln（年电力总消费）	（5）ln（夏季月均电力消费）	（6）ln（冬季月均电力消费）
时间固定效应	Yes	Yes	Yes	Yes	Yes	Yes
省份与线性时间趋势的交互项	Yes	Yes	Yes	Yes	Yes	Yes

注：括号中为稳健标准误，***、**和*分别代表在1%、5%和10%水平上显著。其中，第（1）—（3）列的稳健标准误是聚类稳健标准误，分别是对区县的聚类、对地级市的聚类和对省份的聚类。

5.4　本章小结

本章基于2012—2014年中国家庭能源消费调查（CRECS）获得家庭层面的混合截面数据以及各区县的日度气温数据，并构造了气温冲击指标，探讨了气温冲击对中国家庭能源消费的影响。结果表明，气温冲击会显著增加家庭的电力消费，这说明家庭在面对气候变化时会开展气候适应性行为，例如使用空调、采暖器等。气温冲击对家庭电力消费的影响存在异质性，对农村地区和南方地区家庭的电力消费影响较大。气候变化导致气候风险增大，从而对人们生活产生不利影响，但贫困家庭没有经济能力来应对气候变化，这将不利于社会公平与可持续发展的实现。此外，气温冲击对有老人和小孩的家庭产生的影响更大，有老人和小孩的家庭需要更多电力消费来应对持续的气候变化。

基于上述分析，本章提出以下政策建议：第一，气候变化会使人们通过加大电力消费来开展气候适应性行为，短时间内迅速增长的家庭能源需求会导致能源安全受到冲击。政策制定者在衡量能源安全以及制定相关政策时，要考虑到未来家庭层面的能源使用变化对能源需求的影响。为应对气候变化导致的未来能源需求进一步增加，政府还应该加大对可再生能源发展的政策支持力度，丰富能源种类的多样性，减少家庭对化石能源的过度依赖，从而有效降低我国的能源安全风险。第二，由于低收入家庭难以及时采取有效措施以适应气候变化，政府应当加大对低收入家庭改善能源贫困的帮扶力度，加大对贫困家庭的能源补贴，提高他们的能源可支付能力。第三，老人和小孩面对气温冲击时，为适应极端气温特别是极端低温天气需要更多热量供应，这意味着随着老龄化社会的到来，家庭能源需求会进一步扩大，政府应该出台更多能源消费相关的补贴政策帮助孤寡老人和有孩童的家庭应对气候变化。第四，为应对极端气候变化，家庭通过能源消费来制冷或制热的适应性行为是不可避免的，而其中最重要的是空调的使用。因此，政府应当通过提供购买补贴等方式降低居民的购买成本，促使家庭购买能源强度低的空调以替代现有能源强度高的空调，从而减少电力消耗。第五，集中供暖具有比分户式供暖更加节能的特点，而南方地区由于早期建筑设计等原因，集中供暖难以实现。但随着新建筑的发展，南方集中供暖成为可能，政府可以通过在南方地区增设集中供暖设施来满足南方家庭在冬季特别是极端低温天气下的供暖需求，从而促使南方家庭减少能源消费支出。第六，极端天气的频发往往伴随着雪灾、干旱等气象灾害的发生，并且短期内能源需求激增，可能导致电力供给不足从而产生能源贫困问题。为了应对极端天气下能源不足的情况，政府可以通过鼓励家庭安装太阳能光伏以及鼓励农村地区建设沼气池等方式来提高家庭的绿色能源自给水平。

6 能源价格变动与居民福利

  《中国能源统计年鉴（2020）》数据显示，居民能源消费量占全国能源消费总量的 13.2%，是仅次于工业部门的第二大能源消费部门。过去十年间，居民能源消费量迅速增长，中国家庭部门的人均能源消费已经由 2011 年的 294 千克标准煤上升至 2020 年的 456 千克标准煤，增幅为 55.1%。2020 年"十四五"规划将扩大内需、提高居民消费水平作为挖掘国内经济增长潜力的重大战略，这意味着随着经济发展和居民消费水平的提高，家庭部门的能源消费将持续增加。能源价格是影响居民能源消费行为的关键因素，故本章首先分析了煤炭、电力、成品油和天然气这四类主要能源的定价机制的历史演变、现行政策与未来趋势。其次，本章结合 2019 年的中国家庭金融调查数据，利用需求系统模型（QUAIDS）计算具有不同收入特征、区域特征和城乡特征家庭的能源价格弹性，并在此基础上采用补偿变动法计算能源价格上涨对家庭造成的福利损失，以期为能源价格政策的制定提供科学参考与依据。

6.1 研究背景

  能源是保障居民生活的重要资源，能为家庭和个体提供照明、取暖、炊事等基本生活所需，保证居民拥有安全、便利和舒适的生活环境（Lutzenhiser，1992）。2000 年，联合国提出的千年发展目标

（Millennium Development Goals，MDGs）指出，使用现代能源对改善居住环境、缓解贫困具有重要作用，且会进一步影响居民的身体健康、心理健康和生活质量（Maidment et al.，2014；Zhang et al.，2021；Kaygusuz，2011）；而无法获得充足的生活能源会限制家庭的物质资本积累和人力资本积累，造成能源贫困和经济贫困的恶性循环（Liddell et al.，2010），进而阻碍经济社会的可持续发展。因此，能够获取与使用现代能源不仅是保证居民福利的重要前提，也是促进社会公平与进步的内在要求。

2015 年，联合国将"消除能源贫困"列为可持续发展目标（SDGs），强调要"确保人人获得负担提起的、可靠和可持续的现代能源"。这一目标有两个内涵，一是对现代能源的"可获得性"（Nussbaumer et al.，2012；González，2015；Tarekegne，2020），二是"可负担性"（Bollino et al.，2017；Sadath et al.，2017）；前者是指家庭对电力、天然气等现代清洁能源的可获得性，后者是指家庭对使用现代能源的可负担性。随着中国基本公共服务制度的不断完善，现代能源基础设施的建设得到了快速发展，农村地区以及偏远地区的居民对现代能源的可得性得到了很大的提高（Dong et al.，2021），但是对现代能源难以负担的情况仍然存在（Zhang et al.，2019）。

家庭能否负担充足的现代能源主要取决于家庭的收入和能源的获取成本，而能源的获取成本主要由能源价格决定。受维持经济稳定增长和保障民生两大目标驱使，中国的能源价格在较大程度上处于政府的管控之中，无法充分反映能源资源的稀缺程度及市场供求规律（林伯强 等，2016；魏楚 等，2017）。长期被低估的能源价格在一定程度上保障了居民福利，但是近年来，居民所需要承担的能源价格正在逐渐增加。

一方面，错综复杂的国际局势使得地缘政治风险逐渐加大，全球动荡源和风险点的增多导致能源供给不足问题愈发突出（刘自敏 等，2023），全球能源价格剧烈上涨（Alqahtani et al.，2021），进而影响国内能源价格。聚焦国内形势，2022 年 3 月发布的《中共中央 国务院关于加快建设全国统一大市场的意见》（以下简称《意见》）指出，要结合实现"碳达峰""碳中和"的目标任务，建设全国统一的能源市场；并且强调要还原能源的商品属性，建立主要由市场形成价格的机制，探索新型成本分摊机制。因此，在能源转型的背景下，工业企业使用传统能源的成本将会增加，而这种成本的上升在市场化体系日臻完善的过程中会逐渐通过产业链传导至终端的消费者（杨冕 等，2022），家庭部门在能源转型过程中将承担更多的责任（范英 等，2021）。

另一方面，《意见》指出保障和改善民生是我国能源发展的出发点和落脚点，实现能源转型的同时也需要兼顾居民福利。在这种背景下，厘清能源价格影响家庭福利的基本逻辑与路径就显得尤为重要。现有文献指出，能源价格的变动会直接影响家庭的能源消费决策（Reaños et al.，2018；Lin et al.，2020），当能源价格上升时，家庭会减少能源消费，或者减少其他类别的消费来保证基本生活所需的能源需求，从而损害了家庭福利。

能源价格对具有不同特征的家庭的能源消费行为和福利的影响存在较大差异，对这一问题进行探讨有助于我们深入理解中国家庭能源消费的基本规律与特征，并为后续的福利分析提供事实基础。此外，具有不同区域特征的家庭对能源价格变化的反应也不同，北方家庭因为气候较冷而对供暖的需求较大，能源消费的价格弹性较小（王振霞 等，2020）。农村地区的家庭因为近年来家庭电器设备的普及，对能源的需求不断上升，能源价格的上升很难使农村家庭立刻减少能源消费。科学合理地计算不同类型的家庭因能源价格上涨产生的福利损失，不仅是对保证能源公平这一重要社会课题的探索，也能为在实现能源转型的过程中保证居民福利提供科学参考。

6.2 主要能源定价机制的演变历史、现行政策与未来趋势

6.2.1 煤炭

煤炭是关系国计民生的重要初级产品，我国"富煤贫油少气"的能源资源禀赋决定了我国在未来一段时期内能源消费仍以煤炭为主。依照用途的不同，煤炭可以分为焦煤和动力煤两类。其中，焦煤的主要作用是生产焦炭，用作金属冶炼的原料，故在本节中不做赘述；动力用煤，简称动力煤，广义上是指以发电、机车推进、锅炉燃烧等为目的而使用的煤炭。在我国的动力煤消费结构中，有65%以上的动力煤用于火力发电；其次是建材用煤，约占动力煤消费量的20%；其余的动力煤用于冶金、化工等行业及民用领域。

煤炭相对电力等能源处于上游产业，因此煤炭的价格是影响燃煤发电成本的关键因素，长期以来，煤电一直扮演着实现多元电力目标与需求的"压舱石"角色。但同时，煤电多年来也承担着降电价、促进新能源消纳的政策压力，这就导致在煤炭定价机制改革过程中煤电双方的博弈从未停止过。因此，下文对煤炭价格改革阶段的梳理、分析也与电力市场发展紧密相关。

（1）计划价格阶段：1953—1984年。

为了保证市场稳定，这个时期国家制定了全国统一的计划价格指数，采用的是煤炭低价政策；定价的依据是与其他主要生产资料进行比价，而并非根据市场需求来确定价格。这一阶段采用价格单轨制有效避免了煤炭价格变化，有利于协调煤炭产运需三方关系、保证完成国家煤炭分配计划。但是，煤炭价格长期低于煤炭资源本身的价值，导致煤炭企业的利润转到了其他部门，影响了国民经济各部门的协调发展。

（2）价格双轨制阶段：1985—2012 年。

1993 年以前，国家对国有煤矿指定了生产配额，根据国家计划安排，国有煤矿首先需要完成配额部分产量并按国家统一定价销售，超出配额部分，煤企可通过市价销售，从而形成了煤炭计划价、指导价和市场价并存的价格体系，国家配额计划内销售的亏损通常靠计划外销售进行弥补。同时，国家允许民营小煤矿以市价销售。价格双轨制由此形成，即："计划内"按国家统一低价销售，"计划外"按较高的市场价格销售。

价格双轨制导致煤炭价格与其本身价值相背离，从而引发了煤炭供需矛盾。由于煤炭价格始终被严格管控，企业缺乏自主定价权，调价常常伴随着企业亏损。自 1993 年起，国家逐步放开煤价，但电力价格却没有放开，一些电力企业无力按市场价购煤，煤炭企业则拒绝供煤，在此情况下政府要求所有电煤都执行国家指导价。之后电煤的指导价虽逐年提高，但却始终低于市场价值。

（3）市场化定价阶段：2013—2015 年。

2013 年起，电煤价格双轨制经国务院批准后取消，国家发展和改革委员会（以下简称国家发展改革委）不再下达年度跨省区煤炭铁路运力配置意向框架，煤炭企业和电力企业可自主衔接签订合同，自主协商确定价格，并鼓励双方签订中长期合同；地方各级人民政府不得干预煤电企业的正常经营活动，并委托煤炭工业协会对合同的签订和执行情况进行汇总。

在取消重点电煤合同后，煤企和电企开始自主协商签订定量定价的长协合同，但由于这一时期煤炭价格处于下行通道，长协合同无法执行年初价格，大型电力企业往往出于价格和发电量的考虑不兑现长协合同。当市场上可以采购到比长协价格更低的煤时，电力企业就会放弃长协合同煤而去采购市场煤。因此，2016 年之前，经煤电双方商定的煤炭长协价格并未实际严格执行。

（4）新双轨制阶段：2016 年至今

煤炭价格经历长达近 5 年的下行周期后，供给侧产能出清叠加去产能政策使得煤价于 2016 年下半年重回上升通道。为抑制煤炭价格的快速上涨，减轻下游电力行业的成本控制压力，2016 年国家发展改革委下发了《关于加强市场监管和公共服务 保障煤炭中长期合同履行的意见》，要求大型煤炭企业将长协价分为年度长协价和月度长协价，其中年度长协价每月变化，即在 535 元/吨基准价的基础上根据上个月的煤炭价格指数进行调整，新的双轨制机制再次显现。

从实际效果来看，长协价对稳定现货价格①的作用有限，现货价格仍主要取决于供需及其他市场因素。但长协价对抑制市场平均煤价的上涨起到了一定的作用，在市场价格严重偏离政策意图时，国家发展改革委可以通过行政手段控制月度长协价，那么市场上将有约 75%（年度长协+月度长协）的煤炭交易受到价格管制，对于短期内市场平均煤价的波动会起到一定平抑作用。如 2021 年经历煤炭市场价格暴涨暴跌后，国家相关部门开始重新考量长协价的定价模式，并在 11 月发布了《2022 年煤炭中长期合同签订履约工作方案》，将下水煤合同基准价上调为 700 元/吨，较 2017 年以来执行的 535 元/吨基准价上调约 31%。

6.2.2 电力

电力是居民生活中不可或缺的重要资源。长期以来，我国将电力作为国民经济的基础性行业和具有公益性的基础性产品，将电价作为重要的公共政策工具，并通过严格的价格管制向居民提供福利性低价电力产品，以保证居民用电需求。虽然居民生活用电在我国用电结构中占比不高，但近年来呈现较快的增长趋势（刘满平，2015）。

根据中电联发布的数据，我国 2020 年全社会用电量为 7.51 万亿千瓦时，其中，城乡居民生活用电量为 1.09 万亿千瓦时，占比

---

① 指长协合同以外销售的煤炭价格。

14.5%，较上年提升 0.4 个百分点，与 2010 年相比则提高了约 2.3 个百分点。预计 2025 年我国人均年生活用电量将提升至 1 200 千瓦时以上，全国居民生活用电达到 1.7 万亿千瓦时。因此，随着我国居民用电量迅速增长，有关部门亟须制定和完善科学合理的电价机制，这不仅能引导居民科学用电，还可以优化用电结构，提高能源利用效率。

6.2.2.1　电价机制的形成

电是工业产品的一种，但与其他产品的不同之处在于，电力具备瞬时性，电力的"产供销"（电力行业的发电、输电、配电、售电和用电等环节）过程在瞬间完成，因此在电力运营产业链中不存在存货的概念，理论上其价格会因为缺乏调节工具而出现剧烈波动。因此，对电价的管控势在必行，而且早期的电价机制也的确呈现出极强的政策管制属性。

随着电力供求关系、市场结构的变化，我国电价的形成机制经历了多次调整。1985 年以来，先后实行了"还本付息电价""燃运加价""经营期电价"等多项电价政策，对扭转当时存在的缺电局面，以及支持社会经济建设起到了积极作用。

2002 年国务院印发了《电力体制改革方案》，建立了新的电价形成机制，将电价划分为上网电价、输电电价、配电电价和销售电价。其中，销售电价等于上网电价、输配电价、线损折价、政府基金及附加之和；上网电价是指电网企业向发电企业购买电的价格；输配电价是指电网经营企业提供接入系统、联网、电能输送和销售服务的价格总和；销售电价则是电网经营企业对终端用户销售电能的价格，根据用电主体的不同，可分为居民用电、农业用电、大工业用电、一般工商业及其他用电。

6.2.2.2　电力市场化改革

电力市场是我国高标准市场体系和全国统一大市场建设不可或缺的重要组成部分，电力体制改革更是我国经济体制改革的重要组成部分（刘满平，2015）。电力市场化改革经历了"从无到有"的过程，目前来看，主要包括以下三个发展阶段：

第一阶段为厂网分开奠定电力市场基础。从 20 世纪 90 年代初开始，我国电力工业进行了以引入市场竞争机制为主要内容的电力管理体制与运营模式的重大改革。2002 年国务院发布《电力体制改革方案》，明确了"厂网分开、主辅分离、输配分开、竞价上网"四大改革任务，拉开电力体制改革序幕。经过 10 余年发展，逐步形成了发电主体多元化竞争格局。

第二阶段为电力体制改革构建电力市场体系。2014 年 6 月，中央财经领导小组第六次会议提出"四个革命、一个合作"① 的基本要求。随后，全面深入推进市场化改革、贯彻落实能源革命新战略的新一轮电力体制改革方案逐渐酝酿成熟。2015 年，《中共中央 国务院关于进一步深化电力体制改革的若干意见》（中发〔2015〕9 号）出台，标志着新一轮电力体制改革的开启，旨在应对市场化改革过程中出现的交易机制缺失、市场定价机制缺乏等问题，确定了"三放开、一独立、三加强"② 的改革路径以及"管住中间""放开两头"的体制架构，提出建立相对独立的电力交易机构，全国电力市场建设开始启动。

电力市场的建立将为电力工业带来诸多变化，整体而言其将改变电力产业链的职能分配。在电力市场运行后，上网电价将会有根本上的变化。上网电价由电网向发电企业支付，是发电企业的营收和利润的主要来源。计划电和市场电的上网电价有所不同：在偏计划框架下的电力工业运行中，电价为由国家发展改革委核定的标杆电价；而当电力市场开始运行后，市场电价将交由市场交易决定。

输配电价是联系上网电价与销售电价的桥梁，是电力市场化改革的

---

① 消费革命、供给革命、技术革命、体制革命，全方位加强国际合作。

② "三放开"是指在进一步完善政企分开、厂网分开、主辅分开的基础上，按照"管住中间""放开两头"的体制架构，有序放开输配以外的竞争性环节电价，有序向社会资本放开配售电业务，有序放开公益性和调节性以外的发用电计划；"一独立"是指推进交易机构相对独立，规范运行；"三加强"是指进一步加强政府监管，进一步加强电力统筹规划，进一步加强电力安全高效运行和可靠供应。

基础。综合对比来看，在电力体制改革之前，电网公司通过收取上网电价和销售电价的"购销差价"来获取收益；而在电力体制改革完成后，电网公司将按照"准许成本加合理收益"原则下确定的输配电价以"过网费"的形式获取利润。

第三阶段为"双碳"目标开启电力市场化改革新篇章。实现"双碳"目标是推动能源高质量发展的内在要求，也是加快建设能源强国的必经之路，电力市场对能源低碳转型具有重要的支撑作用（刘满平，2021）。2021年11月，中央全面深化改革委员会第二十二次会议指出，要健全多层次统一电力市场体系，加快建设国家电力市场。2022年，国家发展改革委、国家能源局联合印发《关于加快建设全国统一电力市场体系的指导意见》（发改体改〔2022〕118号），标志着电力市场化改革开启新篇章。

2021年10月，《国家发展改革委关于进一步深化燃煤发电上网电价市场化改革的通知》（发改价格〔2021〕1439号）要求燃煤发电电量原则上全部进入电力市场、通过市场交易在"基准价+上下浮动"的范围内形成上网电价；将燃煤电价浮动比例上调为20%，大幅提升了煤电的市场化程度；同时提出高耗能企业市场交易电价不受上浮20%的限制，将引导高耗能企业的市场交易电价实现相对更多的上浮，倒逼高耗能企业节能减排，改善电力供求状况。此外，水电、核电和气电的上网价格在现阶段也在尝试市场化，但当前仍以计划电为主。

6.2.2.3 居民阶梯电价

我国的电力市场改革明确居民、农业用户仍执行目录销售电价政策，不纳入市场化范畴，购电方式、电价水平保持不变。考虑到收入分配调控和经济结构调整等因素，我国现阶段的销售电价实行"交叉补贴"机制，即大工业和一般工商业用户对居民和农业用户进行补贴，这意味着大工业和一般工商业用户的实际电价要高于居民和农业用户的实际电价。

国家发展改革委于2011年11月出台了《关于居民生活用电试行

阶梯电价的指导意见》（发改价格〔2011〕2617号），指出居民电价体制由过去的单一电价改为按用电量分段定价，用电价格随电量增加呈阶梯状逐级递增。该文件规定，居民用电量分为三档：第一档满足基本用电需求，覆盖80%居民家庭，电价一定时期保持稳定；第二档满足合理用电需求，覆盖95%居民月均用电，起步阶段提价标准不低于0.05元/千瓦时；第三档满足较高生活质量用电需求，起步阶段提价标准约为0.3元/千瓦时，最终电价控制在第二档电价的1.5倍左右。各地方根据实际情况，给予城乡"低保户"和农村"五保户"家庭每户每月10度或15度免费用电基数（见表6-1）。

表6-1　居民阶梯电价方案

分档	用电性质	覆盖范围	电价方案
第一档	基本用电	覆盖80%居民	保持稳定，不做调整
第二档	合理用电	覆盖95%居民	提价幅度不低于每度0.05元
第三档	较高生活质量用电	覆盖100%居民	每度提价0.3元左右
免费档	无法保障基本用电	城乡"低保户"和"五保户"	每月提供10或15度免费电量

居民阶梯电价政策于2012年7月正式全面试行，各地方案存在差异，执行周期或以年度为周期、或以月度为周期，三档电量的基数也因地而异。例如，广州市居民夏季每月用电量在260度（含）以下时，适用第一档计费标准，电价不做调整，为0.59元/千瓦时；当月用电量为261~600度时，适用第二档计费标准，电价每度需加收0.05元；当月用电量达601度及以上时，适用第三档计费标准，电价每度需加收0.30元。

2013年年底，国家发展改革委印发的《关于完善居民阶梯电价制度的通知》（发改价格〔2013〕2523号），进一步健全完善了居民阶梯电价制度框架。各地在总体文件框架下，结合当地实际情况不断调整阶梯电价。如自2021年6月开始，根据广东居民阶梯电价"一户多人口"政策，一户家庭人口满 5 人及以上可申请每户每月第一、二、三档分别增加 100 千瓦时阶梯电量基数；人数满 7 人及以上的家庭，也可选择申请合表居民用户电价。

我国电价在全球范围内处在一个相对较低的水平，据《BP 世界能源统计年鉴 2020》公布的 OECD（经济合作与发展组织）36 个成员国在 2019 年的电价水平，居民用电部分德国的电价最高，为 2.31 元/千瓦时；煤炭资源丰富的澳大利亚，电价为 1.717 元/千瓦时；日本电价为 1.651 元/千瓦时；核电发达的法国电价为 1.376 元/千瓦时；美国电价为 0.901 元/千瓦时；电价最低的国家是墨西哥，电价为 0.433 元/千瓦时。相较而言，中国 2019 年的居民平均电价为 0.542 元/千瓦时，仅高于墨西哥，低于 OECD 中的其他 35 个国家。

交叉补贴机制下现行的居民阶梯电价制度保障了民生，但同时也意味着电力价格未能公平地反映供电成本，居民未能激发电力的商品属性。此外，交叉补贴机制还导致电力用户之间存在不公平现象，进而造成社会福利损失，这不利于我国电力市场的有序发展。因此，长期来看，有关部门应当完善居民阶梯电价制度，逐步缓解电价的交叉补贴，形成能更加充分反映用电成本、供求关系和资源稀缺程度的居民电价机制。

6.2.3 成品油

成品油价格机制不仅关系到生产者和消费者的切身利益，更承载着国家能源战略，关系国家能源安全。我国的成品油价格形成机制经历了长期的演变过程，1998 年之前，国内成品油价格由政府根据市场运行情况统一制定，具有很强的计划性。为了保障消费者福利，由国家确定的成品油价格较低，通常是一次调整，长期不变。随着经济发展，我国对石油的需求迅速增加，对外依存度逐年上升，完全由政府定价的机制已经不符合市场经济的发展趋势。1998 年，随着中石化、中石油两大集团重组，国内成品油价格管理体制改革正式启动，逐渐由计划管制转向市场化，根据政策梳理大致可划分为三个阶段：

（1）政府指导价格阶段：1998—2007年。

1998年发布的《原油成品油价格改革方案》规定，以国际市场汽油、柴油进口完税成本加上流通中产生的费用为基础制定各地区零售中准价格，并由中石油、中石化两个集团在上下5%的幅度内制定具体零售价格。2000年6月，改革机制进一步完善，国内成品油价格开始进入与国际成品油市场"挂钩联动"的阶段，成品油定价参考新加坡成品油市场价格。2001年11月，国内成品油价格由单纯参考新加坡市场油价改为参考新加坡、鹿特丹和伦敦三地的市场油价，以其加权平均值为基础确定成品油的中准价格，两大石油集团允许调价的幅度扩大为8%，成品油价格的变动幅度进一步扩大。

上述改革使得国内成品油价格开始与国际市场接轨，跟随国际市场油价的变化进行调整。但是国际成品油价格变动剧烈，导致国际价格向国内价格的传导效应存在滞后性。此外，与国际成品油"挂钩联动"的方法较为直接透明，为市场投机行为提供了可乘之机，不利于稳定国内成品油市场的秩序。

2003—2006年，国际成品油价格大幅波动并且快速上涨，国家发展改革委开始对成品油价格进行宏观调控，通过让国家和企业承担高油价成本将国际油价波动对国内经济和消费者福利的影响降到了最低，这一改革尽管缓解了国际油价剧烈波动产生的影响，但是也违背了成品油价格市场化的初心，导致国内外油价长期倒挂，即炼厂将原油进行加工后销售的成品油价格反而比购进的原油价格便宜。我国的石油需求对外依存度较高，如果国际油价大幅攀升，石油企业将亏损严重，进而引发供需失衡的市场形势，不利于能源供给的稳定，成品油定价机制的改革迫在眉睫。

（2）政府实行最高限价阶段：2008—2012年。

为了保障能源长期安全供应，成品油定价既要反映国际市场石油价格变化，也要适应国内供需关系，在保证消费者福利的同时，也应该考虑企业的成本和利润。因此，上一阶段的"三地成品油定价法"已经难以适应更进一步的市场化进程，有关部门需要探索新的定价机制。

2008年12月，《国务院关于实施成品油价格和税费改革的通知》（国发〔2008〕37号）的出台，确定了成品油价格形成的"原油成本法"，即在迪拜、布伦特和米塔斯三地市场的原油价格的基础上，加上国内平均加工成本、税金及附加、流通费用以及合理利润确定成品油零售价的最高限价。同时，征收燃油消费税、取消养路费等相关税费改革逐渐展开，价格形成机制不断调整与完善。

2009年5月，国家发展改革委出台了《石油价格管理办法（试行）》，规定当国际市场原油价格低于每桶80美元时，按正常加工利润率计算成品油价格；高于每桶80美元时，开始扣减加工利润率，直至按加工零利润计算成品油价格；高于每桶130美元时，按照兼顾生产者、消费者利益，保持国民经济平稳运行的原则，采取适当财税政策保证成品油生产和供应，汽、柴油价格原则上不提或少提。当国际市场原油连续22个工作日移动平均价格变化超过4%时，可相应调整国内成品油价格。

此次改革加快了国内成品油市场化进程，进一步与国际接轨，是后续成品油定价机制的雏形，但是仍存在调整周期过长、价格调整变化难以跟上国际原油价格的波动等问题，这说明定价机制需要进一步完善。

（3）政府最高限价与最低限价相结合阶段：2013年至今。

2013年，国家抓住国际油价震荡下跌、国内CPI运行相对平稳的有利时机，进一步完善成品油价格机制。3月26日，国家发展改革委下发《关于进一步完善成品油价格形成机制的通知》（发改价格〔2013〕624号），将调价周期缩短至10个工作日，并且取消了上下波动4%的幅度限制，当调价幅度低于50元/吨时，为节约社会成本，零售价格暂不调整，纳入下次调价累加或冲抵。这次定价机制的完善既可以更灵敏地反映国际市场油价变化，避免因滞后期过长导致的无风险套利行为，又可以保持国内油价调整的合理节奏，避免调价过于频繁，为国民经济运行提供平稳的外部环境。

2016 年 1 月 13 日，国家发展改革委进一步完善成品油价格机制，出台了《石油价格管理办法》，对国内成品油价格调整机制设置了"地板价"和"天花板价"，即当国家测算的国际原油价格低于 40 美元/桶时，国内成品油价格不再下调，而当国际油价高于 130 美元/桶时，国内成品油价格原则上少调或者不调（见图 6-1）。设置调价上限是为了维护消费者的利益，避免涨幅过大；设置调价下限是为了维持石油行业上下游企业的正常运转，在保障成品油价格充分反映市场供求的同时确保成品油市场的供应稳定。

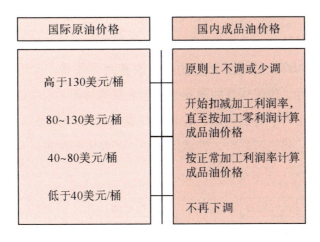

图 6-1 我国现行成品油定价机制

我国成品油定价机制的改革历程是一个市场化水平不断提升的过程，从政府制定中准价到制定最高零售价，从与国际成品油价格挂钩到与国际原油价格挂钩，并考虑到国内企业和消费者的承受能力，设定了"天花板价"和"地板价"，形成区间调价机制等数次重要改革，逐步形成了与国际市场原油价格接轨的机制，基本做到了与国际油价的联动，同时也抑制了成品油价格的大幅波动，保障了国内经济社会的平稳运行。

当前，国际石油市场各方势力博弈加剧，能源版图正在调整变化，未来石油价格走势存在不确定性。同时，国内经济发展进入新常态，能源结构不断优化，成品油价格机制运行面临内外部新环境带来的新问题与新挑战。未来我国成品油价格形成机制改革的最终目标和方向是完全市场化，但这种市场化应该是循序渐进的。成品油关系到国计民生，因此，现行的石油产业运营体制在坚持市场化改革方向、遵循市场经济基本原则的同时，政府的适当干预和监管也是必要的。当市场出现极端状况时，政府可采取必要调控手段，防止市场崩盘，保障国家能源安全。

6.2.4 天然气

6.2.4.1 天然气的产业链发展历程

天然气是清洁、低碳的化石能源，在等热值情况下，其碳排放量较煤炭减少约45%，推进天然气利用是改善大气质量、实现绿色低碳发展的有效途径，也是保障能源安全和能源结构转型的现实选择。天然气产业链包括生产、管道运输、分销、终端利用4个环节（见图6-2），终端的零售价格由门站价、管道运输费、配售费和配售环节利润共同组成（董邦国 等，2020）。

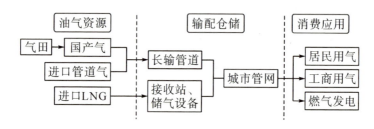

图 6-2　天然气产业链

天然气产业链的发展与改革经历了以下三个阶段：

（1）天然气产业链引入阶段：1956—1997 年。

1956—1997 年，相关部门主要对产业链的井口价格进行规制，并强化以市场信号引导生产商的决策；1987 年对井口价格推行了计划内、外"双轨制"的价格机制，1992 年针对不同用户推行分类定价，1997

年对旧的管线运输按里程收费，开始探索对管道价格规制的方法。

（2）天然气产业链快速发展过渡阶段：1997—2004年。

1997—2004年，相关部门对产业链的规制重点由井口价格转向管输价格；1997年在陕京一线开始实行输气管道运价的"新线新价、一线一价"政策。在这个阶段，政府不仅对城市配气费用进行管制，也对终端配气费用进行直接管制。

（3）天然气产业链快速发展阶段：2004年至今。

2004年西气东输一线工程全线正式运营，上游勘探开发、中游管网输送、下游终端分配，天然气产业链进入了整体快速发展的阶段，价格机制也在不断调整。

2005年发布的《国家发展改革委关于改革天然气出厂价格形成机制及近期适当提高天然气出厂价格的通知》（发改价格〔2005〕2756号）明确了从出厂环节逐步提高天然气定价的改革思路，并试图与天然气的可替代能源的价格进行联动。随后出台的政策也都明确了天然气定价机制的改革思路：逐步提高天然气出厂基准价格，建立上、中、下游的价格联动机制。

2011年12月，新的天然气价格形成机制改革在广东、广西进行试点，推行实施天然气"市场净回值"定价法，以计价基准点价格为基础确定各省份的天然气门站价格①。2013年6月，有关部门将"两广"试点的天然气定价机制推向全国，天然气价格管理由出厂环节调整为门站环节，门站价格为政府指导价，实行最高上限价格管理，由供需双方在规定的最高上限价格范围内协商确定具体价格，这实际上是一种政府管控与市场调节相结合的价格管理方式，天然气定价体制在市场化进程中前进了一大步。

实行门站价格管理后，国家发展改革委按照先易后难的原则，采取

---

① 门站价格是指管道输气公司自天然气生产商（或进口商）处，以井口价格购进天然气后将其输往城市天然气门站并出售给城市配送公司的天然气价格。一般而言，门站价格等于井口价格（含净化费）与管道输送费之和。

"先非居民后居民""先增量后存量""边理顺边放开"的实施步骤,花费了数年时间完成了天然气产供储销价格形成机制的重建。我国天然气改革的重要政策梳理如表 6-2 所示。

表 6-2 我国天然气改革的重要政策梳理

政策日期	文件名称	政策重点	改革内容
2005 年 12 月	《国家发展改革委关于改革天然气出厂价格形成机制及近期适当提高天然气出厂价格的通知》(发改价格〔2005〕2756 号)	改革中国天然气出厂价格形成机制,在出厂环节统一实行政府指导价,逐步提高天然气价格;出厂基准价格每年调整一次,调整系数与原油、LPG、煤炭价格挂钩	采用成本加成法定价
2010 年 5 月	《国家发展改革委关于提高国产陆上天然气出厂基准价格的通知》(发改电〔2010〕211 号)	将 2005 年年底起实行的一、二档出厂基准价格加权并轨,取消价格"双轨制",提高国产陆上天然气出厂基准价格	出厂基准价格并轨
2011 年 12 月	《国家发展改革委关于在广东省、广西自治区开展天然气价格形成机制改革试点的通知》(发改价格〔2011〕3033 号)	在"两广"地区进行天然气价格形成机制改革试点,按"市场净回值"方法确定天然气最高门站价格,并实行动态调整机制。放开页岩气、煤层气、煤制气等非常规天然气出厂价格,实行市场调节	成本加成法调整为市场净回值法
2013 年 6 月	《国家发展改革委关于调整天然气价格的通知》(发改价格〔2013〕1246 号)	将"两广"地区试点的天然气定价机制推向全国,首次区分存量气与增量气:增量气门站价格按照广东、广西试点方案中的计价办法;存量气门站价格适当提高;居民用气价格不做调整	区分增量气、存量气
2015 年 2 月	《国家发展改革委关于理顺非居民用天然气价格的通知》(发改价格〔2015〕351 号)	并轨非居民用存量气与增量气价格,放开天然气直供用户用气门站价格,由供需双方协商定价,进行市场化改革试点;居民用气门站价格暂不做调整	理顺非居民用天然气价格

表6-2(续)

政策日期	文件名称	政策重点	改革内容
2015年11月	《国家发展改革委关于降低非居民用天然气门站价格并进一步推进价格市场化改革的通知》（发改价格〔2015〕2688号）	将非居民用气由最高门站价格管理改为基准门站价格管理；以降低后的最高门站价格水平作为基准门站价格，供需双方可以基准门站价格为基础，在上浮20%、下浮不限的范围内协商确定具体门站价格	将非居民用天然气价格推向市场化
2018年5月	《国家发展改革委关于理顺居民用气门站价格的通知》（发改价格规〔2018〕794号）	将居民用气由最高门站价格管理改为基准门站价格管理，价格水平按非居民用气基准门站价格水平安排	实现居民用气与非居民用气价格的并轨

2020年国家发展改革委发布了新版《中央定价目录》，按照"放开两头、管住中间"（管住输配气成本和价格，放开天然气气源和销售价格）的改革思路，规定海上气、页岩气、煤层气、煤制气、液化天然气、直供用户用气、储气设施购销气、交易平台公开交易气、2015年以后投产的进口管道天然气以及具备竞争条件省份天然气的门站价格由市场形成。

但是鉴于当前上游尚未形成完全市场化竞争，门站价格管理机制还有存在的必要，其他国产陆上管道天然气和2014年年底前投产的进口管道天然气门站价格，仍按现行价格机制管理，天然气市场化改革进程由市场决定。这一改革使我国天然气的价格机制和市场格局面临重大的调整与深刻的变化，进一步体现并且明晰了未来天然气门站价格的市场化改革方向（周娟 等，2020）。

2021年，由国家能源局石油天然气司、国务院发展研究中心资源与环境政策研究所和自然资源部油气资源战略研究中心联合发布的《中国天然气发展报告（2021）》显示，截至2020年年底，80%的消费气量门站价格由供需双方协商和市场主导形成，我国的天然气定价机制市场化改革取得了显著成效，但仍存在上下游价格难以联动、终端城燃企业气价倒挂、非居民和居民用气交叉补贴等问题（白俊，2020）。

6.2.4.2　天然气在家庭部门的运用

天然气在居民生活中主要用于采暖、炊事、出行等能源活动，随着我国城镇化的发展及城市燃气管网建设加快，居民的天然气需求量不断提高。我国居民生活用气目前采用阶梯价格制度，2014 年 3 月印发的《国家发展改革委关于建立健全居民生活用气阶梯价格制度的指导意见》（发改价格〔2014〕467 号），将居民用气量分为三档：第一档按覆盖区域内 80% 居民家庭用户的月均用气量确定，保障居民基本生活用气需求；第二档按覆盖区域内 95% 居民家庭用户的月均用气量确定，体现改善和提高居民生活质量的合理用气需求；第三档用气量为超出第二档的用气部分；各档气量价格实行超额累进加价。

居民用气价格一直以保障民生为出发点与落脚点，非居民用气和居民用气价格具有明显的"双轨制"特征，前者采用市场化定价，后者实行政府管控，其价格变动最为敏感复杂。虽然 2018 年国家发展改革委发文要求居民用气与非居民用气价格并轨，但居民生活用气关系国计民生，其价格调整受到各地《价格听证管理办法》的约束，在实际操作中难以落实市场化，长期以来一直由政府定价。

我国居民终端销售价格多年未调整，并且远低于非居民用气价格，地方终端居民用气价格调整往往与上游气源价格调整不同步，上游气源价格波动无法及时疏导至下游，导致低位的居民气价难以适应新的价格形势。在构建清洁、低碳、安全、高效的现代能源体系目标的驱动下，家庭部门的天然气需求正在逐年增加，进一步加剧了城燃企业向居民供气的价格倒挂，使得近年来气荒现象时有发生。

2013 年国务院发布《大气污染防治行动计划》以来，各地区陆续出台了"煤改气"相关政策。2017 年 8 月，多部门联合发布《京津冀及周边地区 2017—2018 年秋冬季大气污染综合治理攻坚行动方案》，提出加快散煤污染综合治理，10 月底前"2+26"城市完成以电代煤、以气代煤 300 万户以上，激增的天然气需求直接导致当年冬季北方地区出现大面积的"气荒"现象。

2020 年，在天然气管网从"三桶油"剥离的第一个供暖季，新的产业模式迎来了严峻考验。此前冬季保供的第一责任方为中石油，国家管网公司当年投入运营后，变成由国家管网公司和中石油等"三桶油"共同保供。新的保供体系尚待磨合，导致天然气市场出现供需偏差，一些家庭出现停气断供现象。

2022 年，受俄乌冲突影响，国际天然气价格高位震荡，国内燃气企业在上游气源整体合同气量和居民合同气量双不足、为了民生保供被迫采购合同外的高价气源、终端气价倒挂成本无法疏导的三重夹击下，经营困难、保供乏力，甚至个别地方出现"停气""弃供"的极端情况，河北多地农村煤改气用户出现停气、限购现象。

自 2004 年大规模使用天然气开始，每到需求高峰的冬季，便极易出现"气荒"现象。这一现象确实会受到需求增加、国际天然气价格冲击等客观外部因素的影响，但居民气价不适宜、价格机制上中下游联动不畅才是核心原因。家庭部门的低气价本质上是上游气源企业、中游管网企业、下游城燃企业利润让步的结果，更是终端非居民用气交叉补贴的结果；但这一模式无异于竭泽而渔，非居民用户的承受能力是有限的，过高的气价会直接影响企业经营，以及影响实体经济的健康发展与天然气产业链的可持续发展。

针对以上困境，国家发展改革委价格司于 2023 年 2 月发文称，为完善天然气终端销售价格与采购成本联动机制，要求各地就建立健全天然气上下游价格联动机制提出具体意见建议，包括如何确定综合采购成本、如何科学设置启动条件、调价周期和调价幅度等。

经过一系列调整完善后，各省份陆续出台了价格联动机制。比如，成都市明确联动周期原则上不低于一个月；天津市尝试在区分淡旺季售气价格的基础上，按本年与上年同季平均采购成本相比的方式确定本年淡旺季售气价格；山东省明确城燃企业在长期协议合同外购进 LNG 用于非居民用气的，不再计入城燃企业天然气综合购进价，进而实现上下游价格联动。保障城市燃气安全稳定供应是上游气源企业、中游管网企业和下游城燃企业的共同社会责任，只有多方携手，共同推进天然气上下游价格联动机制，才能保证天然气市场化改革进程的成功推进。

煤炭、电力、成品油以及天然气这四类主要能源定价机制的历史演变与现行政策表明，我国能源市场机制改革的最终目标和方向是完善能源市场体系（刘满平，2022），这意味着家庭部门的用能价格将面临较大的不确定性。

煤炭是我国最丰富的能源资源，是我国最主要的电力来源（主要用于火力发电），更是能源保供的"压舱石"。在"双碳"目标的顶层设计中，煤炭消费替代和转型升级被纳入重点任务，随着煤电供给侧的产业结构越来越清洁，终端的需求侧将要承受的价格成本会越来越高。另外，为了改善大气环境质量，各地政府已经禁止居民使用劣质散煤，允许使用低排放的清洁煤。但是清洁煤的价格远高于劣质散煤，这使得农村地区家庭需要承担的散煤价格有所上涨。

成品油是市场化程度最高的能源品种，目前我国的成品油零售价格仍主要参照国家规定的最高零售限价来确定，离完全市场化定价只差"临门一脚"，而批发价格已基本实现完全市场化。挂靠国际原油的定价机制意味着我国成品油价格与国际形势息息相关，目前错综复杂的国际局势使得地缘政治风险逐渐加大，全球动荡源和风险点的增多导致能源供给不足问题愈发突出（刘自敏 等，2023）；全球能源价格经常出现剧烈波动（Alqahtani et al.，2021），进而影响到国内成品油的零售价格，改变了消费者的用能行为。

此外，居民用电和天然气的价格在很大程度上仍然直接受政府管控，并且居民电价和气价一直低于商业价格和工业价格，存在交叉补贴的情况。居民用能价格的长期倒挂并不利于电力市场和天然气市场的健康发展，政府多次提倡在保障居民基本福利的前提下，逐步解决交叉补贴问题，加快电力和天然气市场化改革，提高市场运行效率。这意味着未来居民有可能面临更高的电价和气价，用能成本将会上升，进而改变家庭的用电和用气行为。

6.3 家庭能源消费的弹性分析

价格弹性用来描述家庭某类商品的消费量对商品价格变动的敏感程度，即价格每增加（或减少）1%，该类商品的需求量会相应地增加（或减少）。以往部分文献的计算方法是构建一个以能源需求量为被解释变量，以价格为解释变量的回归模型，回归的系数即能源的价格弹性。这种方式存在一定的问题：一是能源的需求量不仅会受到能源价格的影响，也会受到家庭总收入以及其他商品价格的影响，仅仅建立一个回归方程去估计能源的价格弹性会产生较大误差；二是这种自行设定的函数形式缺少微观经济学的理论基础，而且无法解决将单个家庭消费函数进行加总的问题；而需求系统模型则可以很好地解决这些问题。

需求系统模型是基于微观经济学推导出来专门研究消费与价格和收入关系的结构化模型，最早的原型是由 Stone（1954）提出的线性支出系统（linear expenditure system，LES）模型，该模型建立在 Cobb-Douglas 形式的效用函数基础上，并由此得到了消费函数。之后，Lluch（1973）将该模型进行了拓展，得到了扩展的线性支出系统（ELES）模型，ELES 采用了可以用于加总的效用函数，并将储蓄作为商品。Deaton 和 Muellbauer（1980）又继续提出了近似理想需求系统（AIDS）模型，该模型的基本思想是个体的总支出独立于价格，仅仅依赖支出的分布，并且采用了 Log 的线性形式，该模型满足了个体能够加总的需求，其精心设定的价格函数形式几乎可以满足所有形式的消费函数。随后，Banks 等（1997）将 AIDS 模型进行了改进，在模型中加入了关于收入的二次项，提出了二次近似理想需求系统（QUAIDS）模型，更好地拟合了家庭的消费行为。

QUAIDS 模型可用于分析包含价格、收入和人口特征变量的需求系统，更适合分析微观家庭的消费支出行为。鉴于能源消费在家庭消费中占据越来越重要的位置，本章将 QUAIDS 模型应用于家庭能源消费领域，首先，采用 Poi（2012）提出的非线性似不相关回归（NLSUR）对参数进行估计，然后进行支出弹性和价格弹性的计算，并在此基础上进一步采用补偿变动法计算能源价格上涨对居民家庭造成的福利损失。

6.3.1　家庭消费结构与特征

本章使用的数据来自西南财经大学中国家庭金融调查与研究中心开展的中国家庭金融调查（China Household Finance Survey，CHFS），当前该调查已经形成 2011 年、2013 年、2015 年、2017 年、2019 年以及 2021 年六轮数据，该调查在全国范围内开展，旨在收集有关家庭金融微观层面的相关信息，主要内容包括人口特征、家庭特征、家庭收入与消费等信息，对家庭经济行为进行了全面细致的刻画。

鉴于数据的时效性和可得性，本章采用 2019 年第五轮的中国家庭金融调查数据，样本覆盖全国 29 个省（自治区、直辖市），345 个区县，1 360 个村（居）委会，样本规模达 34 643 户，数据具有全国、省级代表性。下文分析中用到的家庭消费数据主要包括食品、衣着、家庭设备、交通通信、教育文娱、居住、医疗七大类[①]。为了直接研究能源价格波动对居民福利的影响，我们将能源消费从各项居住支出中单独提取出来，作为单独的消费支出。鉴于现有的微观调查数据没有各类商品的价格数据，我们采用《中国统计年鉴 2018》中各省份的消费品价格指数作为价格数据。

平均而言，中国家庭在 2018 年花费在用电、燃料、取暖等活动上的平均支出为 4 099.2 元，能源支出占比为 7.10%。在家庭各项消费中，食品支出的金额最高，在总消费支出中的占比也最高（42.68%），这说明大部分家庭的收入主要用于食品支出，消费结构相对较低，主要以满足基本生活需求为主；衣着的支出最低，平均为 2 116.40 元，占

---

① 本章重点关注能源消费的弹性计算及福利分析，其他支出主要包括家政服务、奢侈品支出等，大多数家庭该项支出为 0，且缺失值较多，因此在分析中我们不考虑其他支出。

比为 3.19%；居住的支出也较低，这主要是因为我们在处理数据时，将水电、燃料支出从居住支出中提取了出来。另外，居民的交通通信（12.72%）和医疗（12.90%）的支出份额相对而言比较高，教育文娱（7.49%）和家庭设备（9.24%）的支出份额会低一些。但是就平均的支出金额而言，家庭设备、教育文娱和医疗的消费水平较为接近，交通通信的绝对支出额则更高些。

上述基本特征表明，大部分家庭的支出仍以满足基本的食品需求为主。但是中国的收入不平等现象较为严峻，居民消费差距较大，不同收入水平家庭的消费结构与消费特征存在较大不同。随着经济的发展和人们生活水平的提高，消费结构逐渐升级，人们会逐渐开始关注更多的非基本消费需求，如旅游、娱乐、文化活动、高品质商品等。因此，了解各项商品消费与收入之间的关系，不仅能够帮助我们了解各类商品的特征，也有助于我们更加深刻地理解家庭的消费结构和未来的消费趋势。

我们根据收入水平将家庭划分成 10 个收入组来呈现各类商品的消费占比与家庭收入的关系，图 6-3 展示了八类商品支出份额与收入之间的依存关系。其中，收入越高的家庭，其能源、食品与医疗的支出份额越低，说明这三类支出是居民消费的必需品。但是随着收入的增加，家庭的衣着、家庭设备、交通通信以及教育文娱的支出占比会增加。

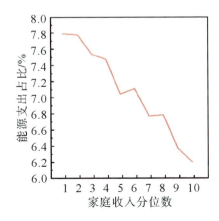
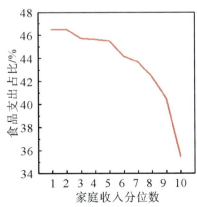

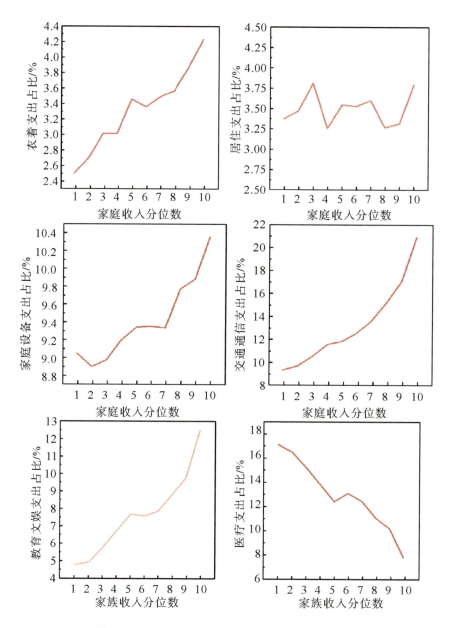

图 6-3　不同收入分位点上家庭各类商品消费占比

6.3.2　消费的收入弹性

收入弹性用来描述某类商品的需求量对收入变化的敏感程度，即收入每增加（或减少）1%，该类商品的需求量会相应地增加（或减少）。如果某商品的收入弹性大于0，说明该商品是正常品，收入增加会促进需求量的增加；如果某商品的收入弹性小于0，则说明该商品是劣质品，收入增加反而会导致需求量减少。当商品的收入弹性大于1时，这种商品被称为收入弹性产品，这意味着随着收入的增加，人们对这类商品的需求增长较快，这通常是一些奢侈品或高端消费品的特征；当商品的收入弹性大于0且小于1时，随着收入的增加，人们对这类商品的需求增长较慢，这通常是一些基本生活必需品的特征。

　　图6-4展示了各类商品的收入弹性，可以看出能源、食品和医疗的收入弹性均大于0且小于1，说明这三类商品是生活必需品，且缺乏弹性，当收入增加时，这三类商品消费增加的幅度会小于收入增加的幅度，这与上文分析各类商品与家庭收入之间的关系时得到的信息相互印证。此外，其他五类商品的收入弹性均大于或等于1，说明这些商品在一定程度上具有奢侈品属性，随着居民收入的增加，家庭对这些商品的消费将增加。

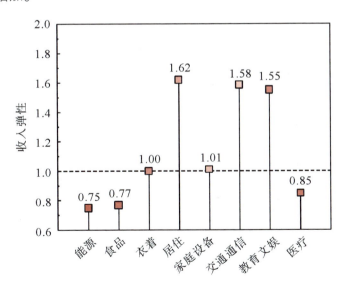

图6-4　各类商品的收入弹性

6.3.3 消费的价格弹性

QUAIDS 模型的另外一个主要结果是各类商品支出的价格弹性，价格弹性可以用来描述家庭某类商品的消费量对商品价格变动的敏感程度。在图6-5中，斜对角线上的价格弹性表示某类商品的消费对自己本身价格的弹性，非对角线上的弹性表示交叉价格弹性。例如，第八行第一列的能源自价格弹性为 1.74，表示能源价格每上涨 1%，家庭的能源消费量增加 1.74%。第八行第二列的交叉弹性为 0.87，意味着能源价格每上涨 1%，食品的消费量增加 0.87%，以此类推。

一般而言，当商品的价格上涨时，人们对该类商品的消费应该下降，价格弹性为负。但因为能源消费在相当一部分中国家庭中并未达到饱和，也就是说随着收入和经济水平的提高，这类家庭对能源的需求也会提高。例如农村的大多数家庭仍不能获得清洁的现代能源，只能使用柴草、秸秆或者煤炭这类廉价但是污染水平较高的传统固体燃料。但是随着中国经济的快速发展，现代能源基础设施的建设在偏远农村地区得到了快速发展，这提高了家庭对能源的可获得性。同时，耐用电器类消费品的普及也使得家庭部门对能源的需求不断增加，并呈现出多样化的发展趋势。这些外部因素使得家庭对能源的需求仍处在上升阶段，价格的提高并不能立刻降低家庭部门对能源的需求。

另外，由能源与各类商品之间的交叉价格弹性可知，能源价格的上涨会使家庭增加对食品、衣着和医疗的消费，而减少对居住、家庭设备、交通通信和教育文娱的支出。这主要是因为能源是其他类商品的直接投入，能源价格的变动也会影响其他商品的价格。食品、衣着和医疗都是家庭的必要支出，因此当能源价格上涨使得这些商品的价格也增加时，家庭无法减少这些必要支出；但是对于教育文娱这类具备享受性特征的消费类别，在价格上涨时家庭可以减少对其消费。

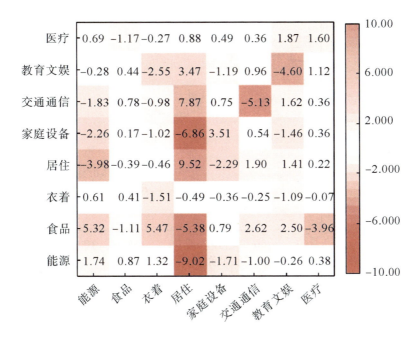

图 6-5　各类商品的价格弹性

6.4　能源价格变动的福利效应分析

在上述计算出的弹性的基础上，我们继续根据补偿变动法来研究福利问题。所谓补偿变动是指在商品价格变动后，消费者为了维持原有的效用水平，所需要得到的货币补偿值。经过补偿变动法计算得到的福利损失是家庭需要得到的补偿金额与总消费的比值，如果想要获得福利损失的具体数值，需要再将福利损失与家庭总消费相乘。

首先，我们计算了能源价格上涨 1%～100% 后给家庭带来的福利损失（见图 6-6）。横轴代表能源价格的上涨幅度，纵轴的福利损失取值等于能源价格上涨时，样本中所有家庭福利损失的均值。

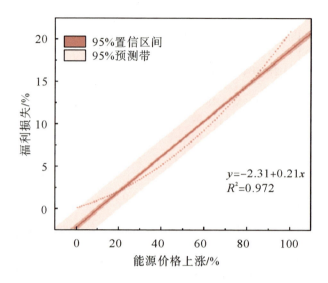

图 6-6　全国家庭的福利损失曲线

由所有家庭的福利损失曲线可以看出，家庭的福利损失随着能源价格的上涨而增加，并且增加的速度逐渐加快。当能源价格分别上涨10%、20%和50%后，家庭的福利损失平均为 0.84%、1.95% 和7.11%。接着，我们对福利损失曲线进行了线性拟合（见图6-6），拟合的斜率为 0.21，R^2 为 0.972，说明拟合效果良好。

6.4.1　福利效应的收入特征

具备不同收入特征、城乡特征和区域特征的家庭的能源消费结构存在较大差异，对能源价格冲击的反应也有所不同。因此我们先以家庭收入的中位数为界限将样本分为高收入家庭和低收入家庭，然后分别计算能源价格上涨对两类家庭造成的福利损失（见图6-7）。

由图6-7可知，低收入家庭的拟合曲线斜率为 0.22，高于高收入家庭的0.19，这意味着能源价格上涨对低收入家庭造成的福利损失更多。这一基本结论与我们的认知是相符的，低收入家庭的能源支出虽然会低于高收入家庭，但是因为其家庭总消费低于高收入家庭，所以能源支出占比会更高，所以在面对上涨的能源价格时，产生的福利损失会更多。

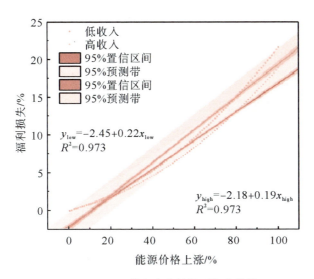

图 6-7　不同收入家庭的福利损失曲线

6.4.2　福利效应的城乡特征

中国是城乡二元结构较明显的国家，农村家庭与城市家庭的消费结构存在较明显的差异。为了探究具备不同城乡特征的家庭由于能源上涨产生的家庭福利损失的不同，我们分别绘制了城市家庭和农村家庭的福利损失曲线，并进行了拟合，如图 6-8 所示。

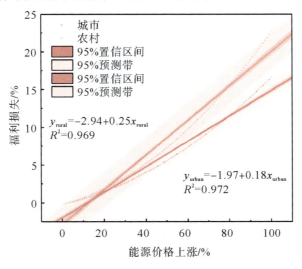

图 6-8　城乡家庭的福利损失曲线

由图 6-8 可以看出，能源价格上涨对农村家庭造成的福利损失更多，并且随着价格上涨幅度的增加，农村家庭的福利损失与城镇家庭福利损失之间的差距也会越来越大。两类家庭的拟合曲线也说明了这一点，农村家庭拟合曲线的斜率为 0.25，大于城镇家庭的 0.18。

能源价格上涨对城乡家庭造成的福利损失存在差异的原因在于这两类家庭的能源消费特征不同。一方面，农村家庭收入较低，能源支出占比更大，更容易受到价格的冲击；另一方面，农村家庭对能源的需求仍未达到饱和点。现代能源基础设施在农村地区的建设提高了家庭对能源的可获得性。同时，耐用电器类消费品的普及也使得农村家庭对能源的需求不断增加，并呈现出多样化的发展趋势。这些因素使得农村家庭对能源的需求仍处在上升阶段，因此当能源价格上涨时，农村家庭无法立刻减少能源消费，只能被迫减少其他商品的消费以保证能源支出，从而使得农村家庭因为能源价格上涨受到的福利损失更大。

6.4.3　福利效应的区域特征

中国幅员辽阔，覆盖亚热带、温带、寒温带和寒带等不同气候带，因此具有不同区域特征的家庭的能源消费结构存在较大差异。例如，北方地区家庭的能源消费主要集中在供暖和热水上，而南方地区则主要消费在空调和照明上，两类家庭在能源支出上具有较大不同。为了考察能源价格上涨对具有不同区域特征的家庭的福利效应，我们计算了能源价格上涨 10%后，各省份家庭的平均福利损失（见图 6-9）。

由图 6-9 可以看出，家庭福利损失较多的省份为河北、湖北、甘肃、辽宁、吉林、云南、黑龙江、宁夏、安徽、山西等，大多位于北方地区。上文的分析已指出，北方地区因为冬季气温较低，家庭对于供暖的需求更高，并且供暖支出为必要支出，当能源价格上涨后，家庭并不能立刻减少能源的支出，只能花费更多的收入来保证生存所需的取暖需求，因此能源价格上涨对北方地区家庭造成的福利损失更大。

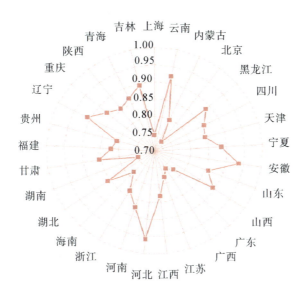

图 6-9　各省份家庭平均福利损失雷达图

6.5　本章小结

基于上述分析，具备不同收入、城乡和区域特征的家庭有着不同的能源消费结构和特征，其对能源价格上涨的反应及敏感程度也是不同的，因此考察不同类型的家庭由于能源价格上涨产生的福利损失的差异能够帮助政府更加精准、有针对性地制定能源价格的调整政策。因此，本章首先阐述了主要能源的定价机制的历史演变、现行政策与未来趋势；其次利用 2019 年的中国家庭金融调查数据，采用 QUAIDS 模型分析了中国微观家庭的能源消费行为，并计算了能源的收入弹性和价格弹性；最后在弹性的基础上采用补偿变动法考察了能源价格上涨对不同类别家庭造成的福利损失。

本章的分析结果表明，随着收入的增加，家庭对能源的需求也会增加，并且能源的价格弹性大于零，这意味着平均而言，中国家庭的能源消费需求并未达到饱和点，对能源的需求不会随着价格的升高而降低；另外，能源价格对具有不同收入、城乡和区域特征的家庭造成的福利损失不同。其中，收入较低的家庭、农村家庭和北方地区的家庭，受到的能源价格冲击更大，能源价格对其造成的福利损失也更大。

因此，能源价格政策的制定应该摒弃"一刀切"模式，有关部门应针对不同类型的家庭制定差异化政策，以有效缓解因能源价格上涨造成的居民福利损失。具体来说，收入较低的群体对能源价格变动更加敏感，当能源价格上涨后，低收入家庭会减少能源消费，或者减少其他类别的消费来满足基本生存所需的能源需求，能源价格上涨对这类家庭造成的福利损失更大。因此，政府应该高度关注能源贫困家庭，对其予以适当的经济补贴以缓解能源价格上涨的冲击。

另外，我国的能源市场体制改革的重点要求是在保证居民基本福利的基础上，实现社会福利的最大化。电价和气价长期以来的交叉补贴损害了社会福利最大化，近年来多方开始呼吁要进一步加快各项能源的市场化进程，完善市场价格机制，这意味着居民将承受更多的价格压力。在之后的能源价格政策改革中，政府应当根据家庭的不同特征制定价格标准，在保护弱势群体的基本福利的前提下，适当增加对能源价格变动不敏感家庭的用能成本，进而实现能源消费的低碳转型。

同时，我国要加快能源转型步伐，积极鼓励清洁能源的生产与应用。清洁能源的利用不仅可以缓解因化石能源耗竭带来的能源供给短缺和价格剧烈波动问题，也能减少因过度使用传统能源而导致的居民健康受损等问题。此外，政府应不断完善能源供应体系，逐步建立与完善有序、稳定和健康的全国统一能源市场体系，保证国内能源供给安全以及能源价格稳定，这对于我国实现能源转型以及保障居民福利具有重要意义。

7 社会意识和生活方式对家庭碳排放的影响

　　温室气体大量排放导致的气候变化问题已经严重威胁人类社会的可持续发展。人为温室气体的排放主要来自对化石能源的过度消耗。其中，家庭部门直接和间接排放的温室气体已经达到了全球碳排放总量的60%以上（UNEP，2022），包含对燃料、电力等能源的直接使用，以及通过消费其他生活产品和服务所产生的隐含碳排放。本书将基于微观家庭视角，探讨如何从消费端促使温室气体减排。

　　改革开放以来，随着居民的可支配收入水平提高和消费意识增强，中国家庭消费需求逐渐增长，使得家庭消费所产生的温室气体排放增加，占据中国温室气体排放总量的52%左右，并且随着中国居民生活水平的不断提高，这一比例将进一步增加。家庭部门温室气体排放的快速增加对中国"双碳"目标的实现产生了巨大压力，如何实现家庭部门消费增长与碳减排的平衡是值得探讨的问题。优化家庭消费结构，形成低碳生活方式是实现家庭碳减排的重要途径；而家庭消费决策受到诸多因素的影响，其中居民的主观因素在消费决策中起到了重要作用，会对家庭碳排放产生重要影响。因此，本章通过对中国家庭各项消费中的隐含碳排放量进行计算，分析了中国家庭消费所引致的碳排放现状。随后，本章分析了各种社会意识对中国家庭碳排放的影响，并探讨了不同生活方式在这种影响中的作用，据此提出了关于促进家庭部门碳减排的政策建议，以为政策制定提供相关依据。

7.1　研究背景

工业革命以来，大量温室气体排放导致全球变暖和极端天气频发，给社会经济和人类生活带来了严重威胁（Eckstein et al.，2021）。IPCC（2021）报告显示，全球平均气温比工业化前增加了大约1.09℃，并呈现持续上升趋势。气候专家预测如果各国不能针对温室气体减排做出努力，全球气温在 21 世纪末将上升 2.4~2.6℃（UNEP，2022）。

在影响气候变化的温室气体中，二氧化碳是最主要的类型（World Bank，2007）。控制二氧化碳排放、减缓气候变化成为当前人们必须解决的问题，也是联合国可持续发展目标的要求（UN，2015）。一直以来，工业部门的二氧化碳排放备受关注，而家庭消费导致的二氧化碳排放没有得到充分认识。事实上，家庭部门的碳排放在二氧化碳排放中占据重要的地位（Zhang et al.，2023），家庭消费导致的碳排放正成为全球碳排放量增加的主要来源（Connolly et al.，2022）。联合国环境规划署发布的《2020 年排放差距报告》显示，家庭消费中直接和间接产生的温室气体排放量约占全球排放总量的 2/3（UNEP，2022）。在发达国家中，家庭碳排放量占比高达约 70%（Baiocchi et al.，2010；Bin et al.，2005），远大于发展中国家。但随着发展中国家经济发展和居民收入水平提高，家庭部门的碳排放在发展中国家总二氧化碳排放中的比例也在不断上升（Adaman et al.，2011；Das et al.，2014；Su et al.，2017）。因此家庭消费的绿色低碳转型也开始受到广泛关注，并逐渐成为减缓气候变化的重要环节（Connolly et al.，2022）。

中国作为人口大国，面临巨大的减排压力。为推进可持续发展和展现负责任的大国担当，中国提出了努力在 2030 年以前实现"碳达峰"和 2060 年以前实现"碳中和"的宏伟战略目标。然而，要实现这个长期减排目标任重道远，需要多部门的共同努力，其中家庭部门的作用不可忽视。当前，中国家庭部门的碳排放占据二氧化碳总排放的40%以上（Qin et al.，2022）。随着中国居民可支配收入水平的提高，居民消费能力不断提升，家庭部门对二氧化碳排放的影响将会不断扩大。另外，随着疫情结束，经济发展开始恢复，居民消费信心增强，加上2020年以来我国提出构建"双循环"发展格局，强调扩大内需，挖掘国内市场需求潜力，这些因素将对我国居民消费产生重要影响，进而影响家庭碳排放，最终影响我国的碳减排进程和"双碳"目标的实现。因此，对中国家庭碳排放问题进行分析，探讨影响家庭碳排放的因素，从而促使家庭减少碳排放具有重要的现实意义。

现有研究对中国家庭碳排放问题已经进行了广泛探讨，由于具有代表性的微观调查数据相对有限，大多数现有研究主要基于宏观数据（Wei et al.，2007；Liu et al.，2011）和小规模的家庭调查数据（Qu et al.，2013；Yang et al.，2016）展开。只有小部分相关研究基于大规模调查数据来探讨中国家庭碳排放问题（Golley et al.，2012；Xu et al.，2016），但这些调查数据要么只关注了城镇家庭（Golley et al.，2012），要么数据不具备全国代表性（Zhang et al.，2020）。此外，现有研究对影响家庭碳排放的因素，包括家庭收入、家庭规模、年龄结构等家庭特征，以及年龄、婚姻状况等个体特征进行了研究，但很少关注居民主观因素对家庭碳排放的影响。

行为经济学认为信仰和偏好等主观因素会对个人的行为决策产生重要影响（Kahneman et al.，1979）。基于该理论，一些现有研究关注了家庭碳排放和主观因素之间的关系，这些主观因素包括主观幸福感（Wilson et al.，2013）和环境态度（Bai et al.，2013）等。但这些研究只关注了少部分主观因素对家庭碳排放的影响，忽视了其他主观因素对家庭碳排放的作用，从而限制了主观因素在家庭碳减排中发挥作用的进一步研究。由于缓解气候变化和解决环境问题迫在眉睫，越来越多的公众参与到气候治理中来，他们的社会意识可能会通过影响其行为进而对碳减排产生影响。然而，人们的社会意识是否会促使碳排放减少以及哪种社会意识会对碳减排产生积极作用则需要进一步探讨。此外，主观因素很难量化，研究还需要更具代表性的大规模家庭调查数据来支撑。

Morwitz 等（2007）指出居民的社会意识与实际行为可能并不一致，也就是说倾向于环保的购买意愿并不一定能转化为实际购买行为。这可能是受到消费者固有的消费习惯的影响，在短期内消费者的生活方式不能得到及时改变，从而可能会影响社会意识作用于家庭消费行为以及由此产生的家庭碳排放的变化，因此消费者生活方式的差异如何影响主观因素发挥作用值得研究。

基于上述分析，本章在现有文献基础上深入探讨了主观因素对家庭碳排放的影响，并进一步分析了消费者生活方式对两者关系的影响。本书使用中国家庭金融调查（CHFS）这一具有全国代表性的家庭调查数据对中国家庭碳排放量进行了测算并展开实证分析，主要贡献为：①基于具有全国代表性的家庭微观调查数据测算并分析了家庭消费中隐含的碳排放；②分析了多种主观因素对家庭碳排放的影响以及社会意识对家庭碳排放影响在区域间、城乡间和各收入组间的异质性；③探讨了消费者的生活方式在社会意识与家庭碳排放关系中的作用。

7.2　数据处理与模型设定

7.2.1　数据来源

本章使用的数据主要来自西南财经大学中国家庭金融调查与研究中心开展的中国家庭金融调查（CHFS）。该调查包括家庭收入、支出、资产、债务、保险、就业、主观态度和其他人口特征等相关信息。本章使用的是 2011 年第一轮的调查结果，调查的样本规模达 8 438 户，覆盖了中国 25 个省份（不包括西藏、新疆、内蒙古、海南、宁夏、福建、香港、澳门和台湾）、80 个区县的 320 个村（居）委会，这表明该调查数据具有较强的全国代表性。本书通过对比 CHFS 调查数据和《中国统计年鉴2011》中各类消费支出数据（见表 7-1）发现，CHFS 数据和国家统计局（NBS）数据之间存在一些差异，主要体现在家庭直接能源消费、衣着和医疗保健消费。就家庭直接能源消费而言，相对于 NBS 数据，CHFS 数据还包括物业管理费、维护费和供暖费，因此其数值高于 NBS 数据。由于 CHFS 数据中未包含医疗费用，因此其医疗保健支出数值较小。另外，CHFS 数据中没有包括服装材料和服装加工成本，因此其衣着支出数值低于 NBS 数据中的数值。

表 7-1　CHFS 和 NBS 数据库中各类消费的人均支出及碳排放系数

消费种类	CHFS 数据		NBS 数据		碳排放系数
	消费支出/元	消费占比/%	消费支出/元	消费占比/%	
食品	4 474.10	39.16	4 804.71	37.04	0.224
衣着	813.84	7.12	1 444.34	11.13	0.261
生活用品	671.81	5.88	908.01	7.00	0.484
交通通信	1 892.24	16.56	1 983.70	15.29	0.327
教育文娱	1 849.46	16.20	1 627.64	12.55	0.427
医疗保健	106.10	0.93	871.77	6.72	0.256
能源消费	1 616.20	14.15	1 332.34	10.27	1.298
总消费	11 423.75	100.00	12 972.51	100.00	—

7.2.2　变量说明

7.2.2.1　主观因素的衡量

相关研究表明，对社会和环境问题的认知有可能改变人们的生活方式和消费者行为，并在一定程度上影响家庭的碳排放，而哪些主观因素对碳减排产生了重大影响则需进一步探讨。然而，这些主观因素并不能从问卷中直接观察到。参照 Gadenne 等（2011）的研究，本书根据

CHFS 调查中的相关问题构建了四个主观因素变量。在 CHFS 调查问卷中，受访者被问及对社会治安、社会规则、社会事件以及幸福感的看法，这些问题代表了人们认知与意识的不同方面。关于这些因素的假设是：如果一个人更关注社会问题，就更能意识到减少碳排放的重要性并且获得更多环保知识，从而更有可能采取环保行动。这是因为消费者的环保知识储备可以直接影响其消费行为（Frick et al., 2004），从而对可持续消费产生影响（Press et al., 2009）。一个更快乐的人和更具有安全感的人更有可能回馈社会和更愿意保护当地环境，从而更有可能采取环保的生活方式。Carter（2011）发现积极的情绪有助于人们开展环保行动，从而减少碳排放。一个遵守社会规范的人更可能被视为一个好公民，更有可能做对社会有益的事情。利他主义是影响环保行为的一个重要心理因素（Straughan et al., 1999），保持这种态度的人会倾向于响应政府的减排号召。

7.2.2.2　消费者生活方式的衡量

经济学理论通常假设消费者在决策过程中存在风险规避的倾向，即人们更喜欢保持平稳的消费水平。经济学和心理学的研究都表明，人们很难偏离现有的消费水平。因此，消费者的消费偏好在短期内不会有显著变化（Morduch，1995），从而会削弱主观意识的作用（Sidiras et al., 2004; Lane et al., 2007）。按照这个逻辑，消费者的偏好或生活方式在意识和行为之间的关系中会起到重要作用。在实证研究中，消费者生活方式的衡量通过两个方面来表现，分别是用在外饮食支出占总食品支出的比重来表征家庭是否拥有节俭型生活方式，其占比越小说明家庭越节俭；用教育文娱支出占总家庭支出的比重来表征家庭是否拥有前瞻型生活方式，其占比越大说明家庭对未来更加重视。

7.2.2.3　家庭碳排放的计算

现有研究对家庭碳排放的计算主要采用消费者生活方式分析法、生命周期评价法和投入产出分析法。其中，消费者生活方式分析法（consumer lifestyle approach，CLA）以居民生活消费品为基础分析单位，根据家庭消费支出数据和各类消费活动的碳排放强度对家庭消费中的隐含碳排放进行计算（Bin et al.，2005；Wei et al.，2007），因而更加符合本书基于微观数据对家庭碳排放进行测算的需要。Wei 等（2007）将家庭碳排放划分为直接碳排放和间接碳排放。其中，直接碳排放来自家庭电力、燃料等能源的消耗（C7），而间接碳排放隐含在其他消费品中，是在其生产、运输等过程中产生的碳排放，这些消费品类型主要包括：食品（C1）、衣着（C2）、生活用品（C3）、交通通信（C4）、教育文娱（C5）、医疗保健（C6）。

参照 Wei 等（2007）的研究，本书用家庭的各类消费支出乘以对应的碳排放强度系数来测算每个家庭的碳排放量。计算公式如下：

$$C_{i,j} = \mathrm{Tf}_i * y_{\exp,i,j} * 44/12 \tag{7-1}$$

$$C_j = \sum_i C_{i,j} \tag{7-2}$$

其中，Tf_i 表示第 i 种类型消费品的碳强度，$y_{\exp,i,j}$ 是编号为 j 的家庭对第 i 种类型消费品的支出金额，$C_{i,j}$ 表示编号为 j 的家庭消费第 i 种类型消费品所产生的二氧化碳排放量，C_j 是编号为 j 的家庭的总二氧化碳排放量。

本书基于世界投入产出数据库（WIOD）中的 2010 年中国投入产出表数据和中国碳排放数据库（CEADs）提供的中国各行业碳排放数据，计算了各种消费类型的碳排放强度。由于单区域投入产出表很难区分进口产品和本国产品的碳排放强度差异，本书参照 Su（2013）和 Ang（2015）的研究，使用非竞争性进口假设来计算各消费类型的排放强度。计算公式如下：

$$\mathrm{Tf} = f * (I - A)^{-1} \tag{7-3}$$

其中，f 是各行业的直接碳排放强度，I 为单位矩阵，A 为直接消耗系数矩阵，$(I-A)^{-1}$ 为列昂惕夫逆矩阵。各类消费的碳排放强度见表 7-1。

7.2.2.4 其他解释变量

通过对现有关于家庭碳排放影响因素的研究进行梳理分析，我们发现影响家庭碳排放的因素主要可以分为两类：家庭特征和个体特征。家庭特征方面，家庭收入、财富水平以及由此产生的消费支出会对家庭碳排放产生显著的正向影响（Duarte et al.，2010；Kerkhof et al.，2009a、2009b；Shirley et al.，2012；Weber et al.，2008；Zhang et al.，2020；李娜娜 等，2022）。更大的家庭规模既会导致家庭碳排放总量增加（Zhu et al.，2012；Brand et al.，2013；Qu et al.，2013；Das et al.，2014；Yang et al.，2016；孙悦，2022），又会通过发挥规模效应使人均碳排放减少（Xu et al.，2016）。家庭年龄结构会影响家庭的消费需求，从而使家庭做出不同的消费选择和产生不同的碳排放；家庭就业人数会影响家庭成员的时间利用方式，从而影响家庭消费品的消耗和碳排放（Xu et al.，2016）。更大的住房面积和更多私家汽车的使用会增加家庭对能源的需求（李治国 等，2021），从而导致更多直接碳排放的产生。城乡家庭之间收入水平、消费条件的差异会造成城乡消费水平和消费结构的不同，进而导致城乡家庭间存在碳排放差异（Liu et al.，2011；Brand et al.，2013）。

个体特征也会对家庭消费选择和碳排放产生重要影响。例如，部分研究发现高教育水平会促使家庭碳排放增加（Büchs et al.，2013），这可能是因为他们具有更高的收入水平和更好的消费条件；但也有部分研究认为受教育程度更高的人会减少其碳排放（Brand et al.，2013；Xu et al.，2016），这可能是因为他们会接触更多环保知识。婚姻状况、性别和年龄的不同也会使得人们的消费观念存在差异，从而对家庭碳排放产生影响（Andersson et al.，2014；Chancel，2014）。基于现有研究，本书选择以上变量来控制家庭特征和个体特征对家庭碳排放的影响。另外，本书还考虑了户主是否为党员以及户主工作所属行业对家庭碳排放的影响。

7.2.3　模型设定

基于上述对家庭碳排放影响因素的讨论，本章构建以下计量模型来探讨社会意识对家庭碳排放的影响：

$$\ln \text{Carbon} = \alpha + \beta_1 * \text{Subjective} + \beta_2 * X + \varepsilon \qquad (7-4)$$

其中，$\ln \text{Carbon}$ 是家庭人均碳排放的对数值；Subjective 是社会意识变量，包括社会治安满意度、社会规则遵守度、社会问题关注度以及主观幸福感；X 是控制变量向量集，包括家庭收入、家庭规模、家庭结构、汽车数量、婚姻状况、年龄、受教育程度、是否为党员、工作所属行业、建筑面积的对数值和城乡变量。变量说明和描述性统计如表 7-2 所示，其中连续性变量进行了上下 1% 缩尾处理。

表 7-2 变量说明和描述性统计

变量	定义	样本量	均值	标准差
家庭碳排放	家庭消费隐含碳排放/吨	6 840	5.240	0.846
人均碳排放	人均消费隐含碳排放/吨	6 840	1.837	4.500
社会治安满意度	是否对社会治安满意（是 =1，否 =0）	6 840	0.532	0.499
社会事件关注度	是否关注社会事件（是 =1，否 =0）	6 820	0.491	0.500
社会规则遵守度	是否遵守交通法规（是 =1，否 =0）	6 840	0.815	0.389
主观幸福感	是否感到幸福（是 =1，否 =0）	6 840	0.634	0.482
节俭型生活方式	在外食品支出在总食品支出中的占比	6 721	0.134	0.225
前瞻型生活方式	教育、文化娱乐在总支出中的占比	6 840	0.343	0.431
家庭收入	家庭可支配收入/万元	6 840	0	43.41
家庭规模	家庭常住人口数/人	6 840	1	7
家庭结构	青壮年占比（15~60 岁）	6 840	0	1
就业人数	家庭有工作的人数/人	6 840	0	5
建筑面积	建筑面积/平方米	6 840	12	400
汽车数量	小汽车数量/辆	6 840	0	2
农村	是否为农村（是 =1，否 =0）	6 840	0	1
县气温	所在县的年平均气温/摄氏度	6 840	3.2	23.3
距离	到县中心所需时间/分钟	6 840	0	180
受教育程度	户主受教育程度	6 840	0	4

表7-2(续)

变量	定义	样本量	均值	标准差
婚姻状况	户主婚姻状况为已婚（是＝1，否＝0）	6 840	0	1
性别	户主性别为男性（是＝1，否＝0）	6 840	0	1
党员	户主是否为党员（是＝1，否＝0）	6 840	0	1
年龄	户主年龄/岁	6 840	23	84
行业	户主工作所属行业	6 840	1	4

7.3 实证结果

7.3.1 家庭碳排放的构成

本书首先对家庭各类消费的碳排放进行了测算，结果如图7-1所示，并将样本按照家庭可支配收入由低到高划分为五个家庭组，分别用Q1，Q2，Q3，Q4和Q5表示。数据表明，中国家庭的平均二氧化碳排放为5.24吨，人均二氧化碳排放为1.837吨，其中直接能源消费占比最大（40.1%），其次是食品消费（18.3%）、交通通信消费（17.5%）、教育文娱消费（13.8%），以及其他消费（10.3%）。由此可知，间接碳排放占据家庭总碳排放的59.9%，并且收入水平更高的家庭会产生更多直接和间接碳排放。

中国城乡之间的家庭碳排放存在较大差异，城镇家庭在所有消费类型中产生的碳排放均高于农村家庭，但这种差距会随着家庭收入的增加而减小。最富有的家庭（Q5）消费产生的碳排放要远高于其他收入组家庭，这种现象在城镇家庭间表现更加明显。为了分析家庭碳排放的地区差异，本书将样本进一步划分为东部地区、中部地区和西部地区，结果表明，东部地区家庭具有最高的平均碳排放，而西部地区家庭的碳排放最低，这与地区的经济发展程度是一致的。另外，中部地区间接碳排放的占比是最低的。

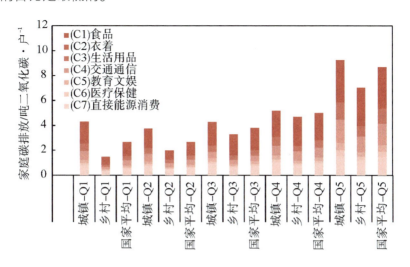

图 7-1　城乡家庭碳排放（Q1~Q5 表示收入由低到高）

7.3.2　基准回归结果

由于居民社会意识会影响家庭消费决策从而影响家庭碳排放，而家庭消费的获得满足程度以及消费类型的差异（如娱乐消费使人更加乐观）反过来会对居民的主观态度产生影响，从而导致本书的计量模型可能存在反向因果关系，造成内生性问题，使得参数估计有偏。为了解决模型中存在的内生性问题，本书使用基于最大似然估计的内生处理效应线性回归模型来进行分析（Cong et al.，2001），该模型可以处理内生变量为二值变量时的情况。

在本书的计量模型中，因变量为家庭人均碳排放，并且以四种社会意识变量（模型 1 至模型 4）作为关键解释变量来探讨主观因素对家庭碳排放的影响。为解决内生性问题，本书选择家庭所在县的平均气温和家庭住房到县中心的距离作为主观因素的工具变量，其合理性在于气候因素（气温）会影响个人心理，如认知能力（Parker，1995），但并不会受到个体消费决策的影响。Maddison 和 Rehdanz（2011）也认为温度是影响主观态度的重要因素。与县中心的距离反映了家庭获得公共商品和服务的能力，这间接与家庭的生活环境相关，从而会影响居民的情绪（Gao et al.，2014）。家庭所在县的平均气温数据来自中国综合气象信息共享平台（CIMISS），而家庭与县中心之间的距离数据来自 CHFS 调查问卷。

社会意识对家庭碳排放影响的实证结果如表 7-3 所示，可以发现控制变量的结果与预期一致，家庭年龄结构、汽车数量、受教育程度、家庭收入和建筑面积都是促使家庭人均碳排放增加的重要因素，而家庭规模、家庭就业人数、婚姻状况、年龄和处于农村地区对家庭人均碳排放会产生负向影响。家庭可支配收入更高意味着家庭购买能力更强，从而更富裕的家庭会有更多消费和产生更多碳排放。拥有更多家庭成员的家庭具有更低的人均碳排放，这是因为规模经济效应的存在，家庭成员可以共享部分消费品，该结果与 Qu 等（2013）、Xu 和 Han（2017）研究的结果是一致的。与 Xu 等（2016）的研究结果相同，本书发现家庭中有工作的人越多，其人均碳排放越低，这是因为他们会产生更少的家庭能源消费。Golley 和 Meng（2012）指出，户主的年龄与中国城镇家庭碳排放呈正相关关系，这与本书的发现相反。而童玉芬和周文（2020）发现，中国老年人更加节能环保，与本书的研究结论一致，因为中国老年人特别是农村老年人更倾向于节俭并且消费更少，符合我国的现实情况。此外，农村地区的家庭碳排放要比城镇家庭低很多，这与发达国家家庭碳排放的分析结果不同，例如 Büchs 和 Schnepf（2013）发现英国农村地区家庭会产生更多碳排放。

在模型 1、模型 3 和模型 4 中，主观因素对家庭碳排放的影响显著为负，这几个主观因素均为积极情绪，这些情绪会影响个人的亲社会行为和亲环境行为（Carter，2011；Kaida et al.，2016），这意味着人们更有安全感、更幸福和更愿意遵守社会规则，从而影响他们的消费行为和环保行为，促使能源消费减少和消费结构调整，并且日常活动也向更绿色的生活方式转变。本书在模型 2 中发现，人们更关注社会事件对家庭碳排放具有显著正向影响，这说明人们对环保更加了解反而提高了家庭人均碳排放，而不是像本书最初预期的那样减少碳排放。然而，这并非完全不合理。相关文献中提及的"意识/态度—行为差距"观点与该结果是一致的，也就是说环境意识不一定与亲环境行为相关（Kollmuss et al.，2002），环境意识要发挥作用可能还受到成本等因素的影响。这一现象不仅出现在中国（Bai et al.，2013），发达国家也同样存在（Blake，1999）。本书的实证结果为这种差距的存在提供了额外的证据。更重要的是，中国家庭意识与行为存在差距的现象向政策制定者发出了重要信号，即鼓励环保或绿色消费行为比简单地让人们知道这个问题更复杂，有关部门需要结合经济和社会措施促使人们的行为产生变化（Kollmuss et al.，2002）。

表 7-3　社会意识对家庭碳排放影响的基准回归

变量	模型 1 社会治安满意度	模型 2 社会事件关注度	模型 3 社会规则遵守度	模型 4 主观幸福感
家庭收入	0.073 *** (8.485)	0.074 *** (7.782)	0.070 *** (7.487)	0.071 *** (9.237)
家庭规模	−0.137 *** (−5.514)	−0.138 *** (−5.453)	−0.126 *** (−4.954)	−0.125 *** (−4.986)
家庭结构	0.371 *** (3.510)	0.346 *** (3.062)	0.313 *** (3.027)	0.345 *** (3.539)
汽车数量	1.276 *** (7.323)	1.319 *** (7.845)	1.240 *** (7.501)	1.208 *** (6.909)
受教育程度	0.304 *** (3.665)	0.306 *** (3.538)	0.312 *** (3.693)	0.317 *** (3.613)
就业人数	−0.157 *** (−7.201)	−0.160 *** (−6.644)	−0.156 *** (−6.714)	−0.160 *** (−7.315)
婚姻状况	−0.351 *** (−4.824)	−0.372 *** (−4.512)	−0.339 *** (−4.564)	−0.414 *** (−4.442)
年龄	−0.006 ** (−2.413)	−0.007 *** (−2.926)	−0.008 *** (−2.975)	−0.007 *** (−2.955)
党员	−0.013 (−0.145)	−0.018 (−0.208)	−0.006 (−0.080)	−0.011 (−0.138)

表 7-3（续）

变量	模型 1 社会治安 满意度	模型 2 社会事件 关注度	模型 3 社会规则 遵守度	模型 4 主观幸福感
行业	0.036 （1.069）	0.027 （0.714）	0.018 （0.464）	0.031 （0.997）
性别	0.021 （0.347）	0.030 （0.447）	0.008 （0.128）	0.006 （0.093）
农村	−0.237*** （−2.732）	−0.262*** （−2.757）	−0.287*** （−2.919）	−0.300*** （−2.643）
建筑面积的对数值	0.120** （2.389）	0.137*** （2.626）	0.116** （2.452）	0.101* （1.740）
社会意识	−2.244*** （−8.492）	1.762*** （4.955）	−2.686*** （−11.869）	−2.596*** （−12.818）
常数项	2.238*** （8.487）	0.217 （0.705）	3.422*** （11.344）	2.945*** （9.430）
样本量	6 840	6 820	6 840	6 840
Lambda	1.463	−1.068	1.601	1.738
Wald test Chi^2（1）	59.44***	21.12***	152.95***	424.64***

注：括号中为 t 统计量；***、**、* 分别表示回归结果在 1%、5% 和 10% 置信水平下通过显著性检验；社会意识变量分别为社会治安满意度（模型 1）、社会事件关注度（模型 2）、社会规则遵守度（模型 3）、主观幸福感（模型 4）。下同。

7.3.3 异质性分析

中国的城乡二元化结构使得城镇家庭碳排放大于农村家庭，并且两者差距会随时间变大（尚梅 等，2023）。因此，有必要探讨主观因素对农村和城市家庭碳排放的影响差异。本书将农村变量与四个主观因素进行交互加入回归模型中，从而分析主观意识与家庭碳排放关系在城乡间的异质性。回归结果如表 7-4 所示，结果表明模型 3 和模型 4 中主观因素对农村家庭碳排放的负面影响小于城市家庭；模型 1 和模型 2 中主观因素对农村家庭碳排放的影响与对城市家庭的影响相似，这表明某些主观因素对农村家庭的碳减排作用小于城市家庭。

表 7-4　社会意识对家庭碳排放影响的城乡异质性

变量	模型 1 社会治安 满意度	模型 2 社会事件 关注度	模型 3 社会规则 遵守度	模型 4 主观 幸福感
家庭收入	0.073 *** (16.510)	0.074 *** (16.530)	0.070 *** (16.625)	0.071 *** (16.533)
家庭规模	−0.137 *** (−6.973)	−0.138 *** (−6.907)	−0.125 *** (−6.557)	−0.125 *** (−6.564)
家庭结构	0.371 *** (4.337)	0.346 *** (3.976)	0.313 *** (3.756)	0.340 *** (4.085)
汽车数量	1.276 *** (19.997)	1.319 *** (20.419)	1.239 *** (20.352)	1.209 *** (19.565)
受教育程度	0.303 *** (8.918)	0.305 *** (8.829)	0.309 *** (9.360)	0.318 *** (9.648)
就业人数	−0.157 *** (−6.282)	−0.160 *** (−6.304)	−0.158 *** (−6.493)	−0.160 *** (−6.616)
婚姻状况	−0.352 *** (−4.576)	−0.371 *** (−4.753)	−0.337 *** (−4.552)	−0.409 *** (−5.517)
年龄	−0.006 *** (−2.856)	−0.007 *** (−3.273)	−0.008 *** (−3.662)	−0.007 *** (−3.541)
党员	−0.013 (−0.192)	−0.019 (−0.274)	−0.006 (−0.089)	−0.009 (−0.134)
行业	0.035 (1.143)	0.026 (0.846)	0.017 (0.565)	0.031 (1.044)
性别	0.022 (0.399)	0.030 (0.546)	0.010 (0.188)	0.006 (0.105)
农村	−0.201 *** (−2.695)	−0.241 *** (−3.355)	−0.454 *** (−4.539)	−0.419 *** (−5.382)
建筑面积的对数值	0.120 *** (3.193)	0.137 *** (3.587)	0.118 *** (3.227)	0.101 *** (2.770)
社会意识	−2.210 *** (−22.166)	1.786 *** (12.279)	−2.783 *** (−31.820)	−2.687 *** (−33.351)
社会意识 * 农村	−0.067 (−0.726)	−0.042 (−0.456)	0.211 ** (1.981)	0.194 ** (2.125)
常数项	2.225 *** (8.856)	0.207 (0.805)	3.483 *** (14.083)	3.001 *** (12.370)
样本量	6 840	6 820	6 840	6 840
Lambda	1.459	−1.072	1.607	1.746

表7-4(续)

变量	模型1 社会治安 满意度	模型2 社会事件 关注度	模型3 社会规则 遵守度	模型4 主观 幸福感
LR test Chi^2 (1)	136.51***	26.35***	371.28***	442.91***
ATE	0.096	0.056	0.098	0.229

　　中国幅员辽阔，因此在经济发展、居民收入以及其他方面存在明显的区域差异。东部沿海地区经济较为发达，该地区家庭的消费模式与经济较不发达的西部地区存在较大不同，因此对社会意识与家庭碳排放关系在各地区的差异进行探讨具有必要性。表7-5为加入了区域虚拟变量与主观变量的交叉项的回归结果。以东部地区为基准组，本书发现社会意识对家庭碳排放的影响存在明显的地区异质性。例如，社会治安满意度和社会规则遵守度越高，会促使东部和中部地区家庭碳排放减少，而对于降低西部地区家庭碳排放的作用更小。主观幸福感对中部和西部地区家庭碳排放的负向作用要小于东部地区，而社会问题关注度对家庭碳排放的影响则不具有地区差异性。

　　基于城乡差异和区域差异的回归分析都具有明确的政策意义。首先，中国正在加快推进城镇化进程，这将促使中国城镇人口快速增长。探讨城乡家庭消费和碳排放差异对于实现碳减排，从而推进"碳达峰"和"碳中和"目标的实现具有重要意义。其次，随着中西部地区人口大规模向东部地区迁移，家庭的消费行为也会受到迁移后地区的影响，因此分析地区间家庭碳排放的差异对于预测迁移人口导致的碳排放变化并因此做出应对措施具有现实意义。

表 7-5 社会意识对家庭碳排放影响的地区异质性

变量	模型 1 社会治安 满意度	模型 2 社会事件 关注度	模型 3 社会规则 遵守度	模型 4 主观 幸福感
家庭收入	0.069 *** (15.587)	0.070 *** (15.521)	0.066 *** (15.502)	0.067 *** (15.541)
家庭规模	−0.137 *** (−7.009)	−0.136 *** (−6.878)	−0.125 *** (−6.588)	−0.123 *** (−6.504)
家庭结构	0.370 *** (4.352)	0.345 *** (3.991)	0.308 *** (3.709)	0.341 *** (4.119)
汽车数量	1.221 *** (19.125)	1.259 *** (19.454)	1.187 *** (19.482)	1.161 *** (18.782)
受教育程度	0.299 *** (8.848)	0.299 *** (8.697)	0.306 *** (9.308)	0.309 *** (9.436)
就业人数	−0.141 *** (−5.635)	−0.144 *** (−5.665)	−0.142 *** (−5.827)	−0.145 *** (−5.982)
婚姻状况	−0.349 *** (−4.568)	−0.370 *** (−4.769)	−0.325 *** (−4.408)	−0.409 *** (−5.550)
年龄	−0.007 *** (−3.327)	−0.008 *** (−3.658)	−0.009 *** (−4.145)	−0.008 *** (−3.910)
党员	0.009 (0.136)	−0.000 (−0.003)	0.006 (0.084)	0.011 (0.173)
行业	0.049 (1.597)	0.039 (1.239)	0.031 (1.043)	0.040 (0.180)
性别	0.020 (0.366)	0.028 (0.504)	0.008 (0.143)	0.010 (0.180)
农村	−0.189 *** (−3.367)	−0.208 *** (−3.686)	−0.235 *** (−4.314)	−0.243 *** (−4.461)
建筑面积的对数值	0.143 *** (3.816)	0.159 *** (4.172)	0.141 *** (3.850)	0.124 *** (3.390)
中部地区	−0.468 *** (−6.450)	−0.377 *** (−5.246)	−0.512 *** (−4.865)	−0.598 *** (−7.485)
西部地区	−0.545 *** (−5.623)	−0.279 *** (−3.000)	−0.559 *** (−4.635)	−0.500 *** (−5.058)
社会意识	−2.375 *** (−22.496)	1.753 *** (11.059)	−2.813 *** (−28.684)	−2.792 *** (−31.667)
社会意识＊中部地区	0.153 (1.547)	−0.072 (−0.717)	0.155 (1.317)	0.341 *** (3.446)

表7-5（续）

变量	模型1 社会治安 满意度	模型2 社会事件 关注度	模型3 社会规则 遵守度	模型4 主观 幸福感
社会意识＊西部地区	0.392 *** （3.050）	−0.131 （−1.007）	0.282 ** （2.027）	0.270 ** （2.148）
常数项	2.388 *** （9.500）	0.315 （1.217）	3.586 *** （14.427）	3.152 *** （12.970）
样本量	6 840	6 820	6 840	6 840
Lambda	1.464	−1.037	1.597	1.744
LR test chi^2（1）	130.91 ***	18.16 ***	362.13 ***	436.84 ***
ATE	0.089	0.048	0.067	0.213

7.3.4 消费者生活方式的影响

本节进一步探讨了消费者生活方式对社会意识与家庭碳排放关系的影响。基于中国家庭金融调查（CHFS）数据，本书使用两个变量来表征消费者偏好：第一个变量是节俭型生活方式（在外饮食支出占比），该变量的数值越小说明家庭主要在家用餐，这反映了家庭具有更节俭的生活方式；第二个变量是前瞻型生活方式（教育文娱支出占比），该变量的数值越大说明家庭越重视未来发展，即具有前瞻性的生活方式。

表7-6探讨了节俭型生活方式在社会意识与家庭碳排放关系中的作用，模型1、模型3和模型4的回归结果表明，非节俭型生活方式虽然加强了主观因素对家庭碳减排的作用，但非节俭型生活方式会产生更多的消费从而导致家庭碳排放增加，同时非节俭型生活方式会使模型2中主观因素对家庭碳排放的正向作用变大，这意味着非节俭型生活方式将会缓释社会意识的减排作用。这是因为消费者的行为在短期内难以改变，非节俭型生活方式的家庭即使具有减排的主观意识，也很难迅速改变其消费行为。具有前瞻型生活方式的家庭则更加重视未来，可能会为了未来的生存环境而支持减排工作。然而，表7-7的结果显示，前瞻型生活方式并没有使社会意识发挥更大的减排效应。

表7-6 节俭型生活方式对社会意识与家庭碳排放关系的调节作用

变量	模型1 社会治安 满意度	模型2 社会事件 关注度	模型3 社会规则 遵守度	模型4 主观幸福感
家庭收入	0.066*** (14.813)	0.067*** (14.724)	0.062*** (14.543)	0.065*** (14.895)
家庭规模	−0.124*** (−6.315)	−0.124*** (−6.212)	−0.112*** (−5.905)	−0.114*** (−6.028)
家庭结构	0.313*** (3.680)	0.288*** (3.327)	0.254*** (3.065)	0.285*** (3.430)
汽车数量	1.176*** (18.481)	1.216*** (18.845)	1.150*** (18.940)	1.120*** (18.143)
受教育程度	0.269*** (7.939)	0.267*** (7.749)	0.266*** (8.107)	0.279*** (8.508)
就业人数	−0.164*** (−6.585)	−0.168*** (−6.629)	−0.163*** (−6.741)	−0.163*** (−6.733)
婚姻状况	−0.246*** (−3.200)	−0.258*** (−3.305)	−0.205*** (−2.757)	−0.287*** (−3.840)
年龄	−0.002 (−1.103)	−0.003 (−1.471)	−0.004* (−1.833)	−0.004* (−1.790)
党员	−0.015 (−0.231)	−0.020 (−0.293)	−0.008 (−0.125)	−0.011 (−0.171)
行业	0.037 (1.211)	0.028 (0.908)	0.017 (0.560)	0.032 (1.094)
性别	0.062 (1.131)	0.076 (1.367)	0.062 (1.168)	0.056 (1.053)
农村	−0.215*** (−3.874)	−0.243*** (−4.350)	−0.269*** (−5.000)	−0.290*** (−5.363)
建筑面积的对数值	0.120*** (3.198)	0.138*** (3.618)	0.122*** (3.347)	0.108*** (2.947)
节俭型生活方式	1.439*** (9.067)	0.958*** (6.446)	2.244*** (10.922)	1.609*** (9.591)
社会意识	−2.216*** (−25.826)	1.792*** (14.753)	−2.495*** (−33.068)	−2.503*** (−35.922)
社会意识 * 节俭型生活方式	−0.426** (−2.090)	0.525** (2.558)	−1.333*** (−5.824)	−0.739*** (−3.615)
常数项	1.859*** (7.366)	−0.182 (−0.708)	2.859*** (11.545)	2.497*** (10.223)

表7-6(续)

变量	模型1 社会治安 满意度	模型2 社会事件 关注度	模型3 社会规则 遵守度	模型4 主观幸福感
样本量	6 721	6 703	6 721	6 721
Lambda	1. 484	−1. 133	1. 607	1. 727
LR test chi^2(1)	159. 37 ***	38. 04 ***	379. 78 ***	440. 56 ***
ATE	0. 102	0. 052	0. 118	0. 167

表7-7　前瞻型生活方式对社会意识与家庭碳排放关系的调节作用

变量	模型1 社会治安 满意度	模型2 社会事件 关注度	模型3 社会规则 遵守度	模型4 主观幸福感
家庭收入	0. 073 *** (16. 497)	0. 074 *** (16. 535)	0. 070 *** (16. 578)	0. 071 *** (16. 511)
家庭规模	−0. 135 *** (−6. 537)	−0. 136 *** (−6. 494)	−0. 122 *** (−6. 107)	−0. 123 *** (−6. 179)
家庭结构	0. 372 *** (4. 345)	0. 346 *** (3. 980)	0. 316 *** (3. 780)	0. 348 *** (4. 173)
汽车数量	1. 276 *** (19. 995)	1. 318 *** (20. 403)	1. 239 *** (20. 348)	1. 209 *** (19. 552)
受教育程度	0. 304 *** (8. 935)	0. 305 *** (8. 836)	0. 312 *** (9. 459)	0. 317 *** (9. 634)
就业人数	−0. 158 *** (−6. 277)	−0. 161 *** (−6. 285)	−0. 159 *** (−6. 464)	−0. 160 *** (−6. 561)
婚姻状况	−0. 350 *** (−4. 552)	−0. 370 *** (−4. 737)	−0. 336 *** (−4. 531)	−0. 415 *** (−5. 582)
年龄	−0. 006 *** (−2. 881)	−0. 007 *** (−3. 263)	−0. 008 *** (−3. 819)	−0. 007 *** (−3. 496)
党员	−0. 013 (−0. 185)	−0. 018 (−0. 256)	−0. 005 (−0. 080)	−0. 012 (−0. 179)
行业	0. 035 (1. 143)	0. 026 (0. 817)	0. 017 (0. 575)	0. 031 (1. 029)
性别	0. 022 (0. 404)	0. 030 (0. 546)	0. 010 (0. 191)	0. 007 (0. 123)
农村	−0. 236 *** (−4. 238)	−0. 261 *** (−4. 660)	−0. 287 *** (−5. 304)	−0. 301 *** (−5. 553)

表7-7(续)

变量	模型 1 社会治安 满意度	模型 2 社会事件 关注度	模型 3 社会规则 遵守度	模型 4 主观幸福感
建筑面积的对数值	0. 121 *** (3. 213)	0. 138 *** (3. 593)	0. 118 *** (3. 210)	0. 101 *** (2. 762)
前瞻型生活方式	−0. 028 (−0. 358)	−0. 079 (−1. 034)	−0. 095 (−0. 879)	0. 039 (0. 470)
社会意识	−2. 249 *** (−23. 388)	1. 712 *** (12. 013)	−2. 713 *** (−31. 995)	−2. 560 *** (−32. 772)
社会意识 ∗ 前瞻型生活方式	0. 012 (0. 117)	0. 126 (1. 200)	0. 074 (0. 616)	−0. 095 (−0. 932)
常数项	2. 248 *** (8. 912)	0. 252 (0. 973)	3. 452 *** (13. 929)	2. 929 *** (12. 047)
样本量	6 840	6 820	6 840	6 840
Lambda	1. 463	−1. 065	1. 602	1. 738
LR test chi^2 (1)	139. 89 ***	25. 73 ***	367. 90 ***	437. 90 ***
ATE	0. 097	0. 056	0. 098	0. 230

7.4 政策建议

本章对社会意识对家庭碳排放的影响机制进行了分析,发现社会意识会对家庭碳排放产生显著影响。本章的实证分析结果具有一定的政策意义:第一,本章验证了主观因素会对中国家庭的环保行为和二氧化碳排放产生重要影响,因此培养居民的环保意识具有重要意义。政府和环境组织应共同努力,向社会公众传播有关环境保护和碳减排的知识,以帮助他们形成绿色的生活习惯。

第二,尽管在短期内居民对环保意识的认知并不能及时促进其消费绿色转型,但从长期来看,人们对环保的认知加强,会促使其选购更为绿色的商品和服务。因此,持续向公众强调环保的重要性,提高公众的环保认知水平是很有必要的。

第三，本章发现生活方式会影响社会意识对家庭碳排放的作用，因此需要对具有不同生活方式的家庭采取不一样的措施。家庭生活方式和消费者态度在短期内不会剧烈变动，这是因为人们更加偏好稳定的消费方式，但从长期来看，人们的习惯和风俗是可以改变的，改变家庭行为以逐步实现更清洁的生活方式从而助力家庭减少碳排放具有可行性。有关部门可采取一系列经济激励性政策，如鼓励消费者使用清洁能源、低能耗电器等低碳产品以替代高碳产品，对家庭的绿色消费给予补贴或对高碳消费进行征税等。实施碳标签制度也是让消费者了解消费品碳含量并影响其购买决策的可行方法。

第四，考虑到不同收入组家庭的碳排放存在差异，最高收入组家庭在每个消费类别中的排放都要高得多，因此有必要对不同收入水平的家庭实施不同的政策措施，以促使其减少碳排放。此外，由于城镇和东部地区的家庭具有更高的消费水平，随着收入的增加，这些地区的家庭的消费将进一步增加，从而产生更多的碳排放，对于这类家庭，除要努力提高这些家庭的环保意识外，向这些家庭推广绿色低碳的生活方式也是十分重要的。例如，改善交通基础设施，鼓励人们使用公共交通，使其养成更环保的出行习惯。

7.5 本章小结

基于 CHFS 数据提供的详细家庭信息，本章对社会意识和家庭碳排放之间的关系进行了探讨，并且分析了消费者生活方式在两者关系中的作用。本章使用了四种主观意识变量来反映社会意识，即社会治安满意度、社会事件关注度、社会规则遵守度、主观幸福感，以及两种生活方式，即节俭型生活方式和前瞻型生活方式来进行实证分析。本章研究结果显示，家庭碳排放存在显著的城乡差异，这种差异会随着收入的增加而缩小。家庭碳排放还存在明显的地区差异，东部地区家庭具有最高的平均家庭碳排放，而中部地区家庭的间接碳排放占比是最低的。同时，社会意识对农村地区家庭碳排放的减排效应要小于城镇地区，对于东部地区家庭碳减排的作用最大，而对西部地区家庭碳减排的作用最小。另外，不节俭的生活方式会缓释社会意识对家庭碳排放影响的负向作用。

家庭碳排放来自家庭对商品和服务的消费，但归根到底是由于这些商品和服务在生产和运输过程中会产生能源消耗，这也就意味着家庭日常生活消费中对能源的直接消费以及其他生活消费中对能源的间接消费共同构成了家庭能源的总消费，最终这些家庭能源的消费产生了碳排放。换句话说，家庭碳排放是家庭能源消费的结果。本章对家庭碳排放影响因素的分析是对家庭能源消费研究的进一步丰富和拓展，同时也验证了家庭能源消费研究的必要性。

8　居民节能减排行为

在中国家庭部门的能源消费中，生活用能和交通用能约占能源消费总量的 11% 和 4%（国家统计局，2015）。随着工业化和城镇化进程加快，能源消费量持续增长，特别是从发达国家各部门能源消费比重的演化路径来看，居民生活用能以及交通用能将呈现总量与比重逐渐增加的态势。居民能源消费的激增可能引发能源供给紧张、环境污染物排放和二氧化碳排放增加等诸多问题，而通过鼓励居民实施多项节能减排措施是解决上述问题的有效途径之一。因此，本章采用问卷调查的方式调查了北京居民对六种典型节能措施的接受意愿和实施情况，包括安装节能供暖系统、实施供暖关窗行为、购买高能效空调、购买节能燃油汽车、购买电动汽车和使用公共交通方式出行。同时，本章分析了影响居民节能措施接受意愿的因素，并据此提出促进中国居民节能的可行措施和有效政策，以期为政策制定者提供参考依据。

8.1　研究背景

1995—2014 年，中国居民生活用能和私人交通用能以年均 5.95% 的速度增长。到 2014 年，居民生活用能约占能源消费总量的 11%，累加私人交通用能之后，成为继工业部门外的第二大能源消费部门（中国能源统计年鉴，2015）。此外，中国居民能源消费仍具有巨大的增长空间。一方面，工业化和城镇化在提高居民生活质量的同时，势必会带来能源消费量的增加。另一方面，从发达国家各部门能源消费比重的演化路径来看，随着工业化的深入，居民生活用能以及交通用能将呈现总量与比重逐渐增加的态势。以美国为例，居民生活用能占比由 1949 年的 17.5% 上升到 2013 年的 21.7%，交通用能由 25.0% 上升到 27.7%，而工业用能由 46% 下降到 32.3%（郑新业，2017）。

居民能源消费的激增会带来能源供给紧张、环境污染物排放和二氧化碳排放增加等压力。因此，鼓励居民节能是解决上述问题的有效途径。据估计，2003—2023 年，家用电冰箱能效标准便可累计节电 588 亿~1 180 亿千瓦时，减少 6.29 亿~12.6 亿吨二氧化碳、400 万~804 万吨 SO_x 和 237 万~476 万吨 NO_x 排放（Tao et al.，2011）。2010—2030 年，乘用车能效技术的减排潜力为 2 698.8 吨二氧化碳（Peng et al.，2016）。在此背景下，有关部门针对家庭部门推广节能措施、制定节能政策显得尤为必要。

自 20 世纪 70 年代石油危机开始，居民的能源消费及相关节能政策研究就受到国外学者与政策制定者的广泛关注，但对中国居民能源消费的研究在近些年才逐渐兴起。现有文献对居民能源消费的研究主要围绕识别和总结有效的节能措施，以及节能技术推广的障碍与驱动因素两个方面。

就居民节能措施而言，Abrahamse 等（2005）聚焦社会与环境心理学领域，综述了影响居民能源消费的干预措施。结果发现，目标承诺与设置会产生显著的节能效果；经济激励会促进节能，但效果是短暂的；提供一般性的粗略信息并不会产生节能效果，而高频的反馈用能信息会促进节能。除外部政策工具的干预外，Lindén 等（2006）将居民节能措施细分为针对个人社会心理特征的内部措施，通过对瑞典 600 个家庭进行调查，识别出居民的若干节能行为与不节能行为，并提出可能的解决措施。Steg（2008）也将促进能源节约的策略进行分类：改变居民认知、动机、准则的心理策略，改善决策环境的结构策略以及优化能效家电的推广与普及。Gyberg 和 Palm（2009）进一步分类总结了政府机构与能源公司给出的一系列有助于居民提高能效的建议与策略。Ouyang 和 Hokao（2009）通过对中国杭州 124 个家庭 2007 年 3 月至 2008 年 7 月的用电量进行追踪分析，发现通过节能指导与提议可以平均节约 10%的用电量。Costa 和 Kahn（2013）通过田野实验发现，在节约电力消费方面，具有自由主义意识形态的居民是具有保守主义意识形态的居民的 2~3 倍，因此，在具有自由主义意识形态的社区引导居民节约用电会更加有效。另外，一系列研究表明，通过反馈用能信息，让居民了解日常活动与用能之间的关系，使得家庭用能可见，可以更有效地促进居民节能（Darby，2006；Abrahamse et al.，2007；Burgess et al.，2008；Faruqui et al.，2010；Hargreaves et al.，2010）。

在对节能技术推广的决定因素方面，就国外研究而言，Jakobsson 等（2007）使用结构方程模型，发现收入、对别人减少用车预期、减少用车意图、公平与侵犯自由权是影响交通拥堵费政策接受意愿的主要因素。Mills 和 Schleich（2010）发现在德国，家庭特征对购买 A 类能效产品的影响很小，而征收环境税、增加节能标识等方式可促进家电能效技术的推广。Qiu 等（2014）发现在美国亚利桑那州和加利福尼亚州，风险偏好越高的居民采取节能措施的可能性越低，并且未来搬家的概率越大越会放大风险偏好，从而对能效改进产生负面影响。Jridi 等（2015）研究突尼斯家庭对采用太阳能热水器、节能灯与节能冰箱的偏好，结果表明电价、节能收益与节能产品的价格会显著影响居民对节能产品的购买。在对房屋节能改造的研究方面，Braun（2010）发现德国住宅特征对供暖系统的选择具有显著影响，但家庭收入对供暖系统选择的影响较小。Gamtessa（2013）对影响加拿大居民进行房屋节能改造的因素进行分析，结果表明，与家庭特征和房屋特征相比，能源成本、经济激励和改造成本是影响居民参与改造的重要因素。

就国内研究而言，Du 等（2014）研究了阻碍建筑节能技术推广的因素，结果发现，技术产生的节能收益低于采用技术产生的增量成本是阻碍技术推广的最主要因素；大公司主要面临运营障碍，小公司主要面临政策法规、信息不对称的障碍。Liu 等（2015）通过分析北京三个典型的节能改造项目，发现对节能改造的满意程度受到居民参与程度的显著影响，但节能改造并未显著改善居民的节能行为。在对江苏居民用能研究方面，Yue 等（2013）分析了居民对三类节能行为的使用意愿，包括减少用能的行为、能效推广行为以及人与人之间的交互行为，结果表明，居民减少用能的行为最多；社会与人口变量对居民的节能行为有显著影响；当行为能力与节能意识对节能行为产生影响时，情境因素具有正向的调节作用。Ding 等（2017）发现，与农村居民相比，江苏城镇居民会更多地参与节能活动；江苏中部居民参与节能活动的水平最高；江苏北部、中部与南部居民的节能行为分别受到环境责任、政策法规与节能知识、低碳节能意愿与节能知识的驱动。

综上所述，使用家庭微观调查数据研究居民对典型节能措施的接受意愿已成为当下研究的热点话题，对评估家庭的节能潜力、制定有效的需求侧管理政策有重要意义。本章就居民对六类代表性节能措施的使用现状和居民对节能措施接受意愿的影响因素进行研究，包括安装更节能的供暖系统（用地暖代替暖气片）、购买能效更高的空调、当供暖时将窗户关闭、购买更节能的燃油汽车、购买电动汽车和使用公共交通方式出行，既涵盖了家里节能措施和交通节能措施，又涵盖了技术节能措施和行为节能措施。

本章通过问卷调查获得了关于居民能源使用的一手数据。首先，本章通过定性分析研究了居民对六类节能措施的接受情况，并分析了影响居民节能行为的因素；其次，基于调查问卷的问题，构建了影响节能措施接受意愿的潜在变量，使用序数逻辑回归模型定量研究了影响居民对节能措施接受意愿的主要因素；最后，结合定性与定量结果，分析和评价了中国北京促进居民节能的可行措施和有效政策，以期为政策制定者提供依据。

8.2 数据处理与模型设定

8.2.1 数据来源

2016 年 4—6 月，能源与环境政策研究中心在中国北京地区开展了关于居民能源消费的调查。本章的分析基于调查问卷中的以下八个模块：①社会、经济变量；②住宅及社区周边基本情况；③家庭结构情况；④汽车拥有情况及使用情况；⑤对交通相关政策的认识及反应；⑥对环境的关注度；⑦对六种典型节能措施的接受意愿；⑧常用技术节能措施与行为节能措施的使用情况。基于模块⑧，本章就居民对节能措施的使用现状进行定性分析；基于模块①—⑦，本章构建了影响节能措施接受意愿的潜在变量，就居民对节能措施的偏好进行定量研究。本次调查共收回 569 份样本，剔除数据缺失的样本，最终有 352 份样本用于本章的定性分析，其中有 311 份样本用于定量分析。

8.2.2 变量说明

本节通过调查问卷度量居民对六种节能措施的接受意愿，并构建了影响居民对节能措施接受意愿的潜在变量。构建的潜在变量分为以下七类：①社会、经济变量；②住房特征变量；③家庭结构变量；④汽车拥有情况变量；⑤交通基础设施变量；⑥交通政策变量；⑦行为变量。变量中的具体说明和描述性统计如表 8-1 所示。

表 8-1 变量说明和描述性统计

变量编号	变量名	最小值	最大值	均值	标准差
1	社会、经济变量				
	性别	0	1	0.534	0.500
	年龄	21	61	31.7	8.17
	受教育程度[a]				
	是否有工作	0	1	0.930	0.251
	收入水平[a]				
2	住房特征变量				
	住房类型[a]				
	住宅建造年份[a]				
	入住的年数	0	42	6.82	6.61
	自己的还是租的	0	1	0.736	0.441
	暖气是否可以自己控制	0	1	0.617	0.487
3	家庭结构变量				
	家庭人数	1	10	3.52	1.29
	是否有 60 岁以上老年人	0	1	0.486	0.500
	是否有 6 岁以下儿童	0	1	0.441	0.497
4	汽车拥有情况变量				
	是否有汽车	0	1	0.823	0.382
5	交通基础设施变量				
	对周边公共交通的满意度	1	5	2.82	0.833
	对高峰期交通拥堵的满意度	1	5	2.74	1.14
	对新能源汽车充电桩的满意度	1	5	2.32	1.03
6	交通政策变量				
	对燃油价格的关心程度	1	3	1.71	1.11
	对交通拥堵费的关心程度	1	3	2.19	1.14
	对公共交通价格的关心程度	3	6	4.04	0.692
	新能源汽车政策影响程度	6	30	24.1	3.77

表8-1(续)

变量编号	变量名	最小值	最大值	均值	标准差
7	行为变量				
	对工作地距离的关心程度	2	5	3.54	1.24
	减少汽车使用的意愿	0	10	6.46	3.16
	风险偏好[a]				
8	溢出效应				
	安装更节能的供暖系统（用地暖代替暖气片）	0	1	0.424	0.495
	购买能效更高的空调	0	1	0.424	0.495
	当供暖时将窗户关闭	0	1	0.450	0.498
	购买更节能的燃油汽车	0	1	0.428	0.496
	购买电动汽车	0	1	0.412	0.493
	使用公共交通方式出行	0	1	0.392	0.489
9	环境关注度	23	59	46.4	6.23
10	对节能措施的接受意愿				
	安装更节能的供暖系统（用地暖代替暖气片）	1	5	3.78	0.824
	购买能效更高的空调	1	5	3.88	0.699
	当供暖时将窗户关闭	2	5	4.42	0.753
	购买更加节能的燃油汽车	1	5	3.69	0.809
	购买电动汽车	1	5	3.52	0.876
	使用公共交通方式出行	2	5	4.16	0.696

注：受教育程度[a]、收入水平[a]、住房类型[a]、住宅建造年份[a]和风险偏好[a]变量均有三个或者三个以上的水平，通过引入0~1变量代表不同的水平，所以这5个变量的描述性统计量缺失。

8.2.3 模型设定

在调查中，受访者对六类节能措施的接受意愿进行李克特五级打分，从十分不接受到十分接受。为充分考虑节能措施接受意愿以序数形式出现的特征，本章使用序数逻辑回归模型研究居民对节能措施的偏好，模型具体形式如下：

$$y_i = \begin{cases} 0 & \text{if} \quad y_i^* < k_1 \\ j & \text{if} \quad k_j \le y_i^* < k_{j+1} \\ J & \text{if} \quad y_i^* \ge k_J \end{cases} \qquad (8\text{-}1)$$

$$y_i^* = X_i\boldsymbol{\beta} + \varepsilon_i \qquad (8\text{-}2)$$

其中，y_i 代表受访者 i 对某个节能措施的接受意愿。$j = 1$，2，$\cdots$，5，$J = 6$，k_1 和 k_J 分别被定义为 $-\infty$ 和 $+\infty$，k_2，$\cdots$，k_5 为待估的阈值。y_i^* 为潜变量，X_i 代表受访者 i 的特征向量，$\boldsymbol{\beta}$ 为待估的参数向量。

在设定 ε_i 的分布为逻辑分布函数 $F(\cdot)$ 的条件下，根据方程（8-2），受访者 i 对某个节能措施的接受意愿如下：

$$P(y_i = 0) = P(y_i^* < k_1) = \frac{1}{1 + \exp(-k_1 + X_i\boldsymbol{\beta})}$$

$$P(y_i = j) = P(k_j \le y_i^* < k_{j+1})$$

$$= \frac{1}{1 + \exp(-k_{j+1} + X_i\boldsymbol{\beta})} - \frac{1}{1 + \exp(-k_j + X_i\boldsymbol{\beta})}$$

$$P(y_i = J) = P(y_i^* > k_J) = 1 - \frac{1}{1 + \exp(-k_J + X_i\boldsymbol{\beta})} \qquad (8\text{-}3)$$

对于 N 个受访者样本，对某种节能措施接受意愿为 j 的似然函数为：

$$L(\boldsymbol{\beta}, k_1, \cdots, k_J) = \prod_{i=1}^{N} \prod_{j=1}^{J} P(y_i = j) y_{ij}$$

$$= \prod_{i=1}^{N} \prod_{j=1}^{J} (^-) y_{ij} \qquad (8\text{-}4)$$

其中，如果受访者 i 对某个节能措施的接受意愿为 j，则 $y_{ij} = 0$，否则 $y_{ij} = 1$。将以上似然函数取对数，得：

$$\ln L(\boldsymbol{\beta}, k_1, \cdots, k_J)$$

$$= \sum_{i=1}^{N} \sum_{j=1}^{J} y_{ij} \Big[\frac{1}{1 + \exp(-k_{j+1} + X_i\boldsymbol{\beta})} - \frac{1}{1 + \exp(-k_j + X_i\boldsymbol{\beta})} \Big]$$

$$(8\text{-}5)$$

根据 McFadden（1981，1987）的研究，对方程（8-5）求一阶导数，

$$\frac{\mathrm{d}\ln L(\boldsymbol{\beta}, k_1, \cdots, k_J)}{\mathrm{d}(\boldsymbol{\beta}, k_1, \cdots, k_J)} = 0 \qquad (8\text{-}6)$$

即可得到阈值 $k_2, \cdots, k_5$，以及参数向量 β 的估计值。

8.3　居民采取节能措施的现状

居民对四类技术节能措施，包括安装更节能的供暖系统（用地暖代替暖气片）、购买能效更高的空调、购买更节能的燃油汽车和购买电动汽车的采用情况及原因如图 8-1 所示。

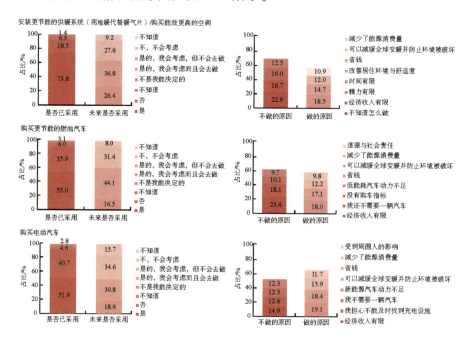

图 8-1　技术节能措施的采用情况和原因

就技术节能措施的推广程度而言，安装更节能的供暖系统（用地暖代替暖气片）或购买能效更高的空调的普及程度较高，有 73.8% 的居民在过去几年采用过该措施；与之相比，只有超过一半（分别为 55.0% 和 51.9%）的居民购买过更节能的燃油汽车以及电动汽车，普及程度稍低。在未来一年里，在未采用以上节能措施的居民中，大约一半的居民都会考虑这四项技术节能措施，具体比例分别为 63.2%（26.4%+36.8%）、

60.6%（16.5%+44.1%）和49.7%（18.9%+30.8%）。就采用这四项技术节能措施的原因而言，"省钱""减少了能源消费量"和"可以减缓全球变暖并防止环境被破坏"是三个共同的最常被提及的原因。除此之外，"改善居住环境与舒适度""道德与社会责任"和"受到周围人的影响"分别是居民安装更节能的供暖系统（用地暖代替暖气片）或购买能效更高的空调、购买更节能的燃油汽车和购买电动汽车的重要原因。这四类技术节能措施没被采用的原因差异较大，除"经济收入有限"是共同的原因之外，"不知道怎么做""精力有限"和"时间有限"是居民不安装更节能的供暖系统（用地暖代替暖气片）或购买能效更高的空调的三个重要原因；除"我不需要一辆汽车"的原因之外，"没有购车指标"和"低能耗汽车动力不足"是居民不购买更节能的燃油汽车的重要原因；而"新能源汽车动力不足"和"我担心不能及时找到充电设施"是居民不购买电动汽车的重要原因。

居民对另外两类行为节能措施，包括当供暖时将窗户关闭、使用公共交通方式出行的采用情况及原因如图8-2所示。

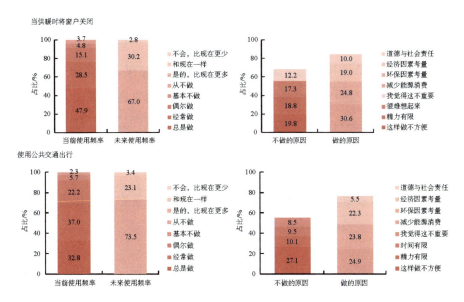

图8-2　行为节能措施的采用情况与原因

就节能措施的推广程度而言,当供暖时将窗户关闭和使用公共交通方式出行的普及率极高,均超过 90%,而且约 70% 的居民会在未来一年比现在更高频率地采用该措施。就采用行为节能措施的原因而言,"减少能源消费""环保因素考量""经济因素考量"和"道德与社会责任"是四个最主要的原因。就不采用这两项行为节能措施的原因而言,"这样做不方便""精力有限"和"我觉得这不重要"是三个共同的重要原因。此外,"很难想起来"和"时间有限"分别是居民不采用当供暖时将窗户关闭和使用公共交通方式出行的重要原因。

8.4 居民对节能措施接受意愿的影响因素分析

对于安装更节能的供暖系统(用地暖代替暖气片)、购买能效更高的空调、当供暖时将窗户关闭、购买更节能的燃油汽车、购买电动汽车和使用公共交通方式出行这六种节能措施,每种措施均有影响其接受意愿的潜在因素。基于表 8-1 中构建的变量,本节使用序数逻辑回归模型,对影响每种节能措施接受意愿的潜在因素及因素的交互项进行回归,得到六种节能措施接受意愿影响因素的实证结果,如表 8-2 所示。图 8-3 给出对三种生活节能措施 [安装更节能的供暖系统(用地暖代替暖气片)、购买能效更高的空调、当供暖时将窗户关闭] 的接受意愿产生显著影响(显著性水平为 10%)的因素及影响大小。类似地,图 8-4 给出对三种交通节能措施(购买更节能的燃油汽车、购买电动汽车、使用公共交通方式出行)的接受意愿产生显著影响的因素及影响大小。

表 8-2　节能措施接受意愿影响因素的实证结果

影响因素	安装更节能的供暖系统（用地暖代替暖气片）	购买能效更高的空调	当供暖时将窗户关闭	购买更节能的燃油汽车	购买电动汽车	使用公共交通方式出行
性别（男=1）	0.200	0.542*	0.156	−0.157	−0.282	−0.286*
年龄	0.008	0.040**	0.027	−0.020**	−0.009	−0.020*
受教育程度（基准=高中及以下）						
大专/本科	−0.699**	−0.662**	0.358	−0.440**	−0.538*	−0.074
硕士	−0.852**	−0.949**	0.289	−0.777***	−0.528	0.191
收入水平（基准=小于2万元）						
2万~5万元（含）	0.477	1.443**	−0.103	0.278	1.497***	0.118
5万~10万元（含）	0.255	0.935*	0.243	0.005	0.977**	−0.035
10万~20万元（含）	0.592	1.212**	−0.063	0.168	1.341***	−0.098
大于20万元	0.399	0.762	0.329	−0.189	0.819	−0.161
溢出效应	−0.088	−0.184	0.681***	0.168	0.045	−0.141
环境关注度	0.016	−0.007	−0.012	0.007	0.042**	0.014
住房类型（基准=平房）						
多层公寓	0.516	−0.110	0.016			
高层公寓	0.580	0.179	−0.211			
联排别墅	1.137	−0.244	−0.055			
独栋别墅	1.103**	−0.544	−0.246			
住宅的建造年份（基准=1980年前）						
20世纪80年代	−0.019	1.016*	1.046*			
20世纪90年代	0.733	1.003*	0.369			
2000—2010年	0.211	0.877*	0.713			
2010年之后	−0.202	3.784**	−0.200			
入住的年数	0.001	0.007	0.008			
自有还是租赁（自己的=1）	−0.060	0.614**	0.219			
家庭人数	0.017	0.047				

表8-2(续)

影响因素	安装更节能的供暖系统（用地暖代替暖气片）	购买能效更高的空调	当供暖时将窗户关闭	购买更节能的燃油汽车	购买电动汽车	使用公共交通方式出行
是否有老人（有=1）	0.046	0.124	0.007			
是否有儿童（有=1）	-0.170	-0.264				
暖气是否可以自己控制（是=1）	0.004		0.843***			
风险偏好（基准=低）						
中等	-0.049	-0.056				
高	0.716	-1.958**				
对社区周边公共交通的满意度				-0.042	-0.116	0.147*
对高峰期交通拥堵的满意度				0.064	0.199**	-0.123*
有没有汽车				-0.028	-0.241	-0.156
有汽车×对燃油价格的关心程度				0.155*	0.256**	0.219**
有汽车×对交通拥堵费的关心程度				-0.063	-0.232*	0.153
有工作×对工作地距离的重视程度				0.087		0.102*
没有汽车×对新能源汽车充电桩的满意度				-0.302*		
没有汽车×新能源汽车政策影响程度				-0.035*		
对新能源汽车充电桩的满意度					-0.053	
新能源汽车政策影响程度					0.051*	
有汽车×减少汽车使用的意愿						0.045*
对公共交通价格的关心程度						-0.106

注：*、**、***分别代表在10%、5%和1%的水平上显著。

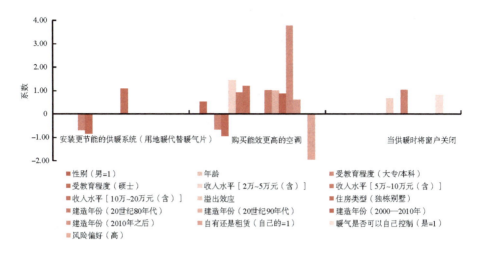

图 8-3　生活节能措施接受意愿的影响因素

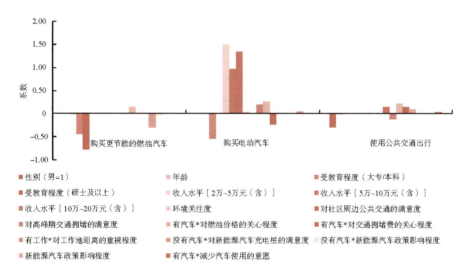

图 8-4　交通节能措施接受意愿的影响因素

（1）安装更节能的供暖系统（用地暖代替暖气片）。

就安装节能的供暖系统（用地暖代替暖气片）而言，仅有受教育程度与住房类型对该措施的接受意愿有显著影响。具体地，就受教育程度而言，与高中及以下相比，受教育程度越高（大专/本科、硕士），居民对该措施的接受意愿越低（-0.699 和-0.852）；此外，仅有住独栋别墅的居民对安装更节能的供暖系统有显著的偏好。

（2）购买能效更高的空调。

就购买能效更高的空调而言，性别、年龄、受教育程度、收入水平、住宅的建造年份、房屋所有权状态及风险偏好会对该措施的接受意愿有显著影响。具体地，与女性相比，男性对节能空调的接受意愿更高（0.542）；年龄越大的人对节能空调的接受意愿越高（0.040）；就受教育程度而言，受教育程度越高（大专/本科，硕士），居民对该措施的接受意愿越低；就收入水平而言，与年收入小于 2 万元或者年收入在 20 万元以上的家庭相比，年收入在 2 万~20 万元的家庭对节能空调的接受意愿显著提高；就住宅的建造年份而言，与 1980 年之前的房子相比，住宅建造年份在 1980 年之后的家庭对节能空调的接受意愿显著提高，而且对于较新的住宅（2010 年之后建造的房子），居民对节能空调的接受意愿最高（3.784）；与租赁的房屋相比，对于自己的房屋，居民对节能空调的接受意愿显著提高（0.614）；就风险偏好而言，风险偏好较高的居民对购买节能空调的接受意愿显著降低（-1.958）。

（3）当供暖时将窗户关闭。

就供暖时将窗户关闭而言，溢出效应和暖气是否可以自己控制对该措施的接受意愿有显著影响。具体地，周围人的节能行为会显著影响居民，并显著提高居民对该节能措施的接受意愿（0.681）；此外，与暖气不能被自己控制相比，自己能够控制暖气的居民更偏好采取当供暖时将窗户关闭的措施（0.843）。

（4）购买更节能的燃油汽车。

就购买节能燃油汽车而言，年龄、受教育程度、有没有汽车、对燃油价格的关心程度、对新能源汽车充电桩的满意度、新能源汽车政策影响程度（包括免购置税、购买补贴、不用摇号、直接申请号牌、不限行政策等）会对该措施的接受意愿产生显著影响。具体地，年龄越大、受教育程度越高的居民对节能燃油车的接受意愿越低；对于有汽车的居民而言，对燃油价格的关心程度越高，居民对节能燃油车的接受意愿越高（0.155）；对于没有汽车的居民而言，新能源汽车的基础设施与新能源汽车的优惠政策会对居民对燃油车的偏好产生交叉影响：居民对新能源汽车充电桩的满意度越高，对新能源汽车政策的认可程度越高，其对节能燃油车的接受意愿就会降低（-0.302和-0.035）。

（5）购买电动汽车。

就购买电动汽车而言，受教育程度（仅大专/本科）、收入水平、环境关注度、对高峰期交通拥堵的满意度、有没有汽车、对交通拥堵费的关注度以及对新能源汽车政策的认可程度会显著影响居民对购买电动汽车的接受意愿。具体地，与年收入小于2万元的家庭相比，家庭收入中等（2万~20万元）的家庭对购买电动汽车的接受意愿显著较高（1.497，0.977和1.341）；环境关注度越高的居民对购买电动汽车的接受意愿越高（0.042）；对高峰期交通拥堵的满意度越高的居民对购买电动汽车的接受意愿就越高（0.199）；对于有汽车的家庭而言，对燃油价格的关心程度越高，居民对购买电动汽车的接受意愿就越高（0.256），对交通拥堵费的关心程度越高，居民对购买电动汽车的接受意愿就越低（-0.232）；另外，居民对新能源汽车政策的认可程度越高，其对购买电动汽车的接受意愿就越强（0.051）。

（6）使用公共交通方式出行。

就使用公共交通方式出行而言，性别、年龄、对社区周边公共交通设施的满意度、对高峰期交通拥堵的满意度、有没有汽车、对燃油价格的关心程度、对交通拥堵费的关心程度、对工作地距离的重视程度以及减少汽车使用的意愿对该措施的接受意愿有显著影响。具体地，与男性相比，女性更易接受使用公共交通方式出行（-0.286）；年龄越大的居民对公共交通出行的接受意愿越低（-0.020）；居民对社区周边公共交通方式设施的满意度越高，对使用公共交通出行的接受意愿就越高（0.147）；居民对高峰期交通拥堵的满意度越高，对该措施的接受意愿就越低（-0.123）；对于有汽车的家庭而言，对燃油价格、交通拥堵费的关心程度越高，以及减少汽车使用的意愿越强烈，居民对使用公共交通方式出行的接受意愿就越高（0.219，0.153和0.045）；此外，对于有工作的群体而言，对工作地的距离越重视，其对使用公共交通方式出行的接受意愿就越高（0.102）。

8.5　政策建议

结合节能措施使用现状的定性结果和关于居民对节能措施接受意愿的定量结果，本节就集中供暖、推广节能家电、推广节能燃油汽车与电动汽车以及选择公共交通方式出行四个方面，对促进居民节能的有利因素与障碍进行分析，并讨论其影响机理，以期为提高居民的节能意愿提供科学依据。

8.5.1　改造供暖系统

深入推行供热计量取暖收费方式，使居民产生改造供暖系统的经济激励，并对现有住宅的供暖系统进行技术改造，将有助于居民采取供暖节能措施。一方面，我国取暖能源需求巨大。据估计，我国室内取暖的能源需求约占居民能源消费总量的50%（郑新业，2017）。另一方面，我国取暖系统的能效较低，供暖时热能浪费较为严重。在中国北方54.5亿平方米的居民住宅中，有35.6亿平方米的住宅使用能效较低的区域供暖系统（Ding et al.，2010）；开窗户导致的热能损耗占据中国居民总供热的25.8%（Lv et al.，2009）。就北京而言，现有的供暖形式主要是集中供暖，传热的媒介为暖气片。与暖气片相比，地暖的节能幅度约为30%。但结果表明，居民对安装节能供暖系统（用地暖代替暖气片）的接受意愿较低，并且仅是居住在独栋别墅的家庭对该措施有显著偏好。

阻碍节能供暖系统推广的原因有如下两点：第一，按照传统的供暖计费方式，居民只需按房屋面积统一交纳暖气费用，无法做到热费与用热量直接挂钩。尽管 2003 年中国发布《关于城镇供热体制改革试点工作的指导意见》以来，北方新建筑均安装了热量分户计量表，并且由政府和供热单位出资，对现有建筑进行热量计量装置的改造；但截至 2015 年年底，北京仅有 15.8% 的居民供暖面积实行了热计量供暖。用热量与热费脱钩，使得居民缺乏改进现有供暖系统的经济激励。第二，对于居住在多层或高层建筑中的家庭而言，自家供暖系统只是整幢建筑供暖系统的一部分，在与整幢建筑的居民协商一致之前，居民很难独自对自家供暖系统进行改造。这也是居民面对供暖系统改造时不知道怎么做的一个重要原因。因此，继续对旧建筑进行热量计量装置的改造，不仅能为热计量供暖提供技术支持，也能促进居民更多采用"当供暖时将窗户关闭"的措施，以减少热能损耗。另外，热计量装置改造和热计量取暖收费方式的推行对建筑外墙改造的效果有显著影响，可以避免"节能建筑不节能"的现象（Liu et al.，2013）。政府在扩大热计量计费比例的同时，应在组织协调整幢居民进行节能改造中扮演重要角色，并引导居民养成合理使用热量计量装置的行为习惯，以产生可观的节能经济激励，鼓励居民采用节能供暖系统（Liu et al.，2015）。

8.5.2　推广节能家电

价格补贴能降低居民进行节能家电技术的初始投资，减少居民面临的搬家或投资风险，以促进节能技术的普及与推广。在家庭用能中，约有 7% 的能耗来自家用电器。空调作为大能耗家电，居民对高能效空调的接受意愿却较低（平均接受意愿仅为 3.88）。虽然在生命周期内，高能效空调带来的节能收益会超过购买节能空调多出的初始投资，但房屋租赁者与风险偏好高的居民对购买高能效空调的意愿明显较低。产生该现象的原因如下：第一，购买高能效空调作为一项投资，租赁者要承担初始投资成本，如果未来搬家的概率比较大，租赁期限较短，在较短的租赁期内很难将初始投资收回，而且在搬家之后，高能效空调带来的节能收益将由房东或者后续租赁者享有。第二，在未来收益相同的条件下，风险偏好较高的居民会期望投入较少的初始投资。另外，在居民不购买高能效空调的主观原因中，"经济收入有限"是最主要的原因，这从侧面反映出高能效空调价格过高是节能技术推广最显而易见的障碍。

在推广节能家电方面，中国已对常用家用电器建立了最低能效标准和能效标签制度。最低能效标准规定只有达到某能效阈值的家用电器才能在市场上销售；能效标签制度规定在市场上销售的电器必须贴有指示该产品能效等级的标识，为消费者传达产品能耗的信息，以解决消费者在能源效率上的信息不对称问题。2012 年 6 月 1 日至 2013 年 5 月 31日，节能惠民工程在北京地区对能效等级 2 级及以上的空调、电冰箱等家电采用间接补贴的方式，以促进高能效家电的推广。最低能效标准与能效标签制度主要是针对供给者的政策，而在面对消费者时，直接的价格补贴政策可以有效地减轻或消除节能空调的推广障碍。一方面，降低价格可以缩短投资回收期，增大租赁者购买节能空调的意愿和可能性；另一方面，在未来收益不变的条件下，降低价格意味着投资回收期内的收益率会提高，风险偏好较高的居民进行节能家电技术投资的可能性就会增大。另外，中低收入群体（2 万~20 万元）与居住在新建建筑（2010 年之后）的居民接受节能家电的意愿会显著提高，补贴政策可以适当向这类较易推广的人群倾斜，以促进节能家电的推广。

8.5.3 征收燃油税与交通拥堵费

交通价格政策可以有效地调节居民对交通方式的选择以及对私家车购买的偏好。据调查，2012 年，家庭私人交通能耗平均为 433.06 千克标准煤，约占家庭总用能的 30%（郑新业，2017），而且居民私人交通用能仍呈现快速增长的态势。在调节私人交通用能方面，燃油价格政策一方面增加了居民对使用公共交通方式出行的接受意愿，另一方面也增加了居民对更节能的燃油汽车与电动汽车的偏好。

交通拥堵费是指在交通拥挤时段，对部分区域道路使用者收取一定的费用，它是一种交通需求管理的经济手段，目的是利用价格机制来限制城市道路高峰期的车流密度，达到缓解城市交通拥挤的目的，并提高整个城市的交通运营效率。本章结果显示，若开征交通拥堵费会对居民的购车偏好与出行方式选择起到较为显著的调节作用：该政策既能提高居民对公共交通出行方式的接受意愿，也能降低居民对购买汽车的偏好，这为开征交通拥堵费提供了实证依据。征收燃油税是国际上鼓励居民购买能效高的燃油汽车的常用税收手段，但燃油税的开征在中国一直处于搁置状态。可以预期，在现有燃油价格的基础上，燃油税的开征在居民选择交通出行方式及购买汽车方面将会有较大的调节作用。

8.5.4 新能源汽车优惠政策

新能源汽车优惠政策在居民对电动汽车与燃油汽车的选择上分别起到了促进与抑制的作用，而新能源汽车充电桩的普及也可以消除部分居民选择电动汽车的顾虑。为推广节能环保的新能源汽车，北京出台了一系列新能源汽车的优惠政策，主要包括三个方面：第一，与燃油汽车摇号相比（中签率约为0.14%），新能源汽车购买者可直接进行号牌的申请，不用参与摇号；第二，在购买新能源汽车时，购买者可享受免购置税（约占车价的8.55%）和购置补贴（3.5万~6万元）的优惠政策；第三，与燃油汽车相比，新能源汽车在使用过程中不限行。这三项政策不仅使得居民对购买电动汽车的接受意愿显著提高，而且也对居民对燃油汽车的偏好产生了显著的抑制作用；对于没有汽车的家庭而言，新能源汽车的优惠政策降低了居民对燃油汽车的接受意愿。除政策因素之外，新能源汽车充电桩的建设也是推广新能源汽车的关键因素。在居民不购买电动汽车的原因中，"我担心不能及时找到充电桩"是一大障碍，而且对于没有汽车的家庭而言，对新能源汽车充电桩的满意度越低，其对购买电动汽车的接受意愿就越低。

8.5.5 加强节能宣传

加强节能宣传，让居民了解节能与环保的关系，会对居民节能产生良好的促进效果。本章通过定性分析发现"保护环境"是居民采用节能措施的重要原因。从定量结果来看，节能宣传有三方面的益处：第一，通过节能与环保宣传，在一部分人形成节能习惯之后，可以通过溢出效应，带动周围人采取节能措施，如供暖的同时实施关窗的节能行为。第二，相关机构通过宣传，可以提高居民对环境的关注度，进而促使居民增加对购买新能源汽车的接受意愿。第三，通过了解使用公共交通对节能环保的意义，可以增强居民减少汽车使用的意愿，从而增加对使用公共交通出行的偏好。

8.6　本章小结

本章采用问卷调查和统计分析方法，就居民对六类代表性节能措施的使用现状、采用节能措施的原因和障碍进行定性分析。本章构建了影响居民对节能措施接受意愿的潜在变量，通过序数逻辑回归模型，定量考查居民对节能措施的偏好。六类代表性节能措施包括安装更节能的供暖系统（用地暖代替暖气片）、购买能效更高的空调、当供暖时将窗户关闭、购买更节能的燃油汽车、购买电动汽车和使用公共交通方式出行。

本章的研究结果表明，居民采取节能措施的主要原因是为了节省开支和减少能源消费；而充电桩设施不完善是阻碍电动汽车推广的重要因素。总体来看，居民对节能措施有较高的接受意愿；与女性相比，男性对购买能效更高的空调的接受意愿较高，但对使用公共交通方式出行的接受意愿较低；年龄越大的居民对购买高能效空调的接受意愿越强，但对一系列交通节能措施（如购买更节能的燃油汽车和使用公共交通方式出行）的接受意愿越低；收入水平越高的居民对购买高能效空调和电动汽车的接受意愿越高；居住在新住所的居民对购买高能效空调、供暖关窗行为的接受意愿显著较高。另外，供暖关窗行为会显著影响周围人采用这一节能措施；环境关注度的提高会显著提高居民购买电动汽车的接受意愿。完善的公共交通设施、高昂的燃油价格与交通拥堵费的征收均有益于促使居民采用公共交通方式出行。对于有汽车的家庭而言，提高燃油价格会促使居民选择购买节能燃油汽车或电动汽车，而征收交通拥堵费会降低居民购买电动汽车的意愿。对于没有汽车的家庭而言，新能源汽车充电桩的完善及新能源汽车的相关优惠政策有助于显著降低居民对购买燃油汽车的接受意愿，从而提高其对购买电动汽车的接受意愿。

9 居民低碳出行行为

家庭能源消费的低碳转型离不开居民的低碳生活方式和出行行为。共享单车作为一种新型的出行方式，为传统公共交通系统提供了有效补充，该出行行为是微观个体低碳生活方式的重要体现，且有利于城市的低碳转型。本章全面分析了个人、家庭乃至城市特征对居民共享单车的使用造成的影响。基于微观调查数据的研究结果显示，使用共享单车的用户更可能是家庭收入较高、文化程度较高或者更年轻的群体。从城市特征来看，共享单车的使用与汽车保有量、轨道交通、经济发展和城市规模呈正相关关系，这表明城市越发达，人们越可能使用共享单车。除此之外，本章还发现共享单车与地铁、公交车、出租车等公共交通之间存在互补效应，而与摩托车、私家车之间存在替代效应。本章的发现凸显了微观个体的低碳生活方式对推动"碳中和"目标实现的重要意义，并以期从微观行为视角为中国共享单车的发展与城市低碳转型提供政策建议。

9.1 研究背景

在微观能源消费低碳转型的背景下，共享经济作为一个新概念孕育而生。通过共享平台，共享经济可以改变人们的消费观念和行为习惯，让人们更多地关注资源的使用和分享方式，而非拥有和浪费资源。因此，共享经济的出现促进了社会资源的共享和有效利用，使消费者乃至全社会明显获益。共享经济中最有趣的一项就是共享单车，也就是共享自行车。作为解决城市交通"最后一公里"难题的环保方案（Yang et al.，2019），共享单车近年来得到了广泛普及（Liu et al.，2012；Hamilton et al.，2018；Saberi et al.，2018；Qin et al.，2018）。

在中国，共享单车已经成为城市人群的一种重要出行方式。溯其历史，公共自行车系统的发展已有五十余年，只是近十多年来才开始在世界范围内普及。"公共自行车"或"自行车共享"的概念最早出现在欧洲，在20世纪60年代后期，一些城市就开始陆续提供公共自行车服务（Fishman，2015）。我国共享单车起步较晚，直至2005年北京市率先进行公共自行车投放（Zhang et al.，2014），由此开启我国共享单车时代。2015年，北京市启动了我国首个智能共享单车项目"ofo"，该项目不需要额外设备且不设置固定站点；随后2016年，另一个名为"摩拜单车"的共享单车项目于上海推出，而后"哈啰出行""青桔单车"等项目也陆续上线。至此，我国的智能共享单车行业迎来蓬勃发展，共享单车成为中国城市居民必不可少的交通工具。

在过去几年里，中国的共享单车呈现爆炸式增长，中国已成为全球最大的共享单车市场，在200多个城市的保有量合计超过2 300万辆（Gu et al.，2019）。当前市场同时拥有有桩和无桩两种共享单车系统，后者显然比前者更受欢迎，相关数据显示，在2017年无桩共享单车占据了80%的常规自行车市场份额（Chen et al.，2020a）。无桩共享单车受欢迎的三个重要特征：第一，方便性。用户可以随时在城市中的各个停车点找到共享单车，并且无须预先安排或返回特定的停车桩，这种便利性使得用户可以根据需要自由地租借和归还单车，节省了时间和精力。第二，灵活性。用户可以根据自己的出行需求选择最近的单车，并在离目的地最近的停车点停车，这种灵活性使得共享单车成为短途出行和"最后一公里"解决方案的理想选择，尤其适用于拥挤的城市环境。第三，科技支持。现代无桩共享单车通常配备先进的技术支持，例如

GPS 定位和移动支付系统，这些技术能够为用户提供方便的租借和归还体验，使用户能够轻松找到可用的单车并进行付款。同时，共享单车的骑行费用也相对较低，易于被大众接受。

共享单车为促进城市的可持续发展提供了一条潜在路径（Mi et al.，2019）。相较于私家车或出租车，共享单车已被证明是一种有效减少二氧化碳排放的交通方式（Fishman et al.，2014）。据相关研究估计，共享单车的每次行程可减少的温室气体排放量约为 581 克二氧化碳当量，每千米最高可以减少约 352.7 克二氧化碳当量（Kou et al.，2020）。共享单车产生的碳排放主要来自生产、处置和维护过程，而非单车使用过程（Chen et al.，2020b）。作为城市中其他交通方式的补充，共享单车的可得性和可用性使公众能更有效地使用公共交通，从而减少私家车压力，缓解道路拥堵和提高交通效率，对解决交通拥堵问题和城市低碳转型具有积极影响（Fan et al.，2020）。

现有的许多研究也对共享单车项目在减少能源使用和碳排放方面的环境效益进行了定量估计（Zhang et al.，2018）。例如，Chen 等（2020b）估算出，每辆共享单车的日均行驶距离为 0.356 千米，综合利用率为 50%，从出租车或私家车出行转向自行车出行预计每千米可减少 0.141 千克二氧化碳当量。2017 年，中国的共享单车总数为 2 300 万辆（Gu et al.，2019）。根据以上信息，我们可以估算出，我国共享单车的总行驶距离约为每天 409.4 万千米，每天使用共享单车带来的碳减排总量约为 577 吨。由此可以看到，推广共享单车可以产生较大的环境效益，有助于实现城市低碳转型。

尽管共享单车有着诸多好处，但其推广和发展也面临一些问题，例如停放混乱（Su et al.，2020）、使用率较低（Yao et al.，2019；Chen et al.，2020b）、运营模式和收费方式存在不确定性（Zhang et al.，2019a）等。在共享单车快速增长但几乎没有限制的情况下，2017 年 8 月 2 日，中国交通运输部、中央宣传部、中央网信办、国家发展改革委、工业和信息化部、公安部、住房城乡建设部、人民银行、质检总局、国家旅游局 10 部门联合出台了《关于鼓励和规范互联网租赁自行车发展的指导意见》（以下简称《指导意见》），该意见是首个全国性的针对共享单车项目的规范性文件。《指导意见》肯定了共享单车在满足公众短距离出行需求，帮助解决通勤者的"最后一公里"问题，缓解城市交通拥堵以及帮助建设低碳绿色交通系统等方面的积极作用。根据《指导意见》，地方政府应负责规范用户和共享单车经营者的行为。自 2017 年 8 月起，各地方政府采取了更为严格的措施来限制共享单车的快速无序扩张。例如，上海、杭州、深圳、广州、南京、北京和武汉等城市对新投放的共享单车进行限制，并引导单车合理有序投放（Gu et al.，2019）。这些措施在一定程度上缓解了共享单车投放量过大导致城市道路拥堵不堪、部分单车闲置占道的问题，使得我国共享单车项目能够健康、有序、可持续地发展。

为了解决当前问题并完善现有的共享单车系统，本书实证研究了影响共享单车使用的因素以及特定环境和场景。总体来说，当前我们需要构建一个更加合理有效的系统，以进一步提高城市共享单车的使用，帮助实现城市低碳转型。因此，本章使用西南财经大学中国家庭金融调查与研究中心发布的 2017 年中国家庭金融调查（CHFS）数据，全面分析了我国居民对共享单车的使用情况。具体而言，本章旨在回答以下问题：共享单车的使用与个人、家庭及城市特征有怎样的关联？个人及家庭特征与共享单车使用之间的关联是否受到所处城市的经济或地理特征的影响？共享单车的使用是否与公共或者个人通勤模式相关联？此外，本章还进一步探讨了不同年龄段和不同受教育程度人群使用共享单车的模式的区别。

本章主要发现如下：首先，用户年龄与共享单车的使用呈负相关关系，而受教育程度和家庭收入与共享单车的使用呈正相关关系。同时，共享单车的使用与个人的年龄、受教育程度以及家庭收入等的关系在不同城市之间差异不明显。其次，研究结果发现城市层面的诸多特征，如经济发展水平、城市规模和轨道交通建设等与共享单车的使用呈正相关关系，而现有文献对此讨论较少。最后，选择地铁、公交车、出租车等公共交通通勤的居民更有可能使用共享单车，而选择摩托车或私家车通勤的居民使用共享单车的概率下降。该结果证实了共享单车与公共交通系统之间存在互补效应，以及共享单车与私人机动化通勤之间存在替代效应。

本章的研究对现有文献的贡献主要有三个方面：第一，本章研究使用了全国范围内的微观调查数据，全面分析了中国的无桩共享单车使用与个人、家庭和城市特征之间的关系。相较于以往的研究大多只关注于某一个特定城市，本章的研究结果更具有全国代表性，并且能提供翔实的数据分析过程。第二，本章研究样本涵盖中国多个城市，有助于分析城市层面的特征对共享单车使用的影响。相较于只使用单个城市的数据，使用多个城市的样本有助于我们发现不同城市特征对共享单车使用的影响（Li et al.，2020）。同时，使用多个城市的样本也有助于验证以往基于单个城市数据得出的研究结果的稳健性，例如，我们发现共享单车的使用与空气质量之间不存在显著相关性，这与之前基于单个城市数据的研究结果不同（Campbell et al.，2016）。第三，本章证实了在中国这个当前拥有最大共享单车市场的国家，共享单车与传统公共交通系统之间存在互补效应，而与私人机动车通勤之间存在替代效应；这为研究共享单车和其他多种交通方式之间的关系的相关文献提供了进一步的实证证据（Qin et al.，2018；Fan et al.，2020）。

现有文献表明，交通运输所产生的温室气体占全球温室气体总排放量的四分之一（McCollum et al.，2018）。交通运输的发展对经济效应和城市绩效有着广泛的影响（Du et al.，2020；Xu et al.，2020）。可持续的城市公共交通，如地铁和公交车，在城市低碳转型中发挥着重要作用（Li et al.，2018）。然而，城市交通规模的快速扩张使得传统意义上的"绿色"交通在服务城市碳减排方面变得效率低下（Dong et al.，2018），而中国无桩共享单车的出现为人们提供了一种新型的绿色交通选择，并且已经开始显现其在减少碳排放方面的巨大潜力。

以往研究探讨了影响共享单车使用的诸多因素。有学者发现，共享单车的使用与居民年龄和收入密切相关，老年人和低收入群体通常较少使用共享单车（Fishman et al.，2014；Campbell et al.，2016；Zhao et al.，2018）。最近的一系列研究强调了社会人口因素对共享单车使用的影响。例如，Gu 等（2019）的研究表明，年轻人、受教育程度较高和高收入群体是共享单车的主要用户群体。不同于传统骑行行为中存在的明显性别差异，共享单车的使用受用户性别影响较小（Du et al.，2018；Wang et al.，2019）。通常，政府监管、企业的管理和社会道德等因素对共享单车的使用有着正向且显著的影响（Chi et al.，2020）。

一些研究认为环境和空气质量是影响单车使用的重要外部因素（Caulfield et al.，2017）。Zhao 等（2018）在对空气污染较为严重的北京市的案例进行分析时发现，空气污染会阻碍人们选择骑行。Helbich 等（2014）在对鹿特丹的一项研究中提出，温暖的天气会促进当地人更多地选择单车骑行，而刮风和降雨会导致居民减少骑行。此外，诸多社会、经济和空间特征都会影响共享单车的使用（Bachand-Marleau et al.，2012；Winters et al.，2013；Li et al.，2020）。基于美国自行车道和路径的数据，Buehler 和 Pucher（2012）发现城市完善的骑行公共设施和平坦的地形条件更有利于骑行活动的开展，进而增加单车使用频率。由于共享自行车与其他公共交通工具之间的互补关系，公共交通的普及也会对共享自行车的使用产生积极影响（Shen et al.，2018）。

此外，共享单车和公共交通之间可能存在互补或替代关系。一些文献提出，在中国、荷兰、德国、英国和美国等国家，单车出行可以作为一种能够与公共交通相互补充的交通方式（Martens，2004；Buehler et al.，2015；Ji et al.，2017；Jia et al.，2019；Fan et al.，2020）。类似地，在两项关于中国共享单车的研究中，Jia 和 Fu（2019）以及 Fan 和 Zheng（2020）都发现，随着共享单车项目的实施，我国公共交通的使用量也有所增加。然而，也有部分研究发现共享单车存在替代效应，在美国、加拿大和中国等国家，共享单车可以替代公共交通模式

（如地铁等）（Shaheen et al., 2013；Singleton et al., 2014；Campbell et al., 2016）。Campbell 等（2016）通过研究北京市的交通系统提出，共享单车特别是共享电单车，在短途出行中可以有效替代公交、地铁和出租车。此外，有学者还发现了共享单车对私家车出行的替代效应（Qin et al., 2018）。

综上所述，共享单车作为解决城市交通"最后一公里"难题的环保方案，现有研究对其讨论较少且认识不够充分。因此，本章从居民低碳出行的视角出发，重点关注我国共享单车市场，研究影响居民使用共享单车的因素及其与现有交通模式之间的关联，以期为国家治理共享单车市场、提升居民的生活质量和推进城市绿色转型提供可能参考。

9.2　数据处理与模型设定

9.2.1　数据处理

本章的研究数据来自西南财经大学中国家庭金融调查与研究中心的中国家庭金融调查（CHFS）数据。考虑到共享单车在 2017 年才开始在中国各大城市推广，本书选用了 2017 年的调查数据，该年问卷调查所搜集的信息涵盖了 5 000 多户城市家庭的共享单车使用情况。同时，中国家庭金融调查还收集了丰富的个人和家庭信息特征，可以将其与城市特征进行匹配。

为了确保数据的可靠性和准确性，我们对原始数据进行了如下处理：首先，样本只保留 18~65 岁的受访人群。尽管根据 2017 年的《指导意见》和相关规定，共享单车用户的最低年龄为 12 岁，但中国家庭金融调查仅针对 18 岁以上人群收集共享单车的相关信息。其次，样本仅保留了那些具有完整个人、家庭和城市特征信息的观测值，而将缺失特征信息的观测值排除在外。最后，样本剔除了没有投放共享单车的城市。由于调查问卷仅针对城市居民提出了共享单车的相关问题,因此本章研究对象仅限于城市居民。我们最终获得了 5 037 个观测样本,总体样本的描述性统计如表 9-1 所示,这些数据将有助于我们深入了解共享单车使用的影响因素,以及在不同情境下人们选择共享单车的可能性。

表 9-1 中的"是否为单车用户"是一个虚拟变量,如果受访者在过去一周中至少使用过一次共享单车,则该变量取值为 1,否则为 0。结果显示,大约 22.1% 的受访者在过去一周中使用过共享单车。在所有受访者中,男性占比 43%,年龄在 30 岁及以下、30~50 岁和 50 岁及以上的比例分别为 15%、50% 和 35%。将受访者的受教育程度分为三组,初中及以下学历、高中学历和大学及以上学历的人各占 38%、28% 和 34%。关于受访者的健康状况,CHFS 问卷中提出了以下问题:"您目前的身体状况与同龄人相比,健康状况怎么样?"答案包括"非常好""好""一般""差"和"非常差"。根据该问题,我们使用了一个虚拟变量,如果受访者的回答是"非常好"或者"好",那么该变量取值为 1,否则为 0。

调查数据中还包括一系列家庭特征信息。低收入家庭(家庭年收入低于 80 000 元)、中等收入家庭(家庭年收入为 80 000~240 000 元)和高收入家庭(家庭年收入超过 240 000 元)的占比分别为 47%、43% 和 10%。关于父母的受教育程度,约 34% 的受访者的母亲和 50% 的受访者的父亲完成了小学及以上教育。大约 42% 的家庭拥有至少一辆汽车,65% 的家庭拥有至少一辆自行车、摩托车或电动自行车。

样本选取的城市特征变量主要包括汽车保有量、人均道路面积、轨道交通、人均国内生产总值(GDP)、空气质量指数和道路坡度等。平均而言,单位道路面积的汽车保有量(汽车保有总量除以道路面积)为每平方千米 22 550 辆;人均道路面积(道路面积与城市辖区内人口数量的比值)为 13.78 平方米;约 68% 的受访者所居住的城市拥有轨道交通,包括地铁、轻轨或有轨电车。样本中城市人均 GDP 为 99 879元;约 36% 的受访者来自中国的超大城市,即北京、上海、天津、重庆、广州和深圳；城市空气质量指数（AQI）约为 84.87；城市的道路坡度平均约为 2.34 度。

此外，表 9-1 还分别报告了使用过和从未使用过共享单车的两个受访者子样本的描述性统计数据。在共享单车用户中，年轻群体占比 29%，远大于非用户中年轻群体的比重（11%）。同样地，共享单车用户中大学及以上学历占 59%，是非用户（27%）的两倍多，这表明受过高等教育的人更有可能使用共享单车。关于其他个人特征，如性别、健康状况和婚姻状况等，在两个子样本之间不存在明显差异。但值得注意的是，家庭收入和母亲的受教育程度在共享单车用户和非用户之间差异较大。共享单车用户中的中等收入家庭（50%）和高收入家庭（19%）比例高于非用户中的比例（分别为 42% 和 8%），这意味着家庭收入与共享单车使用之间可能存在关联。最后，共享单车用户更有可能来自交通拥挤、经济规模较大、地形平坦和公共交通基础设施便捷的大城市。

表 9-1　描述性统计

变量名称	全样本（100%）		单车用户（22.1%）		非单车用户（77.9%）	
	均值	方差	均值	方差	均值	方差
面板 A：个人特征						
性别	0.43	0.50	0.50	0.50	0.41	0.49
年轻组（≤30 岁）	0.15	0.35	0.29	0.45	0.11	0.31
中年组（30～50 岁）	0.50	0.50	0.54	0.50	0.49	0.50
老年组（≥50 岁）	0.35	0.48	0.17	0.38	0.41	0.49
受教育程度						
初中及以下	0.38	0.48	0.17	0.37	0.43	0.50
高中	0.28	0.45	0.24	0.43	0.30	0.46
大学及以上	0.34	0.47	0.59	0.49	0.27	0.44
健康状况	0.61	0.49	0.69	0.46	0.59	0.49

表9-1(续)

变量名称	全样本（100%）		单车用户（22.1%）		非单车用户（77.9%）	
	均值	方差	均值	方差	均值	方差
婚姻状况	0.82	0.38	0.72	0.45	0.85	0.35
面板 B：家庭特征						
母亲受教育程度	0.34	0.48	0.54	0.50	0.29	0.45
父亲受教育程度	0.50	0.50	0.68	0.47	0.45	0.50
家庭收入水平						
低收入	0.47	0.50	0.31	0.47	0.50	0.50
中等收入	0.43	0.50	0.50	0.50	0.42	0.49
高收入	0.10	0.31	0.19	0.39	0.08	0.27
家庭拥有汽车	0.42	0.49	0.50	0.50	0.40	0.49
家庭拥有自行车	0.65	0.48	0.56	0.50	0.67	0.47
家庭规模	3.11	1.26	2.91	1.20	3.16	1.27
面板 C：城市特征						
汽车保有量	22 550	5 384	22 932	5 172	22 442	5 438
人均道路面积	13.78	5.50	12.23	5.25	14.22	5.49
轨道交通	0.68	0.47	0.83	0.37	0.63	0.48
人均 GDP	99 879	33 325	110 525	29 526	96 856	33 723
超大城市	0.36	0.48	0.53	0.50	0.31	0.46
空气质量指数（AQI）	84.87	29.63	85.78	29.26	84.61	29.73
道路坡度	2.34	1.78	1.99	1.61	2.44	1.81
样本数量	5 037	—	1 114	—	3 923	—

注：个人特征和家庭特征数据来源于 2017 年的中国家庭金融调查（CHFS），汽车保有量数据来源于《中国统计年鉴 2018》，人均道路面积和轨道交通数据来源于《中国城市建设统计年鉴 2018》，人均 GDP 及超大城市信息来源于《中国城市统计年鉴 2018》，空气质量指数（AQI）数据来源于中国股票市场与会计研究数据库（CSAMR），坡度数据来源于数字高程模型（DEM）数据。

9.2.2　模型设定

为探索共享单车使用和不同变量之间的关系，本章构建了 Logit 模型：

$$Y_{ihc} = \beta_1' \, Individual_{ihc} + \beta_2' \, Household_{hc} + \beta_3' \, City_c + \varepsilon_{ihc} \qquad (9\text{-}1)$$

其中，Y_{ihc} 是一个虚拟变量，如果城市 c 的家庭 h 中的受访者 i 使用过共享单车，则该变量取值为 1，否则为 0。β_1' 为衡量个体因素与共享单车使用之间关系的参数向量，$Individual_{ihc}$ 包括受访者的性别、年龄、受教育程度、健康状况、婚姻状况等。例如，年轻人更擅长使用智能手机和移动支付，这是使用共享单车的必需条件（Zhuang et al.，2021）。教育水平和人力资本积累可以提高一个人快速接受创新并相应调整通勤方式的能力。此外，教育还能帮助人们意识到保护环境的重要性，因此更愿意采用更环保的通勤方式。参考现有文献（Antonovics et al.，2005；Bachand-Marleau et al.，2012；Sun et al.，2015）的研究，$Household_{hc}$ 包括了一系列家庭特征变量，例如受访者父母的受教育程度、家庭收入、私家车所有权以及家庭规模等。

$City_c$ 衡量了一系列城市特征信息，包括交通拥堵程度、是否有城市轨道交通、人均 GDP、城市规模、空气质量和城市坡度。其中，汽车保有量和人均道路面积两个指标用于测量城市的交通拥堵程度，前者与交通拥堵呈正相关关系，后者与交通拥堵呈负相关关系。但需要注意的是，中国的区域汽车保有量数据仅统计到省级层面。城市轨道交通系统作为公共交通方式的一种，与共享单车的使用密切相关。人均 GDP 和城市规模可能会影响共享单车的需求和供给问题。同时其他因素，如城市空气质量和坡度，也会影响城市居民对共享单车的使用。

9.3 实证结果

9.3.1 基准回归结果

本节通过 Logit 模型来实证分析各因素对共享单车使用的影响，基准估计结果如表 9-2 所示。其中，第（1）—（3）列报告的是各变量的边际效应而非系数。对于取值为 0~1 的虚拟变量，边际效应反映了使用共享单车概率的变化。同时，为进一步检验结果的稳健性，我们采取了 OLS 方法替代原模型，并将估计结果显示在第（4）列。

表 9-2　影响共享单车使用的因素

变量	（1） Logit 模型	（2） Logit 模型	（3） Logit 模型	（4） OLS 模型
性别	0.030 *** (0.011)	0.033 *** (0.011)	0.035 *** (0.010)	0.036 *** (0.011)
年轻组	0.180 *** (0.019)	0.191 *** (0.018)	0.186 *** (0.018)	0.209 *** (0.022)
中年组	0.121 *** (0.014)	0.131 *** (0.014)	0.127 *** (0.014)	0.114 *** (0.012)
高中学历	0.084 *** (0.016)	0.077 *** (0.015)	0.075 *** (0.015)	0.051 *** (0.013)
大学及以上学历	0.142 *** (0.016)	0.134 *** (0.015)	0.137 *** (0.015)	0.142 *** (0.016)
健康状况	0.004 (0.012)	0.008 (0.011)	0.010 (0.011)	0.005 (0.011)
婚姻状况	−0.038 ** (0.016)	−0.039 ** (0.016)	−0.036 ** (0.015)	−0.049 *** (0.018)
母亲受教育程度	0.043 *** (0.013)	0.034 *** (0.013)	0.026 ** (0.013)	0.047 *** (0.015)
父亲受教育程度	0.014 (0.014)	0.011 (0.013)	0.014 (0.013)	0.008 (0.013)
中等收入	0.075 *** (0.013)	0.051 *** (0.013)	0.044 *** (0.012)	0.047 *** (0.012)

表 9-2（续）

变量	（1） Logit 模型	（2） Logit 模型	（3） Logit 模型	（4） OLS 模型
高收入	0. 141 ***	0. 081 ***	0. 075 ***	0. 105 ***
	(0. 018)	(0. 018)	(0. 018)	(0. 024)
家庭拥有汽车	0. 002	0. 007	0. 008	0. 005
	(0. 012)	(0. 012)	(0. 011)	(0. 012)
家庭拥有自行车	−0. 025 **	−0. 025 **	−0. 022 *	−0. 029 **
	(0. 011)	(0. 011)	(0. 011)	(0. 012)
家庭规模	−0. 024 ***	−0. 011 **	−0. 008	−0. 012 **
	(0. 005)	(0. 005)	(0. 005)	(0. 005)
ln（汽车保有量）		0. 126 ***		0. 109 ***
		(0. 033)		(0. 025)
ln（人均道路面积）		0. 006		−0. 014
		(0. 020)		(0. 019)
轨道交通		0. 053 ***		0. 036 ***
		(0. 016)		(0. 014)
ln（人均 GDP）		0. 066 ***		0. 049 ***
		(0. 022)		(0. 016)
超大城市		0. 070 ***		0. 082 ***
		(0. 018)		(0. 017)
空气质量指数(AQI)		0. 000		0. 000 *
		(0. 000)		(0. 000)
道路坡度		−0. 021 ***		−0. 018 ***
		(0. 004)		(0. 003)
城市固定效应	无	无	有	有
样本数量	5 037	5 037	5 037	5 037
R^2				0. 181

注：括号内为标准差，***、**、* 分别表示在 1%、5% 和 10% 的水平上显著。

表 9-2 中第（1）列展示了仅考虑个人和家庭特征的主要估计结果。大多数个人和家庭特征与共享单车的使用呈显著相关性（显著性水平为 1%）。关于个人特征，年轻人和受过高等教育的人最有可能使用共享单车。将最年长的群体（50 岁及以上）作为参考组，年轻群体（30 岁及以下）和中年群体（30~50 岁）使用共享单车的概率比最年

长的群体高 18% 和 12.1%。高中和大学及以上受教育程度的居民使用共享单车的概率比初中及以下受教育程度的概率高 8.4% 和 14.2%，这一结果与现有文献的结论一致（Gu et al.，2019）。其原因是年轻人和受过高等教育的人更熟悉智能手机应用程序、移动支付和新社交媒体（如微信），而这些工具可用来解锁共享单车和分享单车骑行的信息和照片。关于其他个体特征，男性使用共享单车的概率比女性高出 3%。然而，健康状况与使用共享单车之间的相关性是正向但不显著的，这表明健康状况不是影响共享单车使用的重要因素。此外，家庭特征也会影响共享单车的使用。如果受访者的母亲完成了小学及以上学历，则个人使用共享单车的概率将增加 4.3%。相比于低收入家庭，来自中高收入家庭的居民使用共享单车的概率更高，分别高出 7.5% 和 14.1%。这与过往研究结果相吻合（Murphy et al.，2015）。研究结果还显示，家庭是否拥有汽车与共享单车的使用没有相关性，而拥有自行车与共享单车的使用呈负相关关系。家庭规模的扩大将减少受访者使用共享单车的倾向，这可能是由于大家庭中日常生活开支较大。

　　表 9-2 中第（2）列在个人和家庭特征的基础上加入了城市特征变量，如城市经济发展水平、城市规划和地理条件等因素。实证结果发现，在加入这些城市特征变量后，个人和家庭因素对共享单车使用的边际效应变化不大。关于城市特征，第（2）列结果显示城市汽车保有量水平与共享单车使用率呈正相关关系，这意味着共享单车可以作为拥挤城市中汽车的替代或补充交通方式。由于汽车保有量与人均道路面积可能存在部分共线性，人均道路面积对共享单车的使用的影响不显著。如果一个城市拥有轨道交通系统，那么共享单车的使用率将提高 5.3 个百分点，这表明共享单车系统对城市轨道交通起到了一定的补充作用。至于其他城市特征变量，表 9-2 显示人均 GDP 和城市规模（是否为超大城市）与共享单车的使用呈正相关关系，但空气质量与共享单车的使用无关，其原因可能是中国家庭金融调查在 7 月和 8 月开展，而这两个月的空气质量指数变化不明显。我们还发现，城市的地理条件是影响共享

单车使用的重要因素，高坡度城市受访者使用共享单车的概率明显更低。

为防止未观察到的城市特征变量会影响研究结果的准确性，我们进一步控制了城市固定效应，结果如表9-2中第（3）列所示。由于横截面数据的属性，城市层面的变量同时被排除在外。研究结果发现，第（3）列中所展示的关于个人和家庭特征的估计结果与第（2）列的结果一致。此外，第（4）列显示了使用相同变量的普通最小二乘（OLS）模型回归的结果，该系数也与第（1）—（3）列中报告的结果一致。因此，这意味着表9-2中所有的实证分析结果真实可靠。

总的来说，使用共享单车的用户可能更多是来自高收入家庭、受过良好教育的年轻人群。此外，在城市层面，共享单车的使用与汽车保有量、轨道交通、经济发展水平和城市规模呈正相关关系，这表明城市越发达，人们越可能使用共享单车。然而，城市坡度与共享单车的使用呈负相关关系，这表明城市的坡度越大，人们越不倾向于使用共享单车。

9.3.2　异质性分析

考虑到共享单车的使用可能会因城市所处的经济发展阶段、交通基础设施建设情况和地理环境而有所不同，因此，本节从轨道交通建设、经济发展水平、交通拥堵程度、地形条件、城市规模以及空气质量六个方面出发，进一步对比分析居民在不同环境下对共享单车使用的异质性。

第一，本节比较了具有轨道交通系统和没有轨道交通系统的城市。截至2017年年底，中国已有29个城市建成了轨道交通系统，总长度达到3 580.34千米，其中地铁占比85%。本章的调查样本中包括20个拥有轨道交通系统的城市。第二，本节对比分析了样本中的发达城市和欠发达城市，根据2017年城市的人均GDP，将样本分为发达城市（>10万元）和欠发达城市（≤10万元）两组。第三，本节将样本分为高坡度（陡峭）和低坡度（平坦）的城市，根据国际标准，将坡度小于2度的城市定义为平坦城市，其他城市则定义为陡峭城市。第四，本节比较了不同拥堵状况的城市。参考中国国家建设委员会发布的《城市规划定额指标暂行规定》中按照人均道路面积 11~14 平方米来划分拥堵和非拥堵城市，这里设定参数为 13，即定义人均道路面积达到 13 平方米的城市为拥堵城市。第五，本节区分了超大城市和非超大城市，其中，超大城市包括北京、上海、天津、重庆、广州和深圳。第六，以空气质量指数 100 为界限，将样本城市分为空气质量较好和空气质量较差的城市。通过这些分类和比较，我们可以在不同条件下分析城市特征对共享单车使用的影响，并获得更全面和详细的研究结果。

本节依据上述思路和定义，将样本城市按照轨道交通建设、经济发展水平、交通拥堵程度、地形条件、城市规模和空气质量划分为 12 组子样本。基于式（9-1）设定的 Logit 模型，我们对每个子样本重复进行回归，得到受访者年龄、受教育程度和家庭收入三个主要影响共享单车的个体因素的城市异质性结果。图 9-1 显示了这三大因素在各子样本中的边际效应，其中，图中的点表示变量的边际效应，其延长线表示 95% 的置信区间。

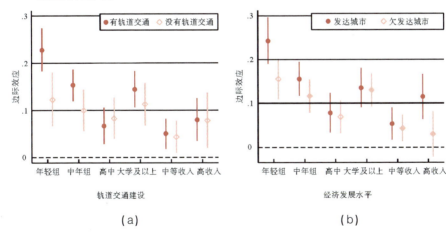

（a）　　　　　　　　　　　　　　　（b）

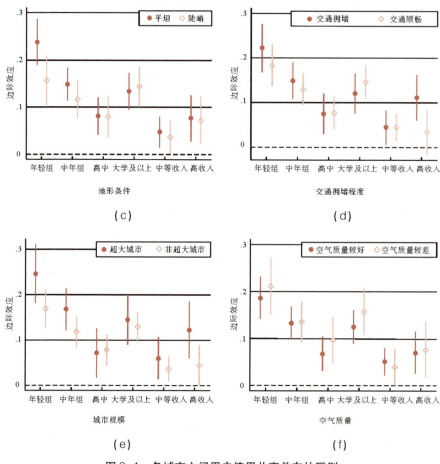

图 9-1　各城市之间用户使用共享单车的区别

在图 9-1（a）中，实心圆圈代表各变量在至少拥有一条轨道交通线的城市中的边际效应，而空心菱形则代表各变量在没有任何轨道交通的城市中的边际效应。通过对比我们可以看出，受访者的受教育程度和家庭收入对共享单车使用的影响在有轨道交通和没有轨道交通的城市中无较大差异；但相较于中年组，年轻组在拥有轨道交通的城市中使用共享单车的边际效应明显高于没有轨道交通的城市。在图 9-1（b）—（f）中，共享单车的使用与受访者年龄、受教育程度和家庭收入之间的关系在不同城市的人群中一致，尤其是受教育程度，在图 9-1（a）—（f）组中均表现相似且一致的趋势。总的来说，共享单车的异质性主要来源于年龄（尤其是年轻人群）和家庭收入（尤其是高收入人群），因此来自不同城市但具有相似个体特征的人群极有可能呈现出相似的共享单车使用概率。

9.3.3 共享单车与其他通勤方式的关系探讨

在中国，共享单车主要用于通勤（Gu et al.，2019）。过往研究表明，其他交通方式与共享单车之间可能存在相关性（Jia et al.，2019）。因此，本节探讨了包括轨道交通、公路交通、公务车、出租车、私家车、摩托车和步行在内的七种通勤方式与共享单车之间的关系。

本书从中国家庭金融调查数据中抽取了就业人员的通勤信息，除控制个体、家庭和城市特征外，研究进一步考虑了通勤距离因素，因为通勤距离对选择交通方式具有重要影响（Martens，2004）。此外，本节还将各类交通方式定义为虚拟变量。例如，如果被调查者的通勤工具是地铁或其他轨道交通，则轨道交通这一变量取值为1，否则为0。基于上述样本数据，本节实证分析了其他交通方式对共享单车使用的影响，回归结果如表9-3所示。

表9-3　其他交通方式对共享单车使用的影响

变量	(1)	(2)	(3)	(4)	(5)	(6)	(7)
	因变量：使用共享单车的概率						
轨道交通	0.112*** (0.028)						
公路交通		0.082*** (0.021)					
公务车			0.035 (0.037)				
出租车				0.082* (0.047)			
步行					0.034 (0.023)		
摩托车						-0.084*** (0.024)	

表9-3(续)

变量	(1)	(2)	(3)	(4)	(5)	(6)	(7)
	因变量：使用共享单车的概率						
私家车							−0.087***
							(0.024)
通勤距离	Yes	Yes	Yes	Yes	Yes	Yes	Yes
个人特征控制变量	Yes	Yes	Yes	Yes	Yes	Yes	Yes
家庭特征控制变量	Yes	Yes	Yes	Yes	Yes	Yes	Yes
城市特征控制变量	Yes	Yes	Yes	Yes	Yes	Yes	Yes
样本数量	2 467	2 467	2 467	2 467	2 467	2 467	2 467

注：个人特征变量包括性别、年龄、受教育程度、健康状况和婚姻状况；家庭特征变量包括父母受教育程度、家庭收入、家庭拥有交通工具情况和家庭规模；城市特征变量包括城市的汽车保有量、人均道路面积、轨道交通、人均 GDP、城市规模、空气质量指数和道路坡度。括号内为标准差，***、**、*分别表示在 1%、5%和 10%的水平上显著。

由表 9-3 中第（1）列和第（2）列可知，乘坐城市轨道交通将使共享单车的使用概率增加 11.2%，乘坐公交车（公路交通）将使概率增加 8.2%，两个效应均在 1%的水平上显著。这个结果表明了共享单车对城市公共交通的互补效应。第（3）列和第（5）列的结果显示，乘坐雇主提供的公务车和步行两种通勤方式与使用共享单车呈正相关关系，但其相关性并不显著。第（4）列的结果显示，乘坐出租车与使用共享单车呈正相关关系，表明了共享单车对出租车的互补效应。第（6）列和第（7）列描述了私人交通与共享单车之间的关系。在骑摩托车和开私家车上班的人群中，使用共享单车的概率分别下降了 8.4%和 8.7%。因此，摩托车和私家车都是共享单车的替代交通方式。综上所述，共享单车与公共交通之间存在互补关系，而与私人交通之间存在替代关系。

9.3.4 影响共享单车使用的主要因素

本节将进一步讨论共享单车的使用模式，并具体分析使用频率和平均骑行时长如何随着用户年龄和受教育程度这两个影响因素的变化而变化。为了更详细地研究年龄对共享单车使用的影响，本节将样本中的个体重新划分为五个年龄组，每个年龄组跨度约为 10 岁；同时，还将所有个体按照受教育程度分为五组，依次是小学、初中、高中、大学和研究生。通过以上分类，我们可以揭示年龄和受教育程度在共享单车使用中的特点和差异。

图 9-2 展示了不同年龄组用户每周使用共享单车的频率。根据图 9-2，在五个年龄组中，18~25 岁和 26~35 岁两个较年轻的年龄组使用共享单车的频率最高，达到每周 5.9 次。而中年组的使用频率最低，每周仅为 5.2 次。这一结果表明，年轻人群更倾向于频繁地使用共享单车，而随着年龄增长，共享单车的使用频率缓慢下降。这可能是因为年轻人更习惯使用新兴的出行方式，并且他们对共享单车的需求更高。

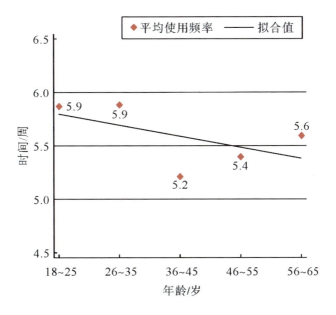

图 9-2　不同年龄组用户的共享单车使用频率

图 9-3 展示了不同受教育程度用户每周使用共享单车的频率。从图 9-3 中可以看出，共享单车的使用频率随着用户受教育程度的增加而增加。受教育程度为小学的用户平均每周使用共享单车 4.6 次，而受教育程度为研究生的用户平均每周使用共享单车高达 6.3 次。总体

来看，用户受教育程度的增加对共享单车使用频率有明显的正向影响。受教育程度更高的用户更倾向于频繁地使用共享单车，可能是因为他们更关注便捷、环保的出行方式，或者对共享经济有更高的接受度。

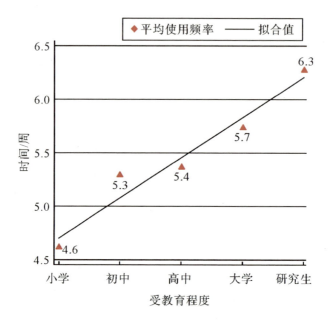

图 9-3　不同受教育程度用户的共享单车使用频率

图 9-4 和 9-5 分别比较了不同年龄组用户和受教育程度用户每周使用共享单车的平均时长。图 9-4 显示，无论在哪个年龄组中，大多数用户的骑行时间都在 10 分钟以内和 10~30 分钟，这意味着居民更倾向于使用共享单车进行短途骑行。类似地，由图 9-5 可以看出，在不同受教育程度群体中，用户都更倾向于进行短途骑行。这一结果与之前的研究结果一致（Gu et al.，2021）。另一个有趣的发现是，随着用户年龄的增长，其短途骑行（少于 10 分钟）的比例不断减少，而长途骑行（30~60 分钟）的比例出现增加。相反，随着用户受教育程度的提高，其短途骑行的比例增加，而长途骑行的比例减少。这可能是因为年长的用户更有可能选择共享单车作为代步工具，而不仅是短距离出行；而受教育程度较高的用户更注重效率和时间利用，更倾向于选择共享单车进行短途出行。

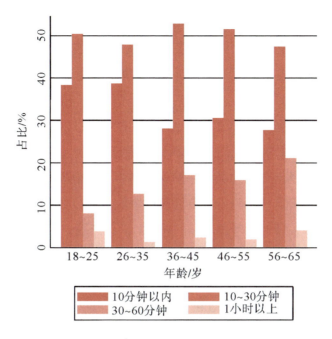

图9-4　不同年龄组用户的共享单车骑行时长

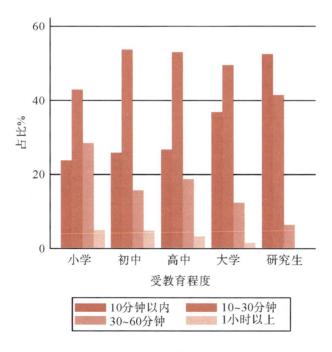

图9-5　不同受教育程度用户的共享单车骑行时长

2017 年，中国共享单车市场中同时存在"摩拜单车""ofo"等 20 多家运营商。那么，面对如此众多的选择，共享单车用户会在选择运营商时重点考虑哪些因素呢？用户选择共享单车运营商的主要原因大体分为六种，包括良好的性能、车辆充足、易于解锁、骑行费用低、押金低和颜色好看。根据图 9-6 的统计结果，用户最关心的是单车良好的性能（28.1%）、车辆充足（25.8%）和易于解锁（20.6%）。相比之下，费用并不是用户考虑共享单车运营商的重要因素，各有 12.2% 和 10.1% 的受访者选择了骑行费用低和押金低。极少数用户（3.1%）在选择共享单车品牌时会考虑车辆的外观。总体来说，共享单车用户更关心单车的性能、可用性和便捷性，而不是单车的使用成本，这一发现也与现有文献中强调共享单车便利的重要性的结论相呼应（Bachand Marleau et al., 2012; Zhao et al., 2018）。

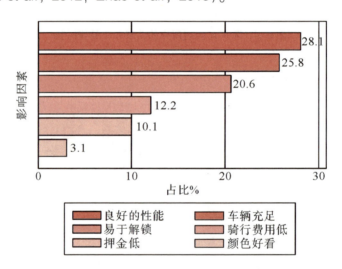

图 9-6　选择共享单车运营商的影响因素

注：由于受访者可以多项选择，各百分比之和不等于100%。

9.4 政策建议

相较于私家车，中国的共享单车系统给环境和社会带来了许多积极影响。共享单车的使用能够减少温室气体排放（Shaheen et al.，2010），减少空气污染和汽车使用（Fishman et al.，2014），缓解交通拥堵（Wang et al.，2017；Yang et al.，2017；Fan et al.，2020），促进居民身体健康（Caulfield，2014；Otero et al.，2018）。本章使用全国性微观调查数据，实证研究了共享单车在城市低碳转型中的重要作用，为政府和企业提供了相关政策和决策制定的实证依据。基于上述结果，本章提出以下四方面政策建议：

第一，政府应该在中老年群体中普及推广共享单车。实证结果显示，相较于年轻人，中老年群体使用共享单车的概率更低。然而，对于部分中老年人来说，拥有私人车辆可能存在一定的经济负担，共享单车作为一种经济实惠的出行选择，可以帮助他们减少对私人车辆的依赖，从而减少汽油费用、停车费用和车辆维护费用等家庭能源成本。因此，政府要加强共享单车在中老年人群中的推广，可以考虑提供相应补贴或者提高单车的舒适度和获取便利度，这两个因素对年长用户选择单车骑行具有重要影响。

第二，政府和单车供应商都应该帮助人们，尤其是受教育程度较低的人群更多地了解共享单车的使用方式和其带来的积极环境效益。研究发现，受过高等教育的人群更有可能使用共享单车，这提示我们宣传共享单车的相关知识或信息的重要性。共享单车是一种环保的交通方式，不产生尾气和噪声污染，对改善城市空气质量和减少碳排放具有积极作用。个人作为社会的重要组成部分，要积极使用共享单车，为环境保护做出贡献。

第三，为了改善共享单车与公共交通的衔接问题，政府可以在住宅区和公交站、地铁站周围扩大共享单车的使用场所。根据我们的研究结果可以看出，共享单车与公共交通方式，如地铁、公交车等之间存在互补效应。在这些区域增加共享单车的投放量能有效提高用户和共享单车之间的匹配效率，从而吸引更多人选择低碳交通方式，以降低家庭交通能源消费。

第四，城市规划设计应通过改善骑行环境来支持共享单车项目的可持续发展。共享单车不仅解决了通勤者的"最后一公里"问题，还作为环保交通工具减少了化石燃料排放，为社会创造了环境效益并改善了用户的身体健康状况（Chen et al., 2020a；Zhang et al., 2019b）。但是共享单车的发展可能影响城市规划，例如骑行道路或停车点的建设和改善。因此，城市规划者应致力于合理规划道路，优化骑行路径，改善骑行环境，为居民提供更便利的骑行条件，从而支持我国共享单车行业的可持续发展。

9.5 本章小结

在家庭能源高效消费和低碳目标的驱动下，本章重点关注城市居民的低碳出行行为。本章以中国共享单车为例，探讨了个人、家庭和城市特征变量与共享单车使用之间的关系。结果显示，年轻人、受教育程度较高的人以及来自高收入家庭的人更有可能使用共享单车。同时，共享单车的使用还受到城市特征的影响，经济发展水平、城市规模和轨道交通建设等因素都与共享单车的使用呈正相关关系。此外，通过进一步分析共享单车与其他交通方式之间的关系，本章发现共享单车不仅是一些公共交通工具的补充，如轨道交通和公交车，还可替代私人机动车通勤，包括摩托车和私家车。以上结果表明共享单车在提供便捷出行选择的同时，也能减少个人对机动车的需求，有助于居民低碳出行和城市低碳转型的实现。

10　家庭消费与社会责任体系构建

　　面对日益严重的气候危机，探索绿色低碳的可持续发展道路已在全球范围内达成共识。我国提出"双碳"目标以来，在全社会范围内大力推进绿色低碳发展，特别是在党的二十大报告中进一步强调了加快发展方式绿色转型。党的二十大报告中指出，绿色转型不仅需要推动形成绿色低碳的生产和生活方式，还需要倡导绿色消费。通过实现生活方式的改变，进而全面实现人与自然和谐共生。来自家庭端的绿色生活方式改变已被提升至与绿色低碳生产方式转型同等重要的地位，且具有更大的绿色低碳发展前景。本书前面章节通过对家庭部门能源消费及相关低碳节能行为进行充分探索，了解了家庭部门节能减排的重要性、急迫性和巨大的减排潜力。本章将通过构建"家庭社会责任"（household social responsibility，HSR）理论体系，进一步系统指导家庭践行绿色生活方式，推进社会绿色转型。该体系的构建不仅有助于我国长期推进可持续发展战略，也能对世界范围内应对气候危机的诸多行动给予理论支撑和实践引导。

10.1　研究背景

　　我国"双碳"目标的实现首先需要依赖生产方式转型。生产方式转型主要是从供给侧出发，强调企业作为生产主体需要承担的社会责任

（corporate social responsibility，CSR），聚焦在企业如何通过引入绿色生产方式、加强绿色企业文化、提高企业家绿色社会责任意识、加强绿色生产管理制度等实现生产组织方式的变革与升级（Kolk，2016）。当前，企业社会责任（CSR）已经形成了一套标准化的管理体系，得到国内外企业的广泛认可。这一体系在推动企业生产方式绿色转型、助力国家"双碳"的实现以及推动经济绿色可持续发展等方面发挥了重要作用。

然而，"双碳"目标的实现仅通过生产方式转型还远远不够，生产方式与生活方式双轮驱动才是实现以上目标的关键。其中，生活方式改变主要从需求侧出发，强调公众绿色行为转变对于应对气候变化和促进经济社会绿色转型所做出的贡献。研究显示，一些发达国家如英国和美国，其家庭消费所产生的直接或间接碳排放量可以占到总碳排放量的70%以上，而在我国当前这个比例相对较低，约为40%~50%。同时，党的十九届五中全会提出的"双循环"战略，更加刺激了中国经济从出口主导型向消费主导型转变，进而造成消费领域碳排放的进一步增加。

从需求侧进行低碳生活方式转型的必要性体现在如下两方面：一方面，随着我国经济发展和人民消费水平的持续提高，家庭消费结构发生变化，使得家庭消费在带动经济增长的同时，也提高了能源消耗，并产生了直接与间接碳排放（包括能源使用与产品生产、运输等过程中产生的碳排放）。当前中国经济已经由高速增长阶段转向高质量发展阶段转变，人民生活水平不断提高，最终消费对 GDP 的贡献显著提升。国家统计局相关数据显示，2013—2021 年，我国居民最终消费支出对经济增长的年均贡献率超过 50%，其中，2021 年最终消费支出对经济增长的贡献率达到 65.4%，比资本形成总额高 51.7 个百分点①。这一变

---

① 国家统计局.消费市场提质扩容 流通方式创新发展：党的十八大以来经济社会发展成就系列报告之七［EB/OL］.（2022-09-22）［2023-03-30］.http://www.stats.gov.cn/zt_18555/zthd/lhfw/2023/fjxsd/202302/t20230227_1918916.html.

化使得我国经济从生产主导型向消费主导型转变。与此同时，随着城市化进程加快、住房条件的改善以及居民生活水平的提高，家庭消费观念发生很大变化。家庭消费能力不断提升，人们开始追求更加舒适、便利和高品质的生活方式。家庭消费水平和消费观念的变化不仅带动了能源消费量的增长，也改变了居民的生活能源消费结构，尤其是对优质能源，如汽油、电力、天然气等的消费。根据国家统计局系列报告，2020年，我国人均能源消费量为3 531千克标准煤，相比2012年增长18.9%，年均增长2.2%；人均生活用能456千克标准煤，相比2012年增长46.2%，年均增长4.9%；人均生活电力消费量年均增长7.3%，人均生活天然气消费量年均增长8.1%。家庭能源消费在我国的能源消费中占据重要地位，当前家庭能源消费的不断升级增加了碳排放。高耗能产品和服务的广泛应用使家庭的碳足迹扩大，加剧了环境的负荷。更为重要的是，家庭消费作为整个社会消费的终端环节，是工业、服务业和交通等产业能源消费的主要驱动因素，也会直接或间接地影响其他产业和部门的能源消费和碳排放。

另一方面，随着我国人口结构向家庭小型化和老龄化转变，以及在随之而来的生命周期内和生命周期之间的生活方式发生变化的推动下，未来的碳排放将经历一段大幅调整的时期（Yu et al.，2018）。有学者发现，20世纪90年代以来，我国家庭规模不断缩小，从1990年的3.97人/户下降到2012年的3.02人/户，并且预计到2030年平均家庭规模减至2.62人/户（Zhang et al.，2023）。这将进一步导致2030年由家庭规模驱动的人均碳排放相比2012年预计增长11.9%，与家庭支出相关的碳排放总量将平均增加17.0%。家庭规模变化会对家庭能源消费以及相关碳排放产生重要影响（Zhang et al.，2023）。家庭消费中存在规模经济，在家庭规模较大、成员较多时，可以共享各种家用电器和耐用品、分担商品和服务的成本和使用，人均能源消耗和人均碳排放就会降低。随着中国家庭规模的缩小，家庭数量开始增多，人们出于生存需求的考量会增加对住房和耐用品的支出，因此人均能源消耗和人均碳排放也会相应增加。此外，人口老龄化也会显著增加人均生活用能（沈可 等，2018）。Yu 等（2018）的研究指出，相较于 2009 年，2030 年我国农村和城市中 65 岁及以上人口占比将分别增加 9.6% 和 10.1%。由于身体健康的需要，老龄化家庭更看重在取暖、制冷、医疗等领域的消费，取暖、制冷、医疗等设施的使用都需要能源，这将进一步增加相关行业的碳排放，使得人均生活用能增加。

由此可见，从需求端进行碳减排已成为我国建设绿色低碳社会的重要路径和机遇。个体作为各类经济活动和能源消费的主体，其生活方式和消费习惯对碳排放具有直接影响。从家庭端发力，推动个人和家庭的生活方式向绿色可持续转变，居民可以成为建设绿色低碳社会的重要力量。例如，居民可以在购买商品和服务时选择低碳、环保的选项；选择购买能源效率高的家电产品，采用可再生能源供电；使用公共交通工具或选择骑行等来减少日常生活中的碳排放。据 2022 年"碳阻迹"发布的《大型城市居民消费低碳潜力分析》测算，在人口超过 1 000 万的一、二线城市，如果居民能在消费方面选择绿色低碳的商品和服务，2030 年每人的平均碳减排潜力最少可达 1 129.53 千克。

然而，当前家庭在节能减排和环境保护等方面的潜力未得到充分发挥。在我国乃至全世界，个体的消费行为都是家庭整体消费决策的一个组成部分。通常来讲，家庭的经济行为被认为是一个宏观经济体中最小的微观决策单位，而基于消费侧绿色低碳行为的实践需要从家庭层面出发，但我国当前缺乏一致的原则来指导公众从需求侧降低日常活动对环境的影响，以推进家庭绿色生活方式转型。不同文化、社会和个人对家庭责任的理解存在差异，缺乏一致的框架来引导其行为，可能会造成混乱和冲突。同时，缺乏有效的监督和评估机制来测度家庭的日常行为，可能影响家庭履行责任的主动性和积极性。

因此，本章提出家庭社会责任（HSR）这一概念①，即家庭应该也必须承担更多的社会责任，以推动绿色生活方式的广泛形成，并从需求侧降低人类活动对自然环境的影响，从而服务于我国"双碳"目标的实现。家庭碳减排应当作为企业碳减排的有益补充，HSR 也应与 CSR 组合形成一套完整的社会治理体系。企业在生产和供应环节承担了一定的环境责任，而家庭作为消费者，承担着需求侧的责任。企业可以提供更多环保和可持续的产品和服务，而家庭则通过选择这些产品和服务来推动市场需求的改变，形成良性循环。HSR 和 CSR 相互补充，从"供给端"和"需求端"双向发力，最终实现全社会的绿色低碳可持续发展。

10.2 家庭社会责任体系的构建

家庭社会责任（HSR）概念的提出并非仅仅强调消费方式的转变，而是从家庭的主体特征出发，建立一套足以指导实践的完整体系。具体来讲，家庭社会责任（HSR）体系涵盖四个方面，即 4A 体系，包括绿色意识（awareness）、知识获取（acquirement）、绿色行动（action）和社会认可（acknowledgement），具体如图 10-1 所示。有关部门可通过培养家庭绿色意识、指导家庭获取相关绿色知识、推动家庭践行绿色行动以及建立家庭社会认可机制来引导家庭加快实现绿色低碳消费的转型。

---

① 光明网. 建设家庭社会责任体系，助力实现"双碳"目标[EB/OL].（2022-11-18）[2023-04-05].https://m.gmw.cn/baijia/2022-11/18/36170715.html.

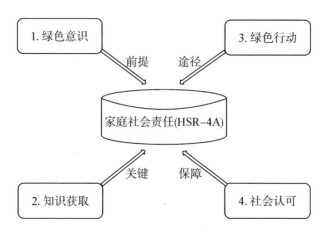

图 10-1 家庭社会责任（HSR-4A）体系框架

10.2.1 培养居民绿色意识

在 HSR-4A 体系中，培养居民的绿色意识（awareness）是实现家庭社会责任目标的前提。每个个体都应该意识到环境问题的严重性以及自己在其中的角色和责任，这种意识将促使他们认识到自己的消费行为对环境的影响，并意识到采取绿色行动的重要性。

虽然越来越多人开始关注到气候变化问题及其对全人类可持续发展的影响，但是大多数人还未能认识到其重要性和紧迫性，特别是人们会忽略从消费层面应对气候危机的重要性。皮尤研究中心（Pew Research Center，PEW）调查结果显示，在全世界范围内各国居民对于气候变化的认知存在较大的差异（Bell et al., 2021）。在中国，有49%的受访者认为气候变化会威胁人类的生存，而仅有18%的受访者认为气候变化是一个非常严重的问题，两者都低于全球的平均水平。由于个人消费相较于公共消费在整个消费体系中相对独立、类别分散，并且由于受到市场供给方式、消费模式以及消费规模等因素的掩盖，很多消费者并不认为自身的消费行为会对环境产生实质性影响，因此对绿色消费行为的环境感知效力普遍不高。在大规模社会群体情境下，个人的绿色消费感知效力随着群体规模的扩大变得更低，这将对消费者产生负向的激励效应，不利于绿色消费行为传播。因此，要提高消费者的绿色意识，必须从多个方面入手。

首先，我们应明确定义绿色消费、绿色生活方式等相关概念和内涵，以便让公众了解什么是绿色消费，以及如何通过可持续的生活方式来减少能源消耗和环境负担。简单地重复"绿色"概念并不足以引起广大消费者的共鸣，所以我们需要通过市场等渠道以清晰、简洁和易于理解的方式来传递绿色产品或绿色消费行为的信息。需要注意的是，在向消费者传递信息时，保持信息简短是有效沟通的关键。消费者通常没有时间和耐心去阅读冗长的解释或研究复杂的数据。因此，我们应该注重传达那些消费者可以快速、轻松理解的简单信息，包括使用简洁的语言，强调绿色产品的环境优势和实际效益，并提供简单明了的指导，例如如何正确回收、节约能源和选择可持续材料等。通过明确定义绿色消费和绿色生活方式的概念，以及通过清晰简洁的方式传达相关信息，可以增强公众对绿色消费和可持续生活方式的理解和认同，从而促使消费者更广泛地采纳绿色消费理念并付诸行动。

其次，消费者的选择和行为往往受到认知偏差、启发和其他"可预见的非理性"因素的影响（何大安，2005）。行为经济学认为，消费者在做出购买决策时并非总是基于完全理性的分析和利益最大化。相反，他们常常受到各种心理和认知因素的影响。例如，消费者可能存在"暗示效应"，即受到周围环境和他人行为的启发，倾向于模仿他人的购买决策。此外，消费者具有"损失厌恶"的特征，即消费者对损失的敏感程度远高于对同等价值的收益的敏感程度。这些认知偏差和非理性因素会影响消费者对环保产品的选择和购买行为。为了克服这些影响，社会和企业在推广绿色产品时可以着重强调它们的实际经济效益和环境效益，如节省能源、减少垃圾排放等，以增加消费者对这些产品的认知和理解，进而指导消费者做出更环保的选择。

最后，社会对于绿色低碳发展在消费端的重要性和现实意义的认识不足。为了弥补这一认知缺失，有关部门需通过社交媒体、广告、电视和报纸等媒介的反复宣传和倡导来提高公众对绿色生活方式的认知。这些媒介被视为有效的传播工具，通过它们传播环保理念和绿色生活方式，可以在更广泛的范围内引起公众的关注和参与。通过宣传生态保护和资源节约意识，有助于让人们认识到绿色低碳发展不仅是企业的责任，每个消费者的决策行为也会直接或间接地影响社会的可持续性。当公众了解到自己的消费选择对环境和社会产生的影响时，更有可能采取环保的行为。此外，宣传还可强调绿色低碳发展的经济和社会效益，如节约能源和降低生活成本，从而激发公众的兴趣和参与度。只有当公众普遍认识到绿色低碳发展的重要性时，我们才能真正实现可持续发展的目标，从而保护我们的环境、资源和未来。

10.2.2 拓宽家庭绿色知识获取渠道

绿色知识获取（acquirement）是实现家庭社会责任目标的关键要素。对于消费者来说，仅仅有绿色消费的意识还远远不够，将意识转化为切实有效的行动需要以相应的绿色知识作为基础。个体应该积极获取与绿色生活方式和可持续发展相关的知识，这些知识将帮助其做出明智的消费决策，并推动家庭选择更加绿色可持续的生活方式。

在当前大多数有关家庭消费行为的研究中，人们发现绿色意识和低碳消费行为之间一直存在显著的差异（Paço et al., 2017）。大多数人虽然能够意识到消费行为对环境的影响，但是由于缺乏对相关知识的积累，并不能将意识转化为行为。针对这一点，绿色知识的获取显得尤为重要。一方面，获取绿色知识可以提高个体的环境意识和认知水平，使个体更加了解环境的现状、资源的有限性和人类活动对生态系统的影响，以及更加清楚地认识到自身的责任和行为对环境的重要性。这种意识的提升有助于个体形成对环境友好的态度和价值观，并将其转化为实际行动。另一方面，获取绿色知识使个体能够了解可持续发展的原则和方法。个体可以学习到可再生能源的利用、废物管理和循环经济等方面的知识，从而在消费决策中考虑环境因素。通过了解产品的生命周期、环境标签和认证等信息，个体可以选择那些对环境影响较小的产品和服务，以促进绿色消费的实践。此外，获取绿色知识还可以培养个体的技能和能力，使其更好地适应绿色生活方式。例如，学习节能减排的技巧和方法，掌握环保家居和食品选择的技能，以及参与社区环境保护活动等。掌握这些技能不仅可以帮助个体在日常生活中减少对资源的消耗和对环境的负面影响，还可以激励他人积极参与到绿色可持续发展的行动中。

因此，社会应重视绿色知识的普及与传播，为个体提供学习和获取绿色知识的机会和平台，以推动可持续发展。互联网、大数据等新媒体手段是拓宽居民绿色知识获取渠道的重要途径。在互联网普及的时代，消费者可以通过搜索引擎等方式获取更多的有关气候变化、低碳发展、环境保护等方面的知识。政府和企业也可以通过建立官方网站、社交媒体账号、绿色应用程序等方式，向消费者传递相关的绿色知识和信息，并通过大数据分析，了解消费者的消费习惯和态度，根据消费者的需求和偏好，提供更加个性化和精准的绿色知识服务。这些新媒体手段为消费者提供了更加便捷的获取绿色知识的方式，并且提高了绿色消费者的数量。政府和企业也可以通过这些传播渠道宣传绿色消费的相关知识，从而让更多的人关注环境保护和可持续发展。

此外，社会应强化和鼓励企业加大对绿色节能产品的认证和宣传，帮助消费者更好地做出绿色消费决策。在当前社会，企业是绿色消费的主要推动力量之一。企业可以通过加强绿色产品的认证，让消费者更加清晰地了解产品的环保性能和节能效果。例如，企业可以通过获得权威的绿色认证，如绿色标志、能源标志、环保标志等，证明自己的产品具有高效节能、低碳排放、环保等特点。这些认证标志能够让消费者更加直观地了解产品的环保性能，从而更有可能做出绿色消费的选择。同时，绿色产品的宣传和推广有助于提高消费者对绿色产品的认知度和接受度。例如，企业可以通过电视广告、网络宣传、社交媒体等多种途径，向消费者传递绿色产品的信息和品牌形象，并通过不断的宣传和推广，让消费者更加了解绿色产品的特点和优势，提高其对绿色产品的接受度和信任度。当然，这一举措既可以促进绿色消费市场的发展，也可以推动企业向绿色生产和可持续发展方向转型升级。

10.2.3 推动家庭参与绿色行动

绿色行动（action）是实现家庭社会责任目标的途径。无论是意识还是知识，其最终都要转化为切实有效的行动，以真正实现生活方式的转变，从而实现家庭社会责任的核心目标。绿色行动是指采取一系列环保、低碳的行动来减少对环境的负面影响，并提高可持续发展的能力。在绿色低碳的行为中，人们既需要考虑减缓（mitigation），也需要考虑适应（adaptation），这是应对气候变化和绿色低碳转型的两大并重策略（Evans et al.，2014；Tan-Soo et al.，2022）。

减缓性绿色行为是指家庭通过采取措施，以减少资源消耗和减缓环境压力。该行为旨在降低人们对自然资源的需求和减少环境压力，以促进可持续发展和减少生态足迹。减缓性绿色行为涵盖了广泛的领域，包括能源使用、交通方式、消费习惯和生活方式等。在能源使用方面，个人可以采取节约能源的措施，例如减少家庭用电量、合理使用暖气和空调、选择能源效率较高的电器设备等。这些措施有助于减少人们对能源的依赖，从而降低环境污染和减少废弃物的产生。在交通方式方面，人们可以选择步行、骑自行车、使用公共交通工具或共享交通工具，以减少个人汽车的使用频率和减少尾气排放；这不仅有利于减少空气污染，还可以缓解交通拥堵问题。在消费习惯和生活方式方面，个人可以减少浪费和过度消费，选择耐用、高质量的产品，以减少频繁更换和浪费资源。同时，进行垃圾分类和回收等行为也是减缓性绿色行为的一部分。这些行为有助于降低废物产生量，实现资源的有效利用。总之，减缓性绿色行为的核心思想是追求简约和可持续性，鼓励人们审慎选择和使用资源，避免过度消费和浪费。通过减缓性绿色行为，个人可以减少对有限资源的依赖，从而降低环境污染和减少废弃物的产生，并为未来世代提供更好的生活条件。

适应性绿色行为是指个人通过主动选择和购买符合环保、可持续发展和社会责任要求的产品和服务，以适应和响应社会变革、环境挑战和可持续发展的需求。适应性绿色行为通过调整个体或社会的行为方式、生活方式或决策等，以适应新的环境条件、社会需求或变化的情境。该行为的核心目标是改变传统的消费模式和行为，鼓励消费者以更环保、低碳的方式满足自身需求，并促进可持续发展。这种消费形式不仅考虑了个人利益，还关注了社会、环境和未来世代的福祉。消费者可以通过购买符合环保标准的产品，如有机食品、可再生能源设备、环保家居用品等，以降低对环境的负面影响。同时，消费者还可以选择支持社会责任的企业和品牌，鼓励它们采取可持续性的生产和经营方式。适应性绿色消费的兴起反映了个体对环境问题和社会责任的关注，同时也推动了企业和市场对环保和可持续性产品和服务的开发和供应。适应性绿色消费不仅为消费者提供了满足自身需求的选择，同时也为推动可持续发展和实现全球环境目标做出了积极贡献。

引导家庭的绿色行为离不开政府支持。首先，政府需要创新公共服务资源供给方式，为家庭提供可持续的消费选择。例如，共享经济是我国当下一个新颖和热门的概念，基于互联网等现代信息技术的整合，共享经济平台可分享海量的分散化闲置资源，以满足社会群体的多样化需求。因此，政府可以出台相关政策和法规来鼓励和保障共享经济的发展，或者搭建更高效和人性化的共享经济平台和信息系统，为公众提供更经济和可持续的消费服务，以减少资源消耗和环境压力。其次，提升公共服务设施利用效率对引导家庭绿色行为至关重要。比如，城市公共交通系统具有能够有效减少交通拥堵、节约能源和资源、促进可持续城市发展以及降低家庭出行成本等优势，为家庭提供更环保、经济和便捷的出行选择。政府和相关部门可以采取相应措施来改善公共交通系统的效率和服务质量，鼓励更多人选择乘坐公共交通而不是开私家车，从而减少对环境的不良影响。

综上所述，减缓性绿色行为和适应性绿色行为是实现家庭社会责任目标的重要途径。前者是积极地减少不必要的资源消耗，从消费模式上进行改变，实现减排；而后者是提升适应能力，从根本上改变人们固有的消费和生活习惯，提升绿色消费践行度，推动公众从心里真正适应绿色生活方式。此外，要推动家庭的绿色行为离不开政府支持。政府需要创新公共服务资源供给方式，提升公共服务设施利用效率，为家庭提供必要的支持和条件，从而推动绿色行为的落地实施，共同实现家庭社会责任的目标。

10.2.4 建立社会认可机制

社会认可（acknowledgement）是实现家庭社会责任目标的保障。从经济学的基本逻辑来讲，每个个体的决策都是一个实现自身效用最大化的过程，而最根本的效用来源于消费。如果是以降低消费为代价来实现家庭社会责任目标则缺乏内在的动力，难以持久。因此，将家庭社会责任相关行为产生的效用融入家庭决策过程中，是完善家庭社会责任体系的根本保障。

一方面，建立绿色价值体系是推动绿色消费行为方式转变的基础。当前，虽然绿色生活方式的理念逐渐深入人心，但在实际生活中，一部分人仍然更加倾向于追求经济效益和实用性，而对环保和可持续性问题的意识还相对薄弱。按照马斯洛的需求层次理论，当人们的消费水平达到一定程度时，在满足了生理和安全的需要之后，他们必然会更为积极地追求社交、尊重和最终的自我实现。因此，我们需要在全社会更广泛的层面推动绿色价值体系，建立对绿色生活方式认可的社会价值观。这个过程需要全社会的共同努力和多方合作，可以通过教育宣传、规范标准、激励措施、合作伙伴关系和公众参与等综合手段，促进绿色生活方式的普及和社会认可，并逐步将其纳入人们的日常生活中。例如，有关部门可以加强对环境保护和可持续发展的教育宣传，从学校教育到大众媒体，提高人们对绿色生活方式的认知和理解，传达绿色消费的重要性及其对环境和社会的益处，激发公众的积极性和意愿；政府可以制定和执行绿色标准和认证体系，确保消费者购买产品和服务的环境友好性和可持续性等。

另一方面，对家庭消费的绿色行为予以量化并形成一套激励机制，是建立绿色价值体系的具体体现。消费者在购买商品和服务时，通常会考虑价格、品质、功能等多个方面，而绿色消费行为的价值是难以直观感受的。因此，我们需要建立一套能够量化绿色消费行为的指标和激励机制，让消费者能够更加直观地感受到绿色消费行为的价值。例如，可以利用《公民绿色低碳行为温室气体减排量化导则》等标准①，从衣、食、住、行、用、办公、数字金融等方面对消费者的绿色低碳行为进行界定和量化。将绿色低碳行为进行量化，不仅可以引导消费者了解和认识自己的碳排放量，也可以帮助他们了解自己采取的行动对环境的影响，从而更加自觉地选择低碳环保的生活方式。同时，将绿色行为的贡献转化为经济回报，也可以激励更多消费者采取绿色行动。例如，一些国家和地区建立碳交易市场，以碳排放配额的方式对企业和个人进行限制，同时也鼓励企业和个人采取绿色低碳行为，将其所减少的碳排放量折算成经济价值并作为奖励返还。这样的机制不仅可以鼓励更多消费者采取绿色低碳行为，还可以促进企业转型升级，实现可持续发展。

推动消费者采取绿色行动，既需要社会认可和推广，也需要制度性保障和激励机制。在社会层面，建设对绿色生活方式认可的社会价值观，加强对绿色价值的宣传教育，鼓励更多人参与绿色行动，并且从文化程度、年龄结构、消费水平、地域习俗等多角度、多层次出发，更有效地推动绿色行动的普及和实施。在制度层面，建立绿色行为的量化和激励机制，以碳排放量为基础，对人们的绿色低碳行为进行量化和评价，并将其贡献转化为经济回报，鼓励更多消费者采取绿色行动，以及

---

① 《公民绿色低碳行为温室气体减排量化导则》（T/ACEF031-2022）于2022年5月由中华环保联合会等发布。

帮助企业实现可持续发展。家庭的绿色行动应该得到社会的认可和鼓励，通过表彰那些积极践行绿色行为的家庭，以激励更多家庭加入绿色行动中来。这种社会认可将进一步推动家庭层面的绿色行为的普及，形成良性的示范效应。只有社会认可和制度保障紧密结合，才能真正实现消费者绿色行动的广泛普及，从而推动绿色低碳转型，实现家庭社会责任的核心目标。

10.3　本章小结

　　家庭绿色生活方式的实现是一个复杂的系统性工程，也是推动国家绿色低碳可持续发展的重要组成部分，与企业层面社会责任的实现同等重要。促进绿色低碳、循环消费，离不开供给侧和需求侧的双管齐下与协同发力，离不开激励与约束并举，离不开政府、企业、消费者的共建共治共享。本书在最开始提出了微观家庭能源消费的重要性及其当下面临低碳转型的紧迫性，到本章强化了家庭社会责任这一概念，并以HSR-4A 理论体系指导家庭绿色转型实践。具体而言，本章通过强调家庭部门在"双碳"目标实现过程中的重要地位，明确提出并构建了"家庭社会责任（HSR）"这一理论框架，包括绿色意识、知识获取、绿色行动和社会认可四个方面，以期加快推进家庭生活方式的绿色低碳转型。其中，培养居民的绿色意识是实现家庭社会责任目标的前提，而拓宽家庭的绿色知识获取渠道则是实现家庭社会责任目标的关键要素。家庭应采取切实有效的绿色行动，减少对环境的负面影响，提高可持续发展的能力。同时，建立社会认可机制可以保障家庭社会责任的可持续发展，将绿色低碳行为纳入家庭决策过程中，使之成为家庭自身效用最大化的一部分。总体而言，推进 HSR-4A 理论体系建设不仅对实现我国绿色低碳可持续发展的目标起到关键性作用，也对全世界范围内寻求低碳转型和应对气候危机的行动具有重要的理论和实践价值。当然，

HSR-4A 体系在整体上为家庭社会责任体系的建设提供了一个系统的思考，但是在具体问题的实现方面仍需要大量的工作，既需要学术研究的支撑，也需要在实践中逐步完善。

参考文献

一、中文文献

白俊，2020. 以竞争为标尺重构中国天然气价格市场化改革 [J].
天然气工业，40（5）：117-125.

畅华仪，何可，张俊飚，2020. 挣扎与妥协：农村家庭缘何陷入能
源贫困"陷阱" [J]. 中国人口·资源与环境，30（2）：11-20.

陈坚，张弛，庹永恒，等，2020. 考虑环保意识和出行习惯的公交出
行选择行为模型 [J]. 交通运输系统工程与信息，20（4）：128-135.

陈卫东，2021. 欧洲为何成为能源危机"震中"？[J]. 能源（11）：
56-58.

陈友华，孙永健，2022. 共同富裕：现实问题与路径选择 [J]. 东
南大学学报（哲学社会科学版），24（1）：100-108，147，149.

储宇奇，刘日星，2021. 生育政策变迁背景下子女数量与家庭消费
行为：基于家庭生命周期理论的分析 [J]. 商业经济研究（18）：4.

戴圣涛，卜京，2019. 中国居民消费内需不足的经济解释：基于性
别比失衡视角 [J]. 上海金融（9）：23-31.

丁永霞，彭守璋，2020. 中国家庭能源消费变化趋势分析 [J]. 生
态经济，36（8）：74-78.

丁永霞，2017. 中国家庭能源消费的时空变化特征分析 [D]. 兰
州：兰州大学.

丁仲礼，2021. 中国碳中和框架路线图研究［J］. 中国工业和信息化（8）：54-61.

董邦国，何春蕾，张颢，2020. 重建中国天然气产供储销价格形成机制：兼论中国"十四五"天然气价格改革的中心任务［J］. 天然气工业（5）：126-133.

杜鹏，王武林，2010. 论人口老龄化程度城乡差异的转变［J］. 人口研究，34（2）：3-10.

范英，衣博文，2021. 能源转型的规律、驱动机制与中国路径［J］. 管理世界，37（8）：95-105.

冯晓龙，刘明月，霍学喜，等，2017. 农户气候变化适应性决策对农业产出的影响效应：以陕西苹果种植户为例［J］. 中国农村经济，3：31-45.

傅佳莎，蔡福祥，魏楚，2022. 中国城镇家庭能源贫困评估：基于微观调查数据的研究［J］. 经济理论与经济管理，42（9）：82-96.

桂华，2022. 后扶贫时代农村社会政策与相对贫困问题［J］. 武汉大学学报（哲学社会科学版），75（1）：176-184.

国家统计局，2015. 中国能源统计年鉴2015［M］. 北京：中国统计出版社.

韩金雨，曲建升，刘莉娜，等，2020. 家庭电力消费的影响因素及其动态作用机制：基于CGSS2015调查数据的分位数回归［J］. 生态经济（8）：68-73，94.

郝宇，尹佳音，杨东伟，2014. 中国能源贫困的区域差异探究［J］. 中国能源，36（11）：34-38.

何大安，2005. 理性选择向非理性选择转化的行为分析［J］. 经济研究（8）：73-83

胡湛，彭希哲，2018. 应对中国人口老龄化的治理选择［J］. 中国社会科学，12：134-155，202.

姬强，张大永，2022. "双碳"目标下我国能源安全体系构建思路

探析 [J]. 国家治理, (18): 22-26.

计志英, 赖小锋, 贾利军, 2016. 家庭部门生活能源消费碳排放: 测度与驱动因素研究 [J]. 中国人口·资源与环境, 26 (5): 64-72.

解垩, 2021. 中国农村家庭能源贫困的经济效应研究 [J]. 华中农业大学学报 (社会科学版) (1): 99-108, 178-179.

施瓦布, 马勒雷, 2020. 后疫情时代: 大重构 [M]. 北京: 北京中信出版社.

李军林, 张黎阳, 董亮, 2022. 乡村振兴战略背景下财政工具的能源扶贫效果研究: 基于多维贫困的视角 [J]. 学术研究, 447 (2): 2, 91-97, 178.

李慷, 王科, 王亚璇, 2014. 中国区域能源贫困综合评价 [J]. 北京理工大学学报 (社会科学版), 16 (2): 1-12.

李柳颖, 武佳藤, 2020. 新冠肺炎疫情对居民消费行为的影响及形成机制分析 [J]. 消费经济, 36 (3): 19-26.

李娜娜, 赵月, 王军锋, 2022. 中国城市居民收入和储蓄增长对家庭能耗碳排放的区域异质性及政策应对 [J]. 生态经济, 38 (1): 30-35.

李世祥, 李丽娟, 2020. 中国农村能源贫困区域差异及其影响因素分析 [J]. 农林经济管理学报, 19 (2): 210-217.

李世祥, 许蓝志, 马海燕, 2020. 国内外能源扶贫研究的热点和前沿分析: 基于 CiteSpace V 的可视化计量 [J]. 华北电力大学学报 (社会科学版) (2): 23-32.

李昭楠, 刘梦, 刘七军, 2022. 炊事燃料清洁转型能否巩固脱贫攻坚成果?: 基于 CFPS2018 的微观证据 [J]. 农林经济管理学报, 21 (2): 239-248.

李治国, 王杰, 2021. 中国城乡家庭碳排放核算及驱动因素分析 [J]. 统计与决策, 37 (20): 48-52.

梁海艳, 倪超, 2018. 对中国出生人口性别比失衡问题的再认识

[J]. 中国人力资源开发, 35 (1): 10.

廖华, 伍敬文, 朱帮助, 2017. 美国居民生活用能状况与趋势: 30年微观调查数据分析 [J]. 中国人口资源与环境, 27 (6): 49-56.

廖华, 向福洲, 2021. 中国"十四五"能源需求预测与展望 [J]. 北京理工大学学报 (社会科学版) (2): 1-8.

林伯强, 刘畅, 2016. 中国能源补贴改革与有效能源补贴 [J]. 中国社会科学, 10: 52-71, 202-203.

刘满平, 2015. 新电改方案的核心、着力点及影响 [J]. 宏观经济管理 (6): 20-22.

刘满平, 2021. 我国实现"碳中和"目标的意义、基础、挑战与政策着力点 [J]. 价格理论与实践 (2): 8-13.

刘满平, 2022. 全球能源市场大变局对我国的影响及政策建议 [J]. 价格理论与实践 (10): 42-46.

刘明辉, 李江龙, 孟观飞, 等, 2022. 气候冲击背景下温度变化如何影响家庭能源消费?: 基于需求异质性视角 [J]. 西安交通大学学报 (社会科学版), 42 (4): 74-85.

刘涛, 张家瑞, 曹广忠, 2022. 人口流动对区域老龄化进程的影响: 一个方法论探讨 [J]. 地理研究, 41 (10): 2680-2696.

刘业炜, 2019. 我国居民家庭能源消费时空差异性研究: 基于居民家庭收入, 区域气候差异与碳减排相关性分析 [J]. 价格理论与实践 (7): 57-60.

刘中一, 2022. 社会风险的专家知识与公众感知: 以性别比失衡为例: 兼论婚龄性别比失衡社会治理策略选择 [J]. 社会科学研究 (5): 114-122.

刘自敏, 邓明艳, 崔志伟, 等, 2020a. 能源贫困对居民福利的影响及其机制: 基于 CGSS 数据的分析 [J]. 中国软科学 (8): 143-163.

刘自敏, 邓明艳, 朱朋虎, 等, 2020b. 个人碳交易机制可以改善家庭能源贫困吗?: 兼论我国个人碳交易市场的核心参数设计 [J]. 统计研究, 39（3）：117-131.

刘自敏, 兰羽珩, 邓明艳, 等, 2023. 中国能源贫困的精准识别：基于等价尺度方法的分析［J］. 数量经济技术经济研究（2）：136-157.

刘祖源, 庞丽华, 2021. 人口结构对消费内循环的影响研究［J］. 价格理论与实践（7）：83-86, 165.

陆杰华, 张韵, 2014. 中国性别失衡的公共治理视角："预前"与"预后"［J］. 西安交通大学学报（社会科学版）, 34（6）：24-26.

陆万军, 张彬斌, 2016. 中国生育政策对女性地位的影响［J］. 人口研究, 40（4）：14.

陆莹莹, 赵旭, 2008. 家庭能源消费研究述评［J］. 水电能源科学（1）：187-191.

逯进, 刘璐, 2020. 性别失衡对房价的影响：来自中国城市的证据［J］. 人口学刊, 42（2）：12.

麻国庆, 2023. 当代中国家庭变迁：特征、趋势与展望［J］. 人口研究, 47（1）：43-57.

马瑞丽, 于长永, 李孜, 等, 2023. 中国式现代化的人口条件：机遇与挑战［J］. 人口与发展,（1）：104-111.

孟向京, 姜凯迪, 2018. 城镇化和乡城转移对未来中国城乡人口年龄结构的影响［J］. 人口研究, 42（2）：39-53.

米红, 任正委, 2014. 家庭户电力消费的年龄性别模式与节电减排的政策选择［J］. 人口研究, 38（4）：13.

蒲琨, 陈讯, 2018. 性别失衡, 阶层竞争与农村返乡年轻女性家庭地位的崛起：基于黔南 z 村的调查［J］. 人口与发展, 24（5）：9.

齐绍洲, 李杨, 2018. 能源转型下可再生能源消费对经济增长的门槛效应［J］. 中国人口·资源与环境, 28（2）：19-27.

秦翊, 侯莉, 2013. 我国城镇居民收入对间接能源消费的影响实证分析［J］. 生态经济,（1）：64-66, 81.

尚海燕, 2019. 中国人口结构变动对居民消费的影响：基于1990—

2017 年数据的实证［J］. 商业经济研究（5）：4.

尚梅，徐紫瑞，闫晓霞，等，2023. 中国居民家庭碳排放动态演进及驱动因素研究［J］. 生态经济，39（3）：23-30.

沈可，史倩，2018. 人口结构与家庭规模对生活能源消费的影响：基于中国省级面板数据的实证研究［J］. 人口研究，42（6）：100-110.

孙继静，2022. 变迁时代的性别社会学研究范式创新探索：评性别失衡的社会风险研究：基于社会转型背景［J］. 中国教育学刊（6）：1.

孙岩，江凌，2013. 城市居民能源消费的群体细分与行为特征［J］. 城市问题，（9）：95-100.

孙悦，2022. 家庭碳排放及其影响因素研究：基于家庭生命周期视角的实证分析［J］. 人口学刊，44（5）：86-98.

童泉格，孙涵，成金华，等，2017. 居民能源消费行为对居民建筑能耗的影响：以悉尼典型居民家庭为例［J］. 北京理工大学学报（社会科学版），19（1）：9-19.

童玉芬，周文，2020. 家庭人口老化对碳排放的影响：基于家庭微观视角的实证研究［J］. 人口学刊，42（3）：78-88.

王大哲，朱红根，钱龙，2022. 基本公共服务均等化能缓解农民工相对贫困吗？［J］. 中国农村经济（8）：16-34.

王录仓，武荣伟，刘海猛，等，2016. 县域尺度下中国人口老龄化的空间格局与区域差异［J］. 地理科学进展，35（8）：921-931.

王兆华，陆彬，王博，等，2022. 节能信息曝光度对绿色消费行为影响的实证分析：来自电商数据平台大规模文本数据的判据［J］. 中国管理科学，30（1）：241-251.

王振霞，闫冰倩，2020. 居民福利变化视角下的能源与贫困问题探析［J］. 数量经济技术经济研究，37（9）：100-118.

王卓宇，2015. 能源贫困与联合国发展目标［J］. 现代国际关系（11）：52-59，64.

韦艳，2021. 从第七次人口普查数据看新时代中国人口发展［J］.

西安财经大学学报, 34 (5): 2.

魏楚, 韩晓, 2018. 中国农村家庭能源消费结构: 基于 Meta 方法的研究 [J]. 中国地质大学学报: 社会科学版, 18 (6): 23-35.

魏楚, 郑新业, 2017. 能源效率提升的新视角: 基于市场分割的检验 [J]. 中国社会科学, 10: 90-111, 206.

魏一鸣, 廖华, 王科, 等, 2014. 中国能源报告: 能源贫困研究 [M]. 北京: 科学出版社.

吴施美, 郑新业, 2022. 收入增长与家庭能源消费阶梯: 基于中国农村家庭能源消费调查数据的再检验 [J]. 经济学 (季刊), 22 (1): 45-66.

吴文昊, 2020. 基于能源贫困视角的中国城乡家庭用能差异 [J]. 现代商贸工业, 41 (20): 11-13.

谢晗进, 李骏, 2020. 国家生态文明建设对家庭能源消费影响研究: 基于 CHFS 数据的准自然实验 [J]. 价格理论与实践 (2): 39-42.

谢伦裕, 陈飞, 相晨曦, 2019. 城乡家庭能源消费对比与影响因素: 以浙江省为例 [J]. 中南大学学报 (社会科学版), 25 (6): 106-117.

邢海燕, 邸涵, 2022. 大城市独居青年的时空边界重塑 [J]. 青年探索 (6): 62-73.

徐盈之, 徐菱, 2020. 技术进步、能源贫困与我国包容性绿色发展 [J]. 大连理工大学学报 (社会科学版), 41 (6): 24-35.

许晓霞, 柴彦威, 2012. 北京居民日常休闲行为的性别差异 [J]. 人文地理, 27 (1): 7.

杨博, 孟阳, 2016. 性别失衡社会的家庭发展分析框架与实践 [J]. 西安交通大学学报: 社会科学版, 36 (6): 4.

杨丹, 邓明艳, 刘自敏, 2022. 提高能源效率可以降低相对贫困吗?: 以能源贫困为例 [J]. 财经研究, 48 (4): 4-18.

杨涵墨, 2022. 中国人口老龄化新趋势及老年人口新特征 [J]. 人口研究, 46 (5): 104-116.

杨冕，徐江川，杨福霞，2022. 能源价格、资本能效与中国工业部门碳达峰路径 [J]. 经济研究，57（12）：69-86.

杨梓嫣，2019. 城市居民节能家电消费意愿与行为研究 [D]. 成都：西南财经大学.

于世旺，张琪，郑双琪，2020. 节能意识及生活方式对家庭碳排放行为的影响因素研究 [J]. 城市住宅，27（11）：89-91.

袁微，黄蓉，2018. 性别比例失衡对消费的影响：基于婚姻匹配竞争和家庭代际关系视角的分析 [J]. 山西财经大学学报，40（2）：13.

袁宇晨，2017. 我国城乡居民消费差异问题研究 [J]. 农村金融研究，8：37-42.

原新，2022. 人口规模巨大的现代化建设之路 [J]. 人口研究，46（6）：3-9.

战福君，2010. 节能改造让旧房屋更保暖 [N]. 中国建设报，2010-03-01：005.

张连委，2021. 中国城市家庭能源消费的价格影响效应与趋势预测研究 [D]. 西安：西安电子科技大学.

张林，邹迎香，2021. 中国农村相对贫困及其治理问题研究进展 [J]. 华南农业大学学报（社会科学版），20（6）：1-14.

张震，马茜，2022. 中国出生性别比转变的人口老龄化后果：前景与对策 [J]. 人口研究，46（1）：16.

张忠朝，2014. 农村家庭能源贫困问题研究：基于贵州省盘县的问卷调查 [J]. 中国能源（1）：29-33，39.

赵雪雁，陈欢欢，马艳艳，等，2018. 2000—2015 年中国农村能源贫困的时空变化与影响因素 [J]. 地理研究，37（6）：1115-1126.

郑风田，刘杰，2010. 家庭能源消费结构对农村家庭妇女时间分配的影响：来自贵州省织金县的数据 [J]. 农业技术经济（10）：72-81.

郑新业，2016. 中国家庭能源消费研究报告 [M]. 北京：科学出版社.

中国气象局，2022. 中国气候变化蓝皮书（2022）［M］. 北京：科学出版社.

钟水映，赵雨，任静儒，2015. 我国地区间"未富先老"现象研究［J］. 人口研究，39（1）：63-73.

周娟，魏微，胡奥林，等，2020. 深化中国天然气价格机制改革的思考［J］. 天然气工业（5）：134-141.

二、英文文献

ABBAS K, BUTT K M, XU D, et al., 2022. Measurements and determinants of extreme multidimensional energy poverty using machine learning［J］. Energy, 251：123977.

ABDEEN A, KHARVARI F, O'BRIEN W, et al., 2021. The impact of the COVID-19 on households' hourly electricity consumption in Canada［J］. Energy and Buildings, 250：111280.

ABRAHAMSE W, STEG L, VLEK C, et al., 2005. A review of intervention studies aimed at household energy conservation［J］. Journal of Environmental Psychology, 25（3）：273-291.

ABRAHAMSE W, STEG L, VLEK C, et al., 2007. The effect of tailored information, goal setting, and tailored feedback on household energy use, energyrelated behaviors, and behavioral antecedents［J］. Journal of Environmental Psychology, 27（4）：265-276.

ABUL HASAN S, MOZUMDER P, 2017. Income and energy use in Bangladesh：A household level analysis［J］. Energy Economics, 65：115-126.

ABURAYASH A, DINCER I, 2020. Analysis of the electricity demand trends amidst the COVID-19 coronavirus pandemic［J］. Energy Research & Social Science, 68：101682.

ACHARYA R H, SADATH A C, 2019. Energy poverty and economic

development: Household-level evidence from India [J]. Energy and Buildings, 183: 785-791.

ADAMAN F, KARALı N, KUMBAROĞLU G, et al., 2011. What determines urban households' willingness to pay for CO2 emission reductions in Turkey: A contingent valuation survey [J]. Energy Policy, 39 (2): 689-698.

ADUSAH-POKU F, ADAMS S, ADJEI-MANTEY K, 2022. Does the gender of the household head affect household energy choice in Ghana? An empirical analysis [J]. Environment Development and Sustainability, 25 (7): 6049-6070.

AHMED A, GASPARATOS A, 2020. Multidimensional energy poverty patterns around industrial crop projects in Ghana: Enhancing the energy poverty alleviation potential of rural development strategies [J]. Energy Policy, 137: 111-123.

ALALOUCH C, ABDALLA H, BOZONNET E, 2019. Advanced studies in energy efficiency and built environment for developing countries [M]. Advances in Science, Technology & Innovation.

ALIZADEH-CHOOBARI O, NAJAFI M S, 2018. Extreme weather events in Iran under a changing climate [J]. Climate Dynamics, 50 (1-2): 249-260.

ALKIRE S, FOSTER J, 2011. Counting and multidimensional poverty measurement [J]. Journal of Public Economics, 95 (7-8): 476-487.

ALQAHTANI A, KLEIN T, 2021. Oil price changes, uncertainty, and geopolitical risks: On the resilience of GCC countries to global tensions [J]. Energy, 236: 121541.

AMBROSE A, BAKER W, SHERRIFF G, et al., 2021. Cold comfort: COVID-19, lockdown and the coping strategies of fuel poor households [J]. Energy Reports, 7: 5589-5596.

ANDERSON W, WHITE V, FINNEY A, 2012. Coping with low incomes and cold homes [J]. Energy Policy, 49: 40-52.

ANDERSSON D, NäSSéN J, LARSSON J, et al., 2014. Greenhouse gas emissions and subjective well-being: An analysis of Swedish households [J]. Ecological Economics, 102 (102): 75-82.

ANDREONI J, VESTERLUND L, 2001. Which is the fair sex? Gender differences in altruism [J]. The Quarterly Journal of Economics, 116 (1): 293-312.

ANTONOVICS K, GOLDBERGER A, 2005. Does increasing women's schooling raise the schooling of the next generation? [J]. Comment. American Economic Review, 95 (5): 1738-1744.

APERGIS N, POLEMIS M, SOURSOU S E, 2022. Energy poverty and education: Fresh evidence from a panel of developing countries [J]. Energy Economics, 106: 105-430.

ARISTEI D, PERALI F, PIERONI L, 2008. Cohort, age and time effects in alcohol consumption by Italian households: a double-hurdle approach [J]. Empirical Economics, 35: 29-61.

ARISTONDO O, ONAINDIA E, 2018. Inequality of energy poverty between groups in Spain [J]. Energy, 153: 431-442.

AUFFHAMMER M, MANSUR E T, 2014. Measuring climatic impacts on energy consumption: A review of the empirical literature [J]. Energy Economics, 46: 522-530.

BACHAND-MARLEAU J, LEE B, EL-GENEIDY A, 2012. Better understanding of factors influencing likelihood of using shared bicycle systems and frequency of use [J]. Transportation Research Record, 2314: 66-71.

BAI Y, LIU Y, 2013. An exploration of residents' lowcarbon awareness and behavior in Tianjin, China [J]. Energy Policy, 61: 1261-1270.

BAIOCCHI G, MINX J, HUBACEK K, 2010. The impact of social factors and consumer behavior on carbon dioxide emissions in the United Kingdom [J]. Journal of Industrial Ecology, 14 (1): 50-72.

BALEZENTIS T, 2020. Shrinking ageing population and other drivers of energy consumption and CO_2 emission in the residential sector: A case from Eastern Europe [J]. Energy Policy, 140: 111433.

BARDAZZI R, PAZIENZA M G, 2017. Switch off the light, please! Energy use, aging population and consumption habits [J]. Energy Economics, 65: 161-171.

BARDAZZI R, PAZIENZA M G, 2018. Ageing and private transport fuel expenditure: Do generations matter? [J]. Energy Policy, 117: 396-405.

BECKER G S, LEWIS H G, 1973. On the interaction between the quantity and quality of children [J]. Journal of Political Economy, 2: 279-288.

BEDNAR D J, REAMES T G, 2020. Recognition of and response to energy poverty in the United States [J]. Nature Energy, 5 (6): 432-439.

BELL J, POUSHTER J, FAGAN M, et al., 2021. In response to climate change, citizens in advanced economies are willing to alter how they live and work [J]. Pew Research Center, 2850.

BELMIN C, HOFFMANN R, PICHLER P P, et al., 2022. Fertility transition powered by women's access to electricity and modern cooking fuels [J]. Nature Sustainability, 5 (3): 245-253.

BETTO F, GARENGO P, LORENZONI A, 2020. A new measure of Italian hidden energy poverty [J]. Energy Policy, 138: 111237.

BEZERRA P, DA SILVA F, CRUZ T, et al., 2021. Impacts of a warmer world on space cooling demand in Brazilian households [J]. Energy and Buildings, 234: 110696.

BIENVENIDO-HUERTAS D, 2021. Do unemployment benefits and economic aids to pay electricity bills remove the energy poverty risk of Spanish family units during lockdown? A study of COVID-19 induced lockdown [J].

Energy Policy, 150: 112-117.

BIN S, DOWLATABADI H, 2005. Consumption attitudes approach to US energy use and the related CO_2 emissions [J]. Energy Policy, 33 (2): 197-208.

BIROL F, 2007. Energy economics: a place for energy poverty in the agenda? [J]. The Energy Journal, 28 (3).

BLAKE J, 1999. Overcoming the "value-action gap" in environmental policy: Tensions between national policy and local experience [J]. Local Environment, 4 (3): 257-278.

BOARDMAN B, 1991. Fuel poverty: from cold homes to affordable warmth [M]. Pinter Pub Limited.

BOLLINO C A, BOTTI F, 2017. Energy Poverty in Europe: A Multidimensional Approach [J]. PSL Quarterly Review, 70 (283): 449-472.

BOLTZ W, PICHLER F, 2014. Getting it right: defining and fighting energy poverty in Austria [J]. ICER Chron, 2: 19-24.

BONATZ N, GUO R, WU W, et al., 2019. A comparative study of the interlinkages between energy poverty and low carbon development in China and Germany by developing an energy poverty index [J]. Energy and Buildings, 183: 817-831.

BOUZAROVSKI S, 2018. Energy poverty: (Dis) assembling Europe's infrastructural divide [M]. Springer Nature.

BOUZAROVSKI S, PETROVA S, 2015. A global perspective on domestic energy deprivation: Overcoming the energy poverty fuel poverty binary [J]. Energy Research & Social Science, 10: 31-40.

BOUZAROVSKI S, PETROVA S, SARLAMANOV R, 2012. Energy poverty policies in the EU: A critical perspective [J]. Energy Policy, 49: 76-82.

BRADSHAW J, HUTTON S, 1983. Social policy options and fuel poverty [J]. Journal of Economic Psychology, 3 (3): 249-266.

BRAND C, GOODMAN A, RUTTER H, et al., 2013. Associations of individual, household and environmental characteristics with carbon dioxide emissions from motorised passenger travel [J]. Applied Energy, 104 (100): 158-169.

BRAUN F G, 2010. Determinants of households' space heating type: A discrete choice analysis for German households [J]. Energy Policy, 38 (10): 5493-5503.

BRICOUT A, SLADE R, STAFFELL I, et al., 2022. From the geopolitics of oil and gas to the geopolitics of the energy transition: Is there a role for European supermajors?   [J]. Energy Research & Social Science, 88: 102634.

BRITISH, PETROLEUM, 2022. BP statistical review of world energy [EB/OL]. https://www. bp. com/en/global/corporate/energy - economics/ statistical-review-of-world-energy.html.

BROADSTOCK C D, LI J, ZHANG D, 2016. Efficiency snakes and energy ladders: A meta frontier demand analysis of electricity consumption efficiency in Chinese households [J]. Energy Policy, 91: 383-396.

BüCHS M, SCHNEPF S V, 2013. Who emits most? Associations between socioeconomic factors and UK households' home energy, transport, indirect and total CO2 emissions [J]. Ecological Economics, 90 (C): 114-123.

BUEHLER R, HAMRE A, 2015. The multimodal majority? Driving, walking, cycling, and public transportation use among American adults [J]. Transportation, 42: 1081-1101.

BUEHLER R, PUCHER J, 2012. Cycling to work in 90 large American cities: new evidence on the role of bike paths and lanes [J]. Transportation, 39: 409-432.

BULUT Z A, KÖKALAN ÇıMRIN F, DOĞAN O,2017. Gender, generation and sustainable consumption: Exploring the behaviour of consumers from Izmir, Turkey [J]. International Journal of Consumer Studies, 41 (6): 597-604.

BURGESS J, NYE M, BURGESS J, 2008. Rematerialising energy use through transparent monitoring systems [J]. Energy Policy, 36 (12): 4454-4459.

BURTON L, KATES R W, WHITE G F, 1993. The Environment as Hazard [M]. Oxford University Press.

BUSHEHRI M A M, WOHLGENANT M K, 2012. Measuring the welfare effects of reducing a subsidy on a commodity using micromodels: An application to Kuwait's residential demand for electricity [J]. Energy Economics, 34 (2): 419-425.

CAMPBELL A, CHERRY C, RYERSON M, et al., 2016. Factors influencing the choice of shared bicycles and shared electric bikes in Beijing [J]. Transportation research part C: emerging technologies, 67: 399-414.

CAO J, HO M S, LI Y, et al., 2019. Chinese residential electricity consumption: estimation and forecast using microdata [J]. Resource and Energy Economics, 56: 6-27.

CARFORA A, SCANDURRA G, THOMAS A, 2022. Forecasting the COVID-19 effects on energy poverty across EU member states [J]. Energy Policy, 161: 112597.

CARTER D M, 2011. Recognizing the role of positive emotions in fostering environmentally responsible behaviors [J]. Ecopsychology, 3 (1): 65-69.

CASALÓ LV, ESCARIO J J, 2018. Heterogeneity in the association between environmental attitudes and proenvironmental behavior: A multilevel regression approach [J]. Journal of Cleaner Production, 175: 155-163.

CASILLAS C E, KAMMEN D M, 2010. The energy-poverty-climate

nexus [J]. Science, 330 (6008): 1181-1182.

CASTAÑO-ROSA R, OKUSHIMA S, 2021. Prevalence of energy poverty in Japan: a comprehensive analysis of energy poverty vulnerabilities [J]. Renewable and Sustainable Energy Reviews, 145: 111006.

CASTAÑO-ROSA R, SOLÍS-GUZMÁN J, MARRERO M, 2020. Energy poverty goes south? Understanding the costs of energy poverty with the index of vulnerable homes in Spain [J]. Energy Research & Social Science, 60: 101325.

CAULFIELD B, 2014. Recycling a city-examining the growth of cycling in Dublin [J]. Transportation Research Part A: Policy and Practice, 61: 216-226.

CAULFIELD B, O'MAHONY M, BRAZIL W, et al., 2017. Examining usage patterns of a bike-sharing scheme in a medium-sized city [J]. Transportation Research Part A: Policy and Practice, 100: 152-161.

CHAI A, RATNASIRI S, WAGNER L, 2021. The impact of rising energy prices on energy poverty in Queensland: a microsimulation exercise [J]. Economic Analysis and Policy, 71: 57-72.

CHAKRAVARTY S, TAVONI M, 2013. Energy poverty alleviation and climate change mitigation: Is there a trade off? [J]. Energy Economics, 40: S67-S73.

CHANCEL L, 2014. Are younger generations higher carbon emitters than their elders? Inequalities, generations and CO2 emissions in France and in the USA [J]. Ecological Economics, 100: 195-207.

CHANG D S, YEH L T, CHEN Y, 2014. The effects of economic development, international trade, industrial structure and energy demands on sustainable development [J]. Sustainable Development, 22 (6): 377-390.

CHARD R, WALKER G, 2016. Living with fuel poverty in older age: Coping strategies and their problematic implications [J]. Energy Research &

Social Science, 18: 62-70.

CHARLIER D, KAHOULI S, 2019. From residential energy demand to fuel poverty: income-induced non-linearities in the reactions of households to energy price fluctuations [J]. The Energy Journal, 40 (2): 101-137.

CHAUDHRY S M, SHAFIULLAH M, 2021. Does culture affect energy poverty? Evidence from a cross-country analysis [J]. Energy Economics, 102: 105-536.

CHE X, GENG P, WANG D, et al., 2023. Integrated decision-making about China's energy poverty alleviation based on system dynamics [J]. Energy Strategy Reviews, 45: 101011.

CHEN C, XU X, DAYJ K, 2017. Thermal comfort or money saving? Exploring intentions to conserve energy among low-income households in the United States [J]. Energy Research & Social Science, 26: 61-71.

CHEN F, QIU H, ZHANG J, 2022. Energy consumption and income of the poor in rural china: inference for poverty measures [J]. Energy Policy, 163: 112865.

CHEN J M, 2021. Carbon neutrality: Toward a sustainable future [J]. The Innovation, 2 (3): 100127.

CHEN J, ZHOU D, ZHAO Y, et al., 2020b. Life cycle carbon dioxide emissions of bike sharing in China: production, operation, and recycling [J]. Resources, Conservation and Recycling, 162: 105011.

CHEN J, ZHOU X, LU N, 2021. Providing instrumental support to older parents of multi-child families in China: are there different within-family patterns? [J]. Ageing & Society, 41 (8): 1770-1787.

CHEN W, LIU Q, ZHANG C, et al., 2020a. Characterizing the stocks, flows, and carbon impact of dockless sharing bikes in China [J]. Resources, Conservation and Recycling, 162: 105038.

CHI M, GEORGE J, HUANG R, et al., 2020. Unraveling sustainable behaviors in the sharing economy: An empirical study of bicycle-sharing in China [J]. Journal of Cleaner Production, 260: 120962.

CHOI Y, SONG D, OZAKI A, et al., 2022. Do energy subsidies affect the indoor temperature and heating energy consumption in low-income households? [J]. Energy and Buildings, 256: 11678.

CHOUDHURI P, DESAI S, 2020. Gender inequalities and household fuel choice in India [J]. Journal of Cleaner Production, 265: 121487.

CHURCHILL S A, SMYTH R, 2020. Ethnic diversity, energy poverty and the mediating role of trust: Evidence from household panel data for Australia [J]. Energy Economics, 86: 104663.

CHURCHILL S A, SMYTH R, TRINH T A, 2022. Energy poverty, temperature and climate change [J]. Energy Economics, 114: 106306.

CONG R, DRUKKER D M, 2001. Treatment effects model [J]. Stata Technical Bulletin, 10 (55): 25-33.

CONG S, NOCK D, QIU Y L, et al., 2022. Unveiling hidden energy poverty using the energy equity gap [J]. Nature Communications, 13 (1): 2456.

CONNOLLY M, SHAN Y L, BRUCKNER B, et al., 2022. Urban and rural carbon footprints in developing countries [J]. Environmental Research Letters, 17: 084005.

COSTA D L, KAHN M E, 2013. Energy conservation "nudges" and environmentalist ideology: Evidence from a randomized residential electricity field experiment [J]. Journal of the European Economic Association, 11 (3): 680-702.

DARBY S, 2006. The effectiveness of feedback on energy consumption [J]. A Review for DEFRA of the Literature on Metering, Billing and Direct Displays, 486 (2006): 26.

DAS A, PAUL S K, 2014. CO_2, emissions from household consumption in India between 1993-04 and 2006-07: A decomposition analysis [J]. Energy Economics, 41 (1): 90-105.

DAVIS H L, 1976. Decision making within the household [J]. Journal of Consumer Research, 2 (4): 241-260.

DAVIS L W, GERTLER P J, 2015. Contribution of air conditioning adoption to future energy use under global warming [J]. Proceedings of the National Academy of Sciences, 112 (19): 5962-5967.

DAY R, WALKER G, SIMCOCK N, 2016. Conceptualising energy use and energy poverty using a capabilities framework [J]. Energy Policy, 93: 255-264.

DE ABREU M W, FERREIRA D V, PEREIRA JR A O, et al., 2021. Household energy consumption behaviors in developing countries: A structural decomposition analysis for Brazil [J]. Energy for Sustainable Development, 62: 1-15.

DE GROOT J I M, STEG L, 2009. Morality and prosocial behavior: The role of awareness, responsibility, and norms in the norm activation model [J]. Journal of Environmental Psychology, 149 (4): 425-449.

DEATON A, MUELLBAUER J, 1980. An Almost Ideal Demand System [J]. The American Economic Review, 70 (3): 312-326.

DING H, JI Q, MA R, et al., 2022. High-carbon screening out: A DCC-MIDAS-climate policy risk method [J]. Finance Research Letters, 47: 102818.

DING Y, WU Y, ZHU N, et al., 2010. Scheme analysis of heat metering and energy efficiency retrofit for existing residential buildings in China's northern heating regions [J]. Heating Ventilating and Air Conditioning, 40 (11): 19-23.

DING Z, WANG G, LIU Z, et al., 2017. Research on differences in the factors influencing the energy-saving behavior of urban and rural residents in China: A case study of Jiangsu Province [J]. Energy Policy, 100: 252-259.

DOBBINS A, FUSO NERINI F, DEANE P, et al., 2019. Strengthening the EU response to energy poverty [J]. Nature Energy, 4 (1): 2-5.

DOGAN E, MADALENO M, INGLESI-LOTZ R, et al., 2022. Race and energy poverty: Evidence from African-American households [J]. Energy Economics, 108: 105908.

DOĞANALP N, OZSOLAK B, ASLAN A, 2021. The effects of energy poverty on economic growth: A panel data analysis for BRICS countries [J]. Environmental Science and Pollution Research, 28 (36): 50167-50178.

DONADELLI M, JUEPPNER M, RIEDEL M, et al., 2017. Temperature shocks and welfare costs [J]. Journal of Economic Dynamics and Control, 82: 331-355.

DONG D, DUAN H, MAO R, et al., 2018. Towards a low carbon transition of urban public transport in megacities: A case study of Shenzhen, China [J]. Resources, Conservation and Recycling, 134: 149-155.

DONG K, JIANG Q, SHAHBAZ M, et al., 2021a. Does low-carbon energy transition mitigate energy poverty? The case of natural gas for China [J]. Energy Economics, 99: 105324.

DONG K, REN X, ZHAO J, 2021. How does low-carbon energy transition alleviate energy poverty in China? A nonparametric panel causality analysis [J]. Energy Economics, 103: 105620.

DONG K, REN X, ZHAO J, 2021b. How does low-carbon energy transition alleviate energy poverty in China? A nonparametric panel causality analysis [J]. Energy Economics, 103: 105620.

DONG K, TAGHIZADEH-HESARY F, ZHAO J, 2022. How inclusive financial development eradicates energy poverty in China? The role of technological innovation [J]. Energy Economics, 109: 106007.

DU H, CHEN Z, ZHANG Z, et al., 2020. The rebound effect on energy efficiency improvements in China's transportation sector: A CGE analysis [J]. Journal of Management Science and Engineering, 5 (4): 249-263.

DU J, SONG M, XIE B, 2022. Eliminating energy poverty in Chinese households: A cognitive capability framework [J]. Renewable Energy, 192: 373-384.

DU M, CHENG L, 2018. Better understanding the characteristics and influential factors of different travel patterns in free-floating bike sharing: Evidence from Nanjing, China [J]. Sustainability, 10: 1244.

DU P, ZHENG L Q, XIE B C, et al., 2014. Barriers to the adoption of energy-saving technologies in the building sector: A survey study of Jingjintang, China [J]. Energy Policy, 75: 206-216.

DUARTE R, MAINAR A, SÁNCHEZ-CHÓLIZ J, 2010. The impact of household consumption patterns on emissions in Spain [J]. Energy Economics, 32 (1): 176-185.

DUARTE R, MIRANDA-BUETAS S, SARASAC, 2021. Household consumption patterns and income inequality in EU countries: Scenario analysis for a fair transition towards low-carbon economies [J]. Energy Economics, 104: 105614.

DUBOIS U, 2012. From targeting to implementation: The role of identification of fuel poor households [J]. Energy Policy, 49: 107-115.

DUFLO E, 2012. Women empowerment and economic development [J]. Journal of Economic Literature, 50 (4): 1051-1079.

DURISIC V, ROGIC S, SMOLOVIC J C, et al., 2020. Determinants of household electrical energy consumption: Evidences and suggestions with application to Montenegro [J]. Energy Reports, 6: 209-217.

DUTTA S, KOOIJMAN A, CECELSKI E W, 2017. Energy access and gen-der : getting the right balance [EB/OL]. http://documents.worldbank.

org/curated/en/463071494925985630/pdf/115066-BRI-P148200-PUBLIC-FINALSEARSFGenderweb.pdf.

EBI K, CAPON A, BERRY P, et al., 2021. Hot weather and heat extremes: health risks [J]. The Lancet, 398 (10301): 698-708.

ECKSTEIN D, KüNZEL V, SCHäFER L, 2021. Global Climate Risk Index 2021 [M]. Bonn: Germanwatch.

EISFELD K, SEEBAUER S, 2022. The energy austerity pitfall: Linking hidden energy poverty with self-restriction in household use in Austria [J]. Energy Research & Social Science, 84: 102427.

EVANS L, MILFONT T L, LAWRENCE J, 2014. Considering local adaptation increases willingness to mitigate [J]. Global Environmental Change, 25: 69-75.

FAHMY E, GORDON D, PATSIOS D, 2011. Predicting fuel poverty at a small-area level in England [J]. Energy Policy, 39 (7): 4370-4377.

FAN J, ZHOU L, ZHANG Y, et al., 2021. How does population aging affect household carbon emissions? Evidence from Chinese urban and rural areas [J]. Energy Economics, 100: 105356.

FAN Y, ZHENG S, 2020. Dockless bike sharing alleviates road congestion by complementing subway travel: Evidence from Beijing [J]. Cities, 107: 102895.

FARRELL L, FRY J M, 2021. Australia´s gambling epidemic and energy poverty [J]. Energy Economics, 97: 105218.

FARUQUI A, SERGICI S, SHARIF A, 2010. The impact of informational feedback on energy consumption: A survey of the experimental evidence [J]. Energy, 35 (4): 1598-1608.

FEENY S, TRINH T A, ZHU A, 2021. Temperature shocks and energy poverty: Findings from Vietnam [J]. Energy Economics, 99: 105310.

FISHMAN E, 2015. Bikeshare: A review of recent literature [J].

Transport Reviews, 36 (1): 92-113.

FISHMAN E, WASHINGTON S, HAWORTH N, 2014. Bike share's impact on car use: Evidence from the United States, Great Britain, and Australia [J]. Transportation Research Part D: Transport and Environment, 31: 13-20.

FRICK J, KAISER F G, WILSON M, 2004. Environmental knowledge and conservation behavior: exploring prevalence and structure in a representative sample [J]. Personality and Individual Differences, 37 (8): 1597-1613.

FRONDEL M, SOMMER S, VANCE, 2015. The burden of Germany's energy transition: An empirical analysis of distributional effects [J]. Economic Analysis and Policy, 45: 89-99.

FU R, JIN G, CHEN J, et al., 2021. The effects of poverty alleviation investment on carbon emissions in China based on the multiregional input-output model [J]. Technological Forecasting and Social Change, 162: 120344.

FULLER S, MCCAULEY D, 2016. Framing energy justice: perspectives from activism and advocacy [J]. Energy Research & Social Science, 11: 1-8.

GADENNE D, SHARMA B, KERR D, et al., 2011. The influence of consumers' environmental beliefs and attitudes on energy saving behaviours [J]. Energy Policy, 39 (12): 7684-7694.

GAMTESSA S F, 2013. An explanation of residential energy-efficiency retrofit behavior in Canada [J]. Energy and Buildings, 57: 155-164.

GAN L, YIN Z, JIA N, et al., 2013. Data You Need to Know about China: Research Report of China Household Finance Survey [M]. Springer Berlin Heidelberg.

GAO S, MENG X, ZHANG L, 2014. Fiscal decentralization and life satisfaction: evidence from urban China [J]. Social Indicators Research, 119 (3): 1177-1194.

GERTLER P J, SHELEF O, WOLFRAM C D, et al., 2016. The demand for energy-using assets among the world's rising middle classes [J]. American Economic Review, 106 (6): 1366-1401.

GHALI K H, ELSAKKA M I, 2004. Energy use and output growth in Canada: a multivariate cointegration analysis [J]. Energy Economics, 26 (2): 225-238.

GOLLEY J, MENG X, 2012. Income inequality and carbon dioxide emissions: the case of Chinese urban households [J]. Energy Economics, 34 (6): 1864-1872.

GONZÁLEZ-EGUINO M, 2015. Energy poverty: An overview [J]. Renewable and Sustainable Energy Reviews, 47: 377-385.

GRAFF ZIVIN J, NEIDELL M, 2014. Temperature and the allocation of time: implications for climate change [J]. Journal of Labor Economics, 32 (1): 1-26.

GRAFF ZIVIN J, SONG Y, TANG Q, et al., 2020. Temperature and high-stakes cognitive performance: evidence from the national college entrance examination in China [J]. Journal of Environmental Economics and Management, 104: 102365.

GRAFF M, CARLEY S, 2020. COVID-19 assistance needs to target energy insecurity [J]. Nature Energy, 5 (5): 352-354.

GRIESHOP A P, MARSHALL J D, KANDLIKAR M, 2011. Health and climate benefits of cookstove replacement options [J]. Energy Policy, 39 (12): 7530-7542.

GROTTERA C, BARBIER C, SANCHES-PEREIRA A, et al., 2018. Linking electricity consumption of home appliances and standard of living : a comparison between Brazilian and French households [J]. Renewable and Sustainable Energy Reviews, 94: 877-888.

GU T, KIM I, CURRIE G, 2019. To be or not to be dockless: Empirical analysis of dockless bikeshare development in China [J]. Transportation Research Part A: Policy and Practice, 119: 122-147.

GU T, KIM I, CURRIE G, 2021. The two-wheeled renaissance in China: an empirical review of bicycle, Ebike, and motorbike development [J]. International Journal of Sustainable Transportation, 15 (4): 239-258.

GUAN Y, YAN J, SHAN Y, et al., 2023. Burden of the global energy price crisis on households [J]. Nature Energy, 1-13.

GUPTA S, GUPTA E, SARANGI G K, 2020. Household Energy Poverty Index for India: An analysis of interstate differences [J]. Energy Policy, 144: 111592.

GYBERG P, PALM J, 2009. Influencing households' energy behavior: how is this done and on what premises? [J]. Energy Policy, 37 (7): 2807-2813.

HAFNER M, TAGLIAPIETRA S, 2020. The geopolitics of the global energy transition [M]. Springer Nature.

HAMILTON T, WICHMAN C, 2018. Bicycle infrastructure and traffic congestion: Evidence from DC's Capital Bikeshare [J]. Journal of Environmental Economics and Management, 87: 72-93.

HAN H, WU S, ZHANG Z, 2018. Factors underlying rural household energy transition: a case study of China [J]. Energy Policy, 114: 234-244.

HAN J, WANG J, MA X, 2019. Effects of farmers' participation in inclusive finance on their vulnerability to poverty: Evidence from Qinba poverty-stricken area in China [J]. Emerging Markets Finance and Trade, 55 (5): 998-1013.

HANIF I, 2018. Energy consumption habits and human health nexus in SubSaharan Africa [J]. Environmental Science and Pollution Research, 25 (22): 21701-21712.

HARGREAVES T, NYE M, BURGESS J, 2010. Making energy visible: A qualitative field study of how householders interact with feedback from smart energy monitors [J]. Energy Policy, 38 (10): 6111-6119.

HARISH S, SINGH N, TONGIA R, 2020. Impact of temperature on electricity demand: evidence from Delhi and Indian states [J]. Energy Policy, 140: 111445.

HASAN S A, MOZUMDER P, 2017. Income and energy use in Bangladesh: A household level analysis [J]. Energy Economics, 65: 115-126.

HASSANI H, YEGANEGI M R, BENEKI C, et al., 2019. Big data and energy poverty alleviation [J]. Big Data and Cognitive Computing, 3 (4): 50.

HE L Y, HOU B, LIAO H, 2018. Rural energy policy in China: Achievements, challenges and ways forward during the 40-year rural reform [J]. China Agricultural Economic Review, 10 (2): 224-240.

HEALY J D, 2003. Excess winter mortality in Europe: a cross country analysis identifying key risk factors [J]. Journal of Epidemiology Community Health, 57 (10): 784-789.

HEALY J D, 2017. Housing, fuel poverty and health: a Pan-European analysis [M]. Routledge.

HEALY J D, CLINCH J P, 2002. Fuel poverty, thermal comfort and occupancy: results of a national household-survey in Ireland [J]. Applied Energy, 73 (3-4): 329-343.

HEALY J D, CLINCH J P, 2004. Quantifying the severity of fuel poverty, its relationship with poor housing and reasons for non-investment in energy-saving measures in Ireland [J]. Energy Policy, 32 (2): 207-220.

HEINDL P, 2015. Measuring fuel poverty: General considerations and application to German household data [J]. FinanzArchiv/Public Finance Analysis, 178-215.

HELBICH M, BöCKER L, DIJST M, 2014. Geographic heterogeneity in cycling under various weather conditions: Evidence from Greater Rotterdam [J]. Journal of Transport Geography, 38: 38-47.

HERNáNDEZ D, 2016. Understanding "energy insecurity" and why it matters to health [J]. Social Science & Medicine, 167: 1-10.

HERRERO S T, 2017. Energy poverty indicators: A critical review of methods [J]. Indoor and Built Environment, 26 (7): 1018-1031

HERTEL T W, BURKE M B, LOBELL D B, 2010. The poverty implications of climate-induced crop yield changes by 2030 [J]. Global Environmental Change, 20 (4): 577-585.

HILLS J, 2011. Fuel poverty: the problem and its measurement [R]. LSE Research Online Documents on Economics.

HM GOVERNMENT, 2015. Cutting the cost of keeping warm: a fuel poverty strategy for England [R]. London: DECC.

HOANG A T, NIŽETIC S, OLCER A I, et al., 2021. Impacts of COVID-19 pandemic on the global energy system and the shift progress to renewable energy: Opportunities, challenges, and policy implications [J]. Energy Policy, 154: 112322.

HOVE W V, LONGA F D, BOB V, 2022. Identifying predictors for energy poverty in europe using machine learning [J]. Energy and Buildings, 264: 112064.

HUERTAS J, SÁNCHEZ-GARCÍA D, RUBIO-BELLIDO C, 2020. Adaptive setpoint temperatures to reduce the risk of energy poverty? A local case study in Seville [J]. Energy and Buildings, 231 (32): 110571.

HURST W, MONTANEZ C A C, SHONE N, 2020. Towards an approach for fuel poverty detection from gas smart meter data using decision tree learning [C]. In: Proceedings of the 2020 3rd International Conference on Information Management and Management Scienc, 23-28.

IEA, 2004. World Energy Outlook 2004 [M]. Paris: IEA.

IEA，2010. World Energy Outlook 2010 ［M］. Paris：IEA.

IEA，2019. World Energy Outlook 2019 ［M］. Paris：IEA.

IEA，2020. World Energy Outlook 2020 ［M］. Paris：IEA.

IEA，2021. World Energy Outlook 2021 ［M］. Paris：IEA.

IEA，2022. SDG7：Data and Projections，IEA，Paris［EB/OL］. ht-tps：//www.iea.org/repo-rts/sdg7-data-and-projections.

IEA，2022. World Energy Outlook 2022 ［M］. Paris：IEA.

IGAWA M，MANAGI S，2022. Energy poverty and income inequality：An economic analysis of 37 countries ［J］. Applied Energy，306：118076.

IEA INTERNATIONAL ENERGY AGENCY，2020. SDG7：data and project-tions. IEA，Paris［EB/OL］. https：//www.iea.org/reports/tracking-sdg7-the-energy-progress-report-2020

IPCC，2021. Sixth Assessment Report. Intergovernmental Panel on Climate Change［EB/OL］.Retrieved from. https：//www.ipcc.ch/assessment-report/ar6/.

JACOBSON A，2007. Connective power：solar electrification and social change in Kenya ［J］. World Development，35（1）：144-162.

JAKOBSSON C，FUJII S，GäRLING T，2007. Determinants of private car users' acceptance of road pricing ［J］. Transport Policy，7（2）：153-158.

JAREEMIT D，LIMMEECHOKCHAIB，2019. Impact of homeowner´s behaviours on residential energy consumption in Bangkok，Thailand ［J］. Journal of Building Engineering，21：328-335.

JEPPESEN E，BEKLIOǦLU M，ÖZKAN K，et al.，2020. Salinization increase due to climate change will have substantial negative effects on inland waters：a call for multifaceted research at the local and global scale ［J］. The Innovation，1（2）：100030.

JI Y，FAN Y，ERMAGUN A，et al.，2017. Public bicycle as a feeder mode to rail transit in China: The role of gender, age, income, trip purpose, and bicycle theft experience [J]. International Journal of Sustainable Transportation, 11: 308-317.

JIA Y, FU H, 2019. Association between innovative dockless bicycle sharing programs and adopting cycling in commuting and non-commuting trips [J]. Transportation Research Part A: Policy and Practice, 121: 12-21.

JIANAKOPLOS N A, BERNASEK A, 1998. Are women more risk averse? [J]. Economic Inquiry, 36 (4): 620-630.

JIANG L, YU L, XUE B, et al., 2020. Who is energy poor? Evidence from the least developed regions in China [J]. Energy Policy, 137: 111122.

JIN G, GUO B, DENG X, 2020. Is there a decoupling relationship between CO_2 emission reduction and poverty alleviation in China? [J]. Technological Forecasting and Social Change, 151: 119856.

JRIDI O, BARGAOUI S A, NOURI F Z, 2015. Household preferences for energy saving measures: Approach of discrete choice models [J]. Energy and Buildings, 103: 38-47.

KAHNEMAN D, TVERSKY A, 1979. Prospect theory: An analysis of decision under risk [J]. Econometrica, 47: 263-291.

KAIDA N, KAIDA K, 2016. Pro-environmental behavior correlates with present and future subjective well-being [J]. Environment Development and Sustainability, 18 (1): 1-17.

KARPINSKA L, SMIECH S, 2020a. Invisible energy poverty? Analysing housing costs in Central and Eastern Europe [J]. Energy Research & Social Science, 70: 101670.

KARPINSKA L, SMIECH S., 2020b. Conceptualising housing costs: The hidden face of energy poverty in Poland [J]. Energy Policy, 147: 111819.

KAYGUSUZ K, 2011. Energy services and energy poverty for sustainable rural development [J]. Renewable and Sustainable Energy Reviews, 15 (2): 936-947.

KERKHOF A C, BENDERS R M J, MOLLH C, 2009a. Determinants of variation in household CO_2, emissions between and within countries [J]. Energy Policy, 37 (4): 1509-1517.

KERKHOF A C, NONHEBEL S, MOLL H C, 2009b. Relating the environmental impact of consumption to household expenditures: an input-output analysis [J]. Ecological Economics, 68 (4): 1160-1170.

KGATHI D L, ZHOU P, 1995. Biofuel use assessments in Africa: Implications for greenhouse gas emissions and mitigation strategies [J]. Environmental Monitoring and Assessment, 38: 253-269.

KHAN M K, TENG J Z, KHAN M I, et al., 2019. Impact of globalization, economic factors and energy consumption on CO_2 emissions in Pakistan [J]. Science of The Total Environment, 688: 424-436.

KODOUSKOVá H, LEHOTSKY L, 2021. Energy poverty in the Czech Republic: Individual responsibility or structural issue? [J]. Energy Research & Social Science, 72: 101877.

KOLK A, 2016. The social responsibility of international business: From ethics and the environment to CSR and sustainable development [J]. Journal of World Business, 51 (1): 23-34.

KOLLMUSS A, AGYEMANJ, 2002. Mind the gap: Why do people act environmentally and what are the barriers to pro-environmental behavior? [J]. Environmental Education Research, 8 (3): 239-260.

KOU Z, WANG X, CHIU S, et al., 2020. Quantifying greenhouse gas emissions reduction from bike share systems: A model considering real-world trips and transportation mode choice patterns [J]. Resources, Conservation and Recycling, 153: 104534.

KOUSKY, C, 2014. Informing climate adaptation: A review of the economic costs of natural disasters [J]. Energy Economics, 46: 576-592.

LANE B, POTTER S, 2007. The adoption of cleaner vehicles in the UK: exploring the consumer attitude-action gap [J]. Journal of Cleaner Production, 15 (11-12): 1085-1092.

LEE C C, HO S J, 2022. Impacts of export diversification on energy intensity, renewable energy, and waste energy in 121 countries: Do environmental regulations matter? [J]. Renewable Energy, 199: 1510-1522.

LEE S, ZHAO J, 2021. Adaptation to climate change: Extreme events versus gradual changes [J]. Journal of Economic Dynamics and Control, 133: 104262.

LEGENDRE B, RICCI O, 2015. Measuring fuel poverty in France: Which households are the most fuel vulnerable? [J]. Energy Economics, 49: 620-628.

LEIBBRANDT M, FINN A, OOSTHUIZEN M, 2016. Poverty, inequality, and prices in post-apartheid South Africa [R]. Growth and poverty in sub-Saharan Africa, 393-418.

LI A, ZHAO P, HUANG Y, et al., 2020. An empirical analysis of dockless bike-sharing utilization and its explanatory factors: Case study from Shanghai, China [J]. Journal of Transport Geography, 88: 102828.

Li H, Leng X, Hu J, et al., 2023a. When cooking meets confucianism: Exploring the role of traditional culture in cooking energy poverty [J]. Energy Research & Social Science, 97: 102956.

Li J, 2022. Policies to alleviate energy poverty: From fundamental concepts to a practical framework in the new era. In: Farhad Taghizadeh-Hesary and Dayong Zhang (ed) The Handbook of Energy Policy [J]. Springer Books, 7: 195-225

Li J, Li H, 2022. Spiritual support or living support: Which alleviates solid fuel use for rural households in ethnical minority regions of China? [J].

Renewable Energy, 189: 479-491.

Li J, Liu Y, Li H, 2023b. Gift giving results in energy-poverty suffering: A new explanation of the nonincome poor traps in hidden energy poverty in China [J]. Energy and Buildings, 280: 112730.

Li J, Zhang D, Su B, 2019b. The impact of social awareness and lifestyles on household carbon emissions in China [J]. Ecological Economics, 160: 145-155.

LI J, ZHANG J, ZHANG D, et al., 2019b. Does gender inequality affect household green consumption behaviour in China? [J]. Energy Policy, 135: 111071.

LI N, ZHANG G, ZHANG L, et al., 2022. Improving rural women's health in China: Cooking with clean energy [N]. Environmental Science and Pollution Research, 29 (14): 20906-20920.

Li S, Kallas Z, Rahmani D, 2022. Did the COVID-19 lockdown affect consumers' sustainable behaviour in food purchasing and consumption in China? [J]. Food Control, 132: 108352.

LI X, SAILOR D J, 1995. Electricity use sensitivity to climate and climate change [J]. World Resource Review, 7 (3): 334-346.

LI Y, CHEN K, DING R, et al., 2023c. How do photovoltaic poverty alleviation projects relieve household energy poverty? Evidence from China [J]. Energy Economics: 106514.

LI Y, HE Q, LUO X, et al., 2018. Calculation of life-cycle greenhouse gas emissions of urban rail transit systems: A case study of Shanghai Metro [J]. Resources, Conservation and Recycling, 128: 451-457.

LIANG Q, ASUKA J, 2022. A multidimensional energy poverty measurement in China-Based on the entropy method [J]. Energy for Sustainable Development, 71: 554-567.

LIAO C, FEI D, 2019. Poverty reduction through photovoltaic-based development intervention in China: potentials and constraints [J]. World Development, 122: 1-10.

LIDDELL C, MORRIS C, 2010. Fuel poverty and human health: A review of recent evidence [J]. Energy Policy, 38 (6): 2987-2997.

LIDDELL C, MORRIS C, MCKENZIE S J P, et al., 2012. Measuring and monitoring fuel poverty in the UK: National and regional perspectives [J]. Energy Policy, 49: 27-32.

LIN B, WANG Y, 2020. Does energy poverty really exist in China? From the perspective of residential electricity consumption [J]. Energy Policy, 143: 111557.

LIN B, ZHAO H, 2021. Does off-farm work reduce energy poverty? Evidence from rural China [J]. Sustainable Production and Consumption, 27: 1822-1829.

LIN Z, CHEN F, 2018. Evolving parent-adult child relations: Location of multiple children and psychological well-being of older adults in China [J]. Public Health, 158: 117-123.

LINDÉN A L, CARLSSON-KANYAMA A, ERIKSSON B, 2006. Efficient and inefficient aspects of residential energy behaviour: What are the policy instruments for change? [J]. Energy Policy, 34 (14): 1918-1927.

LINDENBERG S, STEG L, 2007. Normative, gain and hedonic goal-frames guiding environmental behavior [J]. Journal of Social Issues, 63 (1): 117-137.

LIU J, 2019. China's renewable energy law and policy: a critical review [J]. Renewable and Sustainable Energy Reviews, 99: 212-219.

LIU J, HUANG F, WANG Z, et al., 2021. What is the anti-poverty effect of solar PV poverty alleviation projects? Evidence from rural China [J]. Energy, 218: 119498.

LIU J, MURSHED M, CHEN F, et al., 2021. An empirical analysis of the household consumption-induced carbon emissions in China [J]. Sustainable Production and Consumption, 26: 943-957.

LIU L, WU G, WANG, J, et al., 2011. China's carbon emissions from urban and rural households during 1992—2007 [J]. Journal of Cleaner Production, 19: 1754-1762.

LIU W, SPAARGAREN G, HEERINK N, et al., 2013. Energy consumption practices of rural households in north China: Basic characteristics and potential for low carbon development [J]. Energy Policy, 55: 128-138.

LIU W, ZHANG J, BLUEMLING B, et al., 2015. Public participation in energy saving retrofitting of residential buildings in China [J]. Applied Energy, 147: 287-296.

LIU Y, GUO W, 2013. Effects of energy conservation and emission reduction on energy efficiency retrofit for existing residence: A case from China [J]. Energy and Buildings, 61 (6): 61-72.

LIU Z, JIA X, CHENG W, 2012. Solving the last mile problem: Ensure the success of public bicycle system in Beijing [J]. Procedia-Social and Behavioral Sciences, 43: 73-78.

LIU Z, WU D, HE B J, et al., 2019. Evaluating potentials of passive solar heating renovation for the energy poverty alleviation of plateau areas in developing countries: A case study in rural Qinghai-Tibet Plateau, China [J]. Solar Energy, 187: 95-107.

LLORCA M, RODRIGUEZ-ALVAREZ A, JAMASB T, 2020. Objective vs. subjective fuel poverty and self-assessed health [J]. Energy Economics, 87: 104736.

LONG Y, YOSHIDA Y, MENG J, et al., 2019. Unequal age-based household emission and its monthly variation embodied in energy consumption: A cases study of Tokyo, Japan [J]. Applied Energy, 247: 350-362.

LONGA F D, SWEERTS B, ZWAAN B, 2021. Exploring the complex origins of energy poverty in The Netherlands with machine learning [J]. Energy Policy, 156: 112373.

LONGSTRETH M, TURNER J, TOPLIFF M L, et al., 1989. Support for soft and hard path American energy policies: Does gender play a role? [C]. In Women's Studies International Forum. Pergamon, 12 (2): 213-226.

LÓPEZ-VARGAS A, LEDEZMA-ESPINO A, SANCHIS-DE-MIGUEL A, 2022. Methods, data sources and applications of the Artificial Intelligence in the Energy Poverty context: A review [J]. Energy and Buildings, 268: 112233.

LU S, REN J, LEE C K, et al., 2022. Spatial-temporal energy poverty analysis of China from subnational perspective [J]. Journal of Cleaner Production, 341: 130907.

LUTZENHISER L, 1992. A cultural model of household energy consumption [J]. Energy, 17 (1): 47-60.

LV S L, WU Y, 2009. Target-oriented obstacle analysis by PESTEL modelling of energy efficiency retrofit for existing residential buildings in China's northern heating region [J]. Energy Policy, 37 (20): 98-101.

MA R, DENG L, JI Q, et al., 2022. Environmental regulations, clean energy access, and household energy poverty: Evidence from China [J]. Technological Forecasting and Social Change, 182: 121862.

MA R, JI Q, ZHAI P, et al., 2022. Environmental violations, refinancing risk, and the corporate bond cost in China [J]. Journal of International Financial Management & Accounting, 33 (3): 480-504.

MADDISON D, REHDANZ K, 2011. The impact of climate on life satisfaction [J]. Ecological Economics, 70 (12): 2437-2445.

MAIDMENT C D, JONES C R, WEBB T L, et al., 2014. The impact

of household energy efficiency measures on health: A meta-analysis [J]. Energy Policy, 65: 583-593.

MARTENS K, 2004. The bicycle as a feedering mode: Experiences from three European countries [J]. Transportation Research Part D: Transport and Environment, 9: 281-294.

MCCOLLUM D, Wilson C, Bevione M, et al., 2018. Interaction of consumer preferences and climate policies in the global transition to low-carbon vehicles [J]. Nature Energy, 3: 664.

MCFADDEN D, 1987. Regression-based specification tests for the multinomial logit model [J]. Journal of Econometrics, 34 (1-2): 63-82.

MEINRENKEN C J, MODI V, MCKEOWN K R, et al., 2020. New data suggest COVID-19 is shifting the burden of energy costs to households [EB/OL]. https://news.climate.columbia.edu/2020/04/21/covid-19-energy-costs-households/.

MEMMOTT T, CARLEY S, GRAFF M, et al., 2021. Sociodemographic disparities in energy insecurity among low-income households before and during the COVID-19 pandemic [J]. Nature Energy, 6: 186-193.

MENDOZA JR C B, CAYONTE D D D, LEABRES M S, et al, 2019. Understanding multidimensional energy poverty in the Philippines [J]. Energy Policy, 133: 110886.

MEYER S, LAURENCE H, BART D, et al., 2018. Capturing the multifaceted nature of energy poverty: Lessons from Belgium [J]. Energy Research & Social Science, 40: 273-283.

MI Z, COFFMAN D, 2019. The sharing economy promotes sustainable societies [J]. Nature Communications, 10: 1214.

MIDDLEMISS L, AMBROSIO-ALBALÁ P, EMMEL N, et al., 2019. Energy poverty and social relations: A capabilities approach [J]. Energy Research & Social Science, 55: 227-235.

MILLAN E, WRIGHT L T, 2018. Gender effects on consumers' symbolic and hedonic preferences and actual clothing consumption in the Czech Republic [J]. International Journal of Consumer Studies, 42 (5): 478-488.

MILLS B, SCHLEICH J, 2010. What's driving energy efficient appliance label awareness and purchase propensity? [J]. Energy Policy, 38 (2): 814-825.

MILLS B, SCHLEICH J, 2012. Residential energy-efficient technology adoption, energy conservation, knowledge, and attitudes: An analysis of European countries [J]. Energy Policy, 49: 616-628.

MINIACI R, SCARPA C, VALBONESI P, 2014. Fuel poverty and the energy benefits system: the italian case [J]. Social Science Electronic Publishing, 100 (35), 2093-2124.

MOORE R, 2012. Definitions of fuel poverty: Implications for policy [J]. Energy Policy, 49: 19-26.

MORDUCH J, 1995. Income smoothing and consumption smoothing [J]. Journal of Economic Perspectives, 9 (3): 103-114.

MORWITZ V G, STECKEL J H, GUPTA A, 2007. When do purchase intentions predict sales? [J]. International Journal of Forecasting, 23 (3): 347-364.

MUNYANYI M E, MINTAH K, BAAKO K T, 2021. Energy-related deprivation and housing tenure transitions [J]. Energy Economics, 98: 105235.

MURPHY E, USHER J, 2015. The role of bicycle-sharing in the city: Analysis of the Irish experience [J]. International Journal of Sustainable Transportation, 9 (2): 116-125.

MUSANGO J K, 2022. Assessing gender and energy in urban household energy transitions in South Africa: A quantitative storytelling from Groenheuwel informal settlement [J]. Energy Research & Social Science, 88:

102525.

NDUKA E, 2021. How to get rural households out of energy poverty in Nigeria: A contingent valuation [J]. Energy Policy, 149: 112072.

NGARAVA S, ZHOU L, NINGI T, et al., 2022. Gender and ethnic disparities in energy poverty: The case of South Africa [J]. Energy policy, 161: 112755.

NGUYEN T T, NGUYEN T T, HOANG V N, et al., 2019. Energy transition, poverty and inequality in Vietnam [J]. Energy Policy, 132: 536–548.

NGUYEN T T, NGUYEN T T, LE V H, et al., 2020. Reported weather shocks and rural household welfare: evidence from panel data in northeast Thailand and central Vietnam [J]. Weather and Climate Extremes, 30: 100286.

NIE P, LI Q, SOUSA-POZA A, 2021. Energy poverty and subjective well–being in China: new evidence from the China family panel studies [J]. Energy Economics, 103: 105548.

NJIRU C W, LETEMA S C, 2018. Energy poverty and its implication on standard of living in Kirinyaga, Kenya [J]. Journal of Energy, 2018: 1–12.

NOVIKAU A, 2021. What does energy security mean for energy–exporting countries? A closer look at the Russian energy security strategy [J]. Journal of Energy Natural Resources Law, 39 (1): 105–123.

NUSSBAUM M C, 2000. Women and human development: The capabilities approach [M]. Cambridge university press.

NUSSBAUM M C, CAPABILITIES C, 2011. The human development approach. [M]. Belknap Press of Harvard University Press.

NUSSBAUM M, SEN A, 1993. The quality of life. [M] Clarendon Press.

NUSSBAUMER P, BAZILIAN M, MODI V, 2012. Measuring energy

poverty: Focusing on what matters [J]. Renewable and Sustainable Energy Reviews, 16 (1): 231-243.

OKADA A, 2012. Is an increased elderly population related to decreased CO_2 emissions from road transportation? [J]. Energy Policy, 45: 286-292.

OKELLO C, PINDOZZI S, FAUGNO S, et al., 2013. Development of bioenergy technologies in Uganda: A review of progress [J]. Renewable and Sustainable Energy Reviews, 18: 55-63.

OKUSHIMA S, 2016. Measuring energy poverty in Japan, 2004—2013 [J]. Energy Policy, 98: 557-564.

OKUSHIMA S, 2019. Understanding regional energy poverty in Japan: A direct measurement approach [J]. Energy and Buildings, 193: 174-184.

OLABI A G, ABDELKAREEM M A, 2022. Renewable energy and climate change [J]. Renewable and Sustainable Energy Reviews, 158: 112111.

OMAR F A, MAHMOUD I, CEDANO K G, 2023. Energy poverty in the face of armed conflict: The challenge of appropriate assessment in wartime Syria [J]. Energy Research & Social Science, 95: 102910.

OTERO I, NIEUWENHUIJSEN M, ROJAS-RUEDA D, 2018. Health impacts of bike sharing systems in Europe [J]. Environment International, 115: 387-394.

OUM S, 2019. Energy poverty in the Lao PDR and its impacts on education and health [J]. Energy Policy, 132: 247-253.

OUYANG J, HOKAO K, 2009. Energy-saving potential by improving occupants' behavior in urban residential sector in Hangzhou City, China [J]. Energy and Buildings, 41 (7): 711-720.

OWUSU P A, ASUMADU-SARKODIE S, 2016. A review of renewable energy sources, sustainability issues and climate change mitigation [J]. Cogent Engineering, 3 (1): 1167990.

PACHAURI S, SPRENG D, 2011. Measuring and monitoring energy poverty [J]. Energy Policy, 39 (12): 7497-7504.

PAÇO A, LAVRADOR T, 2017. Environmental knowledge and attitudes and behaviors towards energy consumption [J]. Journal of Environmental Management, 197: 384-392.

PACUDAN R, HAMDAN M, 2019. Electricity tariff reforms, welfare impacts, and energy poverty implications [J]. Energy Policy, 132 (9): 332-343.

PANÃO M J O, 2021. Lessons learnt from using energy poverty expenditure-based indicators in a mild winter climate [J]. Energy and Buildings, 242: 110936.

PAPADA L, KALIAMPAKOS D, 2016. Measuring energy poverty in Greece [J]. Energy Policy, 94: 157-165.

PAPADA L, KALIAMPAKOS D, 2019. Development of Vulnerability Index for energy poverty [J]. Energy and Buildings, 183: 761-771.

PAPADA L, KALIAMPAKOS D, 2020. Being forced to skimp on energy needs: A new look at energy poverty in Greece [J]. Energy Research & Social Science, 64: 101450.

PAPADA L, KALIAMPAKOS D, 2022. Exploring energy poverty indicators through artificial neural networks [M]. Singapore: Springer Nature Singapore.

PARKER P M, 1995. Climatic effects on individual, social, and economic behavior: A physioeconomic review of research across disciplines [M]. Greenwood.

PATNAIK S, TRIPATHI S, JAIN A, 2018. A roadmap for access to clean cooking energy in India [J]. Asian Journal of Public Affairs, 11 (1): 4.

PELZ S, CHINDARKAR N, URPELAINEN J, 2021. Energy access for marginalized communities: Evidence from rural North India, 2015—2018

[J]. World Development, 137: 105204.

PENG B B, FAN Y, XU J H, 2016. Integrated assessment of energy efficiency technologies and CO_2 abatement cost curves in China's road passenger car sector [J]. Energy Conversion Management, 109: 195-212.

PEREIRA D S, MARQUES A C, 2023. How do energy forms impact energy poverty? An analysis of European degrees of urbanisation [J]. Energy Policy, 173: 113346.

PEREIRA M G, FREITAS M A V, DA SILVA N F, 2010. Rural electrification and energy poverty: Empirical evidences from Brazil [J]. Renewable and Sustainable Energy Reviews, 14 (4): 1229-1240.

PÉREZ-FARGALLO A, RUBIO-BELLIDO C, PULIDO-ARCAS J A, et al., 2018. Fuel Poverty Potential Risk Index in the context of climate change in Chile [J]. Energy Policy, 113: 157-170.

PERMANA A S, AZIZ N A, SIONG H C, 2015. Is mom energy efficient? A study of gender, household energy consumption and family decision making in Indonesia [J]. Energy Research & Social Science, 6: 78-86.

PETROVA S, GENTILE M, MÄKINEN I H, et al., 2013. Perceptions of thermal comfort and housing quality: exploring the microgeographies of energy poverty in Stakhanov, Ukraine [J]. Environment and Planning A, 45 (5): 1240-1257.

PINO-MEJÍAS R, PÉREZ-FARGALLO A, RUBIO-BELLIDO C, et al., 2018. Artificial neural networks and linear regression prediction models for social housing allocation: Fuel Poverty Potential Risk Index [J]. Energy, 164: 627-641.

PRAKASH K, CHURCHILL S A, SMYTH R, 2022. Are you puffing your Children's future away? Energy poverty and childhood exposure to passive smoking [J]. Economic Modelling, 114: 105937.

PRESS M, ARNOULD E J, 2009. Constraints on Sustainable Energy

Consumption: Market System and Public Policy Challenges and Opportunities [J]. Journal of Public Policy and Marketing, 28 (1): 102-113.

QIN J, LEE S, YAN X, et al., 2018. Beyond solving the last mile problem: The substitution effects of bike-sharing on a ride-sharing platform [J]. Journal of Business Analytics, 1 (1): 13-28.

QIN X D, WU H T, LI R R, 2022. Digital finance and household carbon emissions in China [J]. China Economic Review, 76: 101872.

QIU Y, COLSON G, GREBITUS C, 2014. Risk preferences and purchase of energy-efficient technologies in the residential sector [J]. Ecological Economics, 107: 216-229.

QU J, ZENG J, LI Y, et al., 2013. Household carbon dioxide emissions from peasants and herdsmen in northwestern arid-alpine regions, China [J]. Energy Policy, 57 (6): 133-140.

QUE N D, VAN SONG N, THUAN T D, et al., 2022. How temperature shocks impact energy poverty in Vietnam: mediating role of financial development and environmental consideration [J]. Environmental Science and Pollution Research, 29 (37): 56114-56127.

RAGHUTLA C, CHITTEDI K R, 2022. Energy poverty and economic development: Evidence from BRICS economies [J]. Environmental Science and Pollution Research, 29: 9707-9721.

RAJIĆ M N, MILOVANOVIĆ M B, ANTIĆ D S, et al., 2020. Analyzing energy poverty using intelligent approach [J]. Energy Environment, 31 (8): 1448-1472.

RANDAZZO T, DE CIAN E, MISTRY M N, 2020. Air conditioning and electricity expenditure: The role of climate in temperate countries [J]. Economic Modelling, 90: 273-287.

RAO F, TANG Y M, CHAU K Y, et al., 2022. Assessment of energy poverty and key influencing factors in N11 countries [J]. Sustainable Production and Consumption, 30: 1-15.

RAVINDRA K, KAUR-SIDHU M, MOR S, et al., 2021. Impact of the COVID-19 pandemic on clean fuel programmes in India and ensuring sustainability for household energy needs [J]. Environment International, 147: 106335.

REAÑOS M A T, WÖLFING N M, 2018. Household energy prices and inequality: Evidence from German microdata based on the EASI demand system [J]. Energy Economics, 70: 84-97.

REN Y S, JIANG Y, NARAYAN S, et al., 2022. Marketisation and rural energy poverty: Evidence from provincial panel data in China [J]. Energy Economics, 111: 106073.

REN Z, ZHU Y, JIN C, et al., 2023. Social capital and energy poverty: Empirical evidence from China [J]. Energy, 267: 126588.

RENNER S, LAY J, SCHLEICHER M, 2019. The effects of energy price changes: Heterogeneous welfare impacts and energy poverty in Indonesia [J]. Environment and Development Economics, 24 (2): 180-200.

ROBINSON C, BOUZAROVSKI S, LINDLEY S, 2018. Getting the measure of fuel poverty: the geography of fuel poverty indicators in England [J]. Energy Research & Social Science, 36: 79-93.

ROMERO-JORDÁN D, DEL RÍO P, 2022. Analysing the drivers of the efficiency of households in electricity consumption [J]. Energy Policy, 164: 112828.

ROSENBERG M, ARMANIOS D E, AKLIN M, et al., 2020. Evidence of gender inequality in energy use from a mixed-methods study in India [J]. Nature Sustainability, 3 (2): 110-118.

SABERI M, GHAMAMI M, GU Y, et al., 2018. Understanding the impacts of a public transit disruption on bicycle sharing mobility patterns: A case of Tube strike in London [J]. Journal of Transport Geography, 66: 154-166.

SADATH A C, ACHARYA R H, 2017. Assessing the extent and intensity of energy poverty using Multidimensional Energy Poverty Index: Empirical evidence from households in India [J]. Energy Policy, 102: 540-550.

SAGER L, 2019. Income inequality and carbon consumption: Evidence from Environmental Engel curves [J]. Energy Economics, 84: 104507.

SAGHIR J, 2004. Energy and poverty [EB/OL]. https://www. osti. gov/etdeweb/biblio/20490917.

SCHERBOV S, SANDERSON W C, 2016. New approaches to the conceptualization and measurement of age and aging [J]. Journal of Aging and Health, 28 (7): 1159-1177.

SCHMITT J, OFFERMANN F, SODER M, et al., 2022. Extreme weather events cause significant crop yield losses at the farm level in German agriculture [J]. Food Policy, 112: 102359.

SELLERS S, GRAY C, 2019. Climate shocks constrain human fertility in Indonesia [J]. World Development, 117: 357-369.

Sen A K, 1995. Inequality reexamined [M]. Harvard University Press.

Sen A K, 1999. Commodities and capabilities [M]. Oxford University Press.

SHAHEEN S, GUZMAN S, ZHANG H, 2010. Bikesharing in Europe, the Americas, and Asia [J]. Transportation Research Record, 2143: 159-167.

SHAHEEN S, MARTIN E, COHEN A, 2013. Public bikesharing and modal shift behavior: A comparative study of early bikesharing systems in North America [J]. International Journal of Transportation, 1: 35-54.

SHAHSAVARI A, AKBARI M, 2018. Potential of solar energy in developing countries for reducing energy-related emissions [J]. Renewable and Sustainable Energy Reviews, 90: 275-291.

SHAHZAD U, GUPTA M, SHARMA G D, et al., 2022. Resolving energy poverty for social change: Research directions and agenda [J]. Technological Forecasting and Social Change, 181: 121777.

SHEN Y, ZHANG X, ZHAO J, 2018. Understanding the usage of dockless bike sharing in Singapore [J]. International Journal of Sustainable Transportation, 12: 686-700.

SHI H, XU H, GAO W, et al., 2022. The impact of energy poverty on agricultural productivity: The case of China [J]. Energy Policy, 167: 113020.

SHI X, CHEONG T S, YU J, et al., 2021. Quality of life and relative household energy consumption in China [J]. China & World Economy, 29 (5): 127-147.

SHI Y, GE Y, CHANG J, et al., 2013. Garden waste biomass for renewable and sustainable energy production in China: Potential, challenges and development [J]. Renewable and Sustainable Energy Reviews, 22: 432-437.

SHIRLEY R, JONES C, KAMMEN D, 2012. A household carbon footprint calculator for islands: Case study of the United States Virgin Islands. [J] Ecological Economics, 80 (2): 8-14.

SHRESTHA B, BAJRACHARYA S B, KEITSCH M M, et al., 2020. Gender differences in household energy decision-making and impacts in energy saving to achieve sustainability: A case of Kathmandu [J]. Sustainable Development, 28 (5): 1049-1062.

SHRESTHA B, TIWARI S R, BAJRACHARYA S B, et al., 2021. Review on the importance of gender perspective in household energy-saving behavior and energy transition for sustainability [J]. Energies, 14 (22): 7571.

SIDIRAS D K, KOUKIOS E G, 2004. Solar systems diffusion in local markets [J]. Energy Policy, 32 (18): 2007-2018.

SIEVERT M, STEINBUKS J, 2020. Willingness to pay for electricity access in extreme poverty: Evidence from sub-Saharan Africa [J]. World Development, 128: 104859.

SIMCOCK N, FRANKOWSKI J, BOUZAROVSKI S, 2021. Rendered invisible: Institutional misrecognition and the reproduction of energy poverty [J]. Geoforum, 124: 1-9.

SINGLETON P, CLIFTON K, 2014. Exploring synergy in bicycle and transit use: Empirical evidence at two scales [J]. Transportation Research Record, 2417 (1): 92-102.

SLINI T, PAVLIDOU F N, 2016. Assessing air quality in the urban environment: The gender gap [J]. Energy, Transportation and Global Warming: 51-59.

SOHAG K, BEGUM R A, ABDULLAH S M S, et al., 2015. Dynamics of energy use, technological innovation, economic growth and trade openness in Malaysia [J]. Energy, 90: 1497-1507.

SONG M, ZHU S, WANG J, et al., 2020. Share green growth: Regional evaluation of green output performance in China [J]. International Journal of Production Economics, 219: 152-163.

SONG Y, GUO S, ZHANG M, 2019. Will environmental regulations affect subjective well-being?: A cross-region analysis in China [J]. Environmental Science and Pollution Research, 26: 29191-29211.

SOVACOOL B K, DEL RIO D F, GRIFFITHS S, 2020. Contextualizing the COVID-19 pandemic for a carbon-constrained world: Insights for sustainability transitions, energy justice, and research methodology [J]. Energy Research & Social Science, 68: 101701.

STANDAL K, TALEVI M, WESTSKOG H, 2020. Engaging men and women in energy production in Norway and the United Kingdom: The significance of social practices and gender relations [J]. Energy Research & Social

Science, 60: 101338.

STEG L, 2008. Promoting household energy conservation [J]. Energy Policy, 36 (12): 4449-4453.

STEG L, DREIJERINK L, ABRAHAMSE W, 2005. Factors influencing the acceptability of energy policies: Testing VBN theory [J]. Journal of Environmental Psychology, 25 (4): 415-425.

STONE R, 1954. Linear expenditure system and demand analysis: an application to the pattern of British demand [J]. The Economic journal, 64 (25): 511-527.

STONER O, LEWIS J, MARTÍNEZ I L, et al., 2021. Household cooking fuel estimates at global and country level for 1990 to 2030 [J]. Nature Communications, 12 (1): 5793.

STRAUGHAN R D, ROBERTS J A, 1999. Environmental segmentation alternatives: a look at green consumer behavior in the new millennium [J]. Journal of Consumer Marketing, 16 (6): 558-575.

SU B, ANG B W, 2013. Input-output analysis of CO2 emissions embodied in trade: Competitive versus non-competitive imports [J]. Energy Policy, 56: 83-87.

SU B, ANG B W, 2015. Multiplicative decomposition of aggregate carbon intensity change using input-output analysis [J]. Appled Energy, 154: 13-20.

SU D, WANG Y, YANG N, et al., 2020. Promoting considerate parking behavior in dockless bike-sharing: An experimental study [J]. Transportation Research Part A: Policy and Practice, 140: 153-165.

SUN B, ZHANG T, HE Z, et al., 2015. Urban spatial structure and motorization in China [J]. Journal of Regional Science, 57 (3): 1-17.

SWAIN R B, KARIMU A, 2020. Renewable electricity and sustainable development goals in the EU [J]. World Development, 125: 104693.

TAN J, ZHENG Y, SONG G, et al., 2007. Heat wave impacts on mortality in Shanghai, 1998 and 2003 [J]. International Journal of Biometeorology, 51 (3): 193-200.

TAN X, CHOI Y, WANG B, et al., 2020. Does China's carbon regulatory policy improve total factor carbon efficiency? A fixed-effect panel stochastic frontier analysis [J]. Technological Forecasting and Social Change, 160: 120222.

TAN-SOO J S, LI J, QIN P, 2022. Individuals' and households' climate adaptation and mitigation behaviors: A systematic review [J]. China Economic Review, 77: 101879.

TAO J, YU S J, 2011. Implementation of energy efficiency standards of household refrigerator/freezer in China: potential environmental and economic impacts [J]. Applied Energy, 88 (5): 1890-1905.

TAREKEGNE B, 2020. Just electrification: Imagining the justice dimensions of energy access and addressing energy poverty [J]. Energy Research & Social Science, 70: 101639.

TELLER-ELSBERG J, SOVACOOL B, SMITH T, et al., 2016. Fuel poverty, excess winter deaths, and energy costs in Vermont: Burdensome for whom? [J]. Energy Policy, 90: 81-91.

TESCHNER N, SINEA A, VORNICU A, et al., 2020. Extreme energy poverty in the urban peripheries of Romania and Israel: Policy, planning and infrastructure [J]. Energy Research & Social Science, 66: 101502.

THOMSON H, BOUZAROVSKI S, SNELL C, 2017. Rethinking the measurement of energy poverty in Europe: A critical analysis of indicators and data [J]. Indoor and Built Environment, 26 (7): 879-901.

THOMSON H, SNELL C J, LIDDELL C, 2016. Fuel poverty in the European Union: a concept in need of definition? [J]. People, Place and Policy Online, 10 (1): 5-24.

TROTTA G, 2020. An empirical analysis of domestic electricity load profiles: Who consumes how much and when? [J]. Applied Energy, 275: 115399.

TSUI M, RICH L, 2002. The Only Child and Educational Opportunity for Girls in Urban China [J]. Gender & Society, 16 (1): 74–92.

TUOMINEN P, KLOBUT K, TOLMAN A, et al., 2012. Energy savings potential in buildings and overcoming market barriers in member states of the European Union [J]. Energy and Buildings, 51: 48–55.

UDEMBA E N, TOSUN M, 2022. Energy transition and diversification: A pathway to achieve sustainable development goals (SDGs) in Brazil [J]. Energy, 239: 122199.

UHUNAMURE S E, NETHENGWE N S, MUSYOKI A, 2017. Driving forces for fuelwood use in households in the Thulamela municipality, South Africa [J]. Journal of Energy in Southern Africa, 28 (1): 25–34.

UN, 2015. Transforming our world: The 2030 Agenda for Sustainable Development [R]. United Nations.

UNDP, 2015. World Energy Assessment: Energy and the Challenge of Sustainability [R]. United Nations Development Programme.

UNEP, 2022. Emissions Gap Report (EGR) 2022: The Closing Window – Climate crisis calls for rapid transformation of societies [M]. Nairobi.

United Nations, 2015. Draft Outcome Document of the United Nations Summit for the Adoption of the Post [R]. Development Agenda.

ÜRGE-VORSATZ D, HERRERO S T, 2012. Building synergies between climate change mitigation and energy poverty alleviation [J]. Energy Policy, 49: 83–90.

Energy Information Administration, 2015. Residential energy consumption survey [EB/OL]. https://www.eia.gov/consumption/residential/data/2020/index.php? view=methodology.

USEA, 2019. Addressing energy poverty in the US: A federal/state/utility collaboration [EB/OL]. https://www.researchgate.net/publication/333320148_Addressing_Energy_Poverty_in_the_US_A_FederalStateUtility_Collaboration.

VAN-DEN-BROM P, MEIJER A, VISSCHER H, 2017. Performance gaps in energy consumption: household groups and building characteristics [J]. Building Research & Information, 46 (1): 54-70.

VAN NIEKERK A, KIMEMIA D, SEEDAT M, et al., 2022. Energy impoverishment and burns: The case for an expedited, safe and inclusive energy transition in South Africa [J]. South African Journal of Science, 118 (3-4): 1-4.

VERMA P, KUMARI T, RAGHUBANSHI A S, 2021. Energy emissions, consumption and impact of urban households: A review [J]. Renewable and Sustainable Energy Reviews, 147: 111210.

WALKER G, DAY R, 2012. Fuel poverty as injustice: Integrating distribution, recognition and procedure in the struggle for affordable warmth [J]. Energy Policy, 49: 69-75.

WANG B, LI H N, YUAN X C, et al., 2017. Energy Poverty in China: A Dynamic Analysis Based on a Hybrid Panel Data Decision Model [J]. Energies, 10 (12): 1942.

WANG H, MARUEJOLS L, YU X, 2021. Predicting energy poverty with combinations of remotesensing and socioeconomic survey data in India: Evidence from machine learning [J]. Energy Economics, 102: 105510.

WANG K, AKAR G, 2019. Gender gap generators for bike share ridership: Evidence from Citi Bike system in New York City [J]. Journal of Transport Geography, 76: 1-9.

WANG K, WANG Y X, LI K, et al., 2015. Energy poverty in China: An index based comprehensive evaluation [J]. Renewable and Sustainable

Energy Reviews, 47: 308-323.

WANG M, ZHOU X., 2017. Bike-sharing systems and congestion: Evidence from US cities [J]. Journal of Transport Geography, 65: 147-154.

WANG S, CAO A, WANG G, et al., 2022. The Impact of energy poverty on the digital divide: The mediating effect of depression and Internet perception [J]. Technology in Society, 68: 101884.

WANG X, YANG W, REN X, et al., 2023. Can financial inclusion affect energy poverty in China? Evidence from a spatial econometric analysis [J]. International Review of Economics Finance, 85: 255-269.

WANG Y, LIN B, 2022. Can energy poverty be alleviated by targeting the low income? Constructing a multidimensional energy poverty index in China [J]. Applied Energy, 321: 119374.

WEBER C, PERRELS A, 2000. Modelling lifestyle effects on energy demand and related emissions [J]. Energy Policy, 28 (8): 549-566.

WEI Y M, LIU L C, FAN Y, et al., 2007. The impact of lifestyle on energy use and CO_2 emission: An empirical analysis of China's residents [J]. Energy Policy, 35 (1): 247-257.

WILLAND N, 2022. Opportunity, ideal or distraction? Exploring stakeholder perceptions of tackling energy poverty and vulnerability among older Australians [J]. Energy Research & Social Science, 94: 102852.

WILSON J, TYEDMERS P, SPINNEY J E, 2013. An exploration of the relationship between socioeconomic and well-being variables and household greenhouse gas emissions [J]. Journal of Industrial Ecology, 17 (6): 880-891.

WINTERS M, BRAUER M, SETTON E, et al., 2013. Mapping bikeability: A spatial tool to support sustainable travel [J]. Environment and Planning B: Planning and Design, 40 (5): 865-883.

WINTHER T, ULSRUD K, MATINGA M, et al., 2020. In the light of what we cannot see: exploring the interconnections between gender and electricity access [J]. Energy Research & Social Science, 60: 101334.

WOLFRAM C, SHELEF O, GERTLER P, 2012. How will energy demand develop in the developing world? [J]. Journal of Economic Perspectives, 26 (1): 119–138.

Bacon R W, Bhattacharya S, 2007. Growth and CO2 emissions: How do different countries fare? [R] Environment Working Paper Series.

World Bank and WHO, 2021. Measuring Energy Access: A Guide to Collecting Data Using "the Core Questions on Household Energy Use." [EB/OL]. https://www.who.int/publications/i/item/WHO–HEP–ECH–AQH–2021.9.

World Bank Report, 2017. Global Tracking Framework: Progress toward Sustainable Energy [EB/OL]. https://www.worldbank.org/en/topic/energy/publication/global–tracking–framework–2017.

WU G, CHENG D, LI L, et al., 2018. Biomass energy utilization and soil carbon sequestration in rural China: A case study based on circular agriculture [J]. Journal of Renewable and Sustainable Energy, 10 (1): 013107.

XIE L, HU X, ZHANG X, et al., 2022. Who suffers from energy poverty in household energy transition? Evidence from clean heating program in rural China [J]. Energy Economics, 106: 105795.

XU L, ZHANG Q, SHI X, 2019. Stakeholders strategies in poverty alleviation and clean energy access: A case study of China's PV poverty alleviation program [J]. Energy Policy, 135: 111011.

XU S, LIU T, JIA N, et al., 2020. The effects of transportation system improvements on urban performances with heterogeneous residents [J]. Journal of Management Science and Engineering, 5 (4): 287–302.

XU X, HAN L, 2017. Diverse effects of consumer credit on household carbon emissions at quantiles: evidence from urban China [J]. Sustainability, 9 (9): 1563.

XU X, HAN L, LV X, 2016. Household carbon inequality in urban China, its sources and determinants [J]. Ecological Economics, 128: 77-86.

YADAV P, MALAKAR Y, DAVIES P J, 2019. Multiscalar energy transitions in rural households: Distributed photovoltaics as a circuit breaker to the energy poverty cycle in India [J]. Energy Research & Social Science, 48: 1-12.

YAGITA Y, IWAFUNE Y, 2021. Residential energy use and energy-saving of older adults: A case from Japan, the fastest-aging country [J]. Energy Research & Social Science, 75: 102022.

YANG D, TIMMERMANS H, 2012. Effects of Fuel Price Fluctuation on Individual CO2 Traffic Emissions: Empirical Findings from Pseudo Panel Data [J]. Procedia - Social and Behavioral Sciences, 54: 493-502.

YANG X, CHENG Z, CHEN G, et al., 2017. The impact of a public bicycle-sharing system on urban public transport networks [J]. Transportation Research Part A: Policy and Practice, 107: 246-256.

YANG Y, HEPPENSTALL A, Turner A, et al., 2019. A spatiotemporal and graph-based analysis of dockless bike sharing patterns to understand urban flows over the last mile [J]. Computers, Environment and Urban Systems, 77: 101361.

YANG Z, FAN Y, ZHENG S, 2016. Determinants of household carbon emissions: pathway toward eco-community in Beijing [J]. Habitat International, 57: 175-186.

YAO Y, ZHANG Y, TIAN L, et al., 2019. Analysis of network structure of urban bike-sharing system: A case study based on real-time data of a public bicycle system [J]. Sustainability, 11 (19): 5425.

YE Y, KOCH S F, 2021. Measuring energy poverty in South Africa based on household required energy consumption [J]. Energy Economics, 103: 105553.

YIP A O N, MAH D N Y, BARBER L B, 2020. Revealing hidden energy poverty in Hong Kong: A multi-dimensional framework for examining and understanding energy poverty [J]. Local Environment, 25 (7): 473-491.

YU B, WEI Y M, GOMI K, et al., 2018. Future scenarios for energy consumption and carbon emissions due to demographic transitions in Chinese households [J]. Nature Energy, 3 (2): 109-118.

YU J, SHI X, CHEONG T S, 2021. Distribution dynamics of China's household consumption upgrading [J]. Structural Change and Economic Dynamics, 58: 193-203.

YU L, WU S, JIANG L, et al., 2021. Do more efficient buildings lead to lower household energy consumption for cooling? Evidence from Guangzhou, China [J]. Energy Policy, 168: 113119.

YU X, LEI X, WANG M, 2019. Temperature effects on mortality and household adaptation: evidence from China [J]. Journal of Environmental Economics and Management, 96: 195-212.

YUE T, LONG R, CHEN H, 2013. Factors influencing energy-saving behavior of urban households in Jiangsu Province [J]. Energy Policy, 62 (9): 665-675.

ZAMEER H, SHAHBAZ M, VO X V, 2020. Reinforcing poverty alleviation efficiency through technological innovation, globalization, and financial development [J]. Technological Forecasting and Social Change, 161: 120326.

ZANDER K K, BOTZEN W J W, OPPERMANN E, et al., 2015. Heat stress causes substantial labour productivity loss in Australia [J]. Nature Climate Change, 5 (7): 647-651.

ZELEZNY L C, CHUA P P, ALDRICH C, 2000. New ways of thinking about environmentalism: Elaborating on gender differences in environmentalism [J]. Journal of Social Issues, 56 (3): 443-457.